Franz Weinkauff

Die Gattungen Cypraea und Ovula

5. Band, 4. Abt.

Franz Weinkauff

Die Gattungen Cypraea und Ovula
5. Band, 4. Abt.

ISBN/EAN: 9783744639859

Hergestellt in Europa, USA, Kanada, Australien, Japan

Cover: Foto ©ninafisch / pixelio.de

Weitere Bücher finden Sie auf **www.hansebooks.com**

Die

Gattungen

Marginella und Erato.

Bearbeitet

von

H. C. Weinkauff

in Creuznach.

Nürnberg, 1879.

Verlag von Bauer & Raspe.

(Emil Küster.)

Genus Marginella Lamarck.

Thier im Wesentlichen wie bei Erato, woselbst darauf zurückzukommen sein wird, nur darin verschieden, dass die relative Länge der Fühler und die Stellung der Augen darauf, abweichend, aber auch unter den Marginellen selbst nicht constant ist. Nach den einzelnen Gruppen unterliegen diese Merkmale ziemlich starken Schwankungen. Ebenso ist es in Bezug auf den Rüssel und die Ausdehnung des Mantels nach vorne, wodurch die Stellung des Kopfes mit seinen Theilen modifizirt wird.

Schale in der Form sehr manigfaltig von Birn- und Keulenform bis zum fast vollkommenen Cylinder, wodurch Aehnlichkeiten mit Bulla, Cypraea, Oliva, Conus, Voluta etc. entstehen, die zur Gruppirung dienlich, von meinem Freund Loehbocke auch zur Aufstellung einer Manuscript-Eintheilung mit Vortheil benutzt worden sind. Sie sind mit wenigen Ausnahmen sehr glatt und glänzend, porcellanartig, ohne Epidermiss, einfarbig bis sehr lebhaft gefärbt und gezeichnet.

Die Spira ist deutlich, zuweilen selbst hoch bis zum gänzlichen Verschwinden durch die Ueberwallung der Schalenmasse des verdickten Mundrandes, seltener der Spindellippe und in einzelnen Fällen beider zugleich, alle Zwischenstufen durchlaufend. Mündung gestreckt, meistens eng, doch auch oft leicht gebogen, zuweilen ziemlich weit. Mundrand mehr oder weniger verdickt, meistens ganz umgeschlagen und mit deutlichem Rand auf den Rücken aufstossend, innen glatt oder gesägt. Kolumelle meistens ohne Platte, daher oben nackt und glatt, unten, zuweilen von der Mitte an mit deutlichen, meistens starken, scharf geschnittenen Falten versehen, deren Zahl von 3 bis 9 nach der Species, selbst nach Individuen derselben Species, schwankt. Kanal kurz oder fehlend, im ersten Fall nur als Bucht oder Ausschnitt, niemals als Ausguss anzusprechen.

Die grosse Anzahl der Arten, sowie die Manigfaltigkeit der äussern Gestalt und Färbung, denen auch wie erwähnt, kleine Verschiedenheiten in der Organisation der Thiere entsprechen, zwischen denen jedoch die Uebergänge nicht fehlen, besonders wenn in Betracht der Schalen auch die fossilen Arten in Berücksichtigung kommen, hat die Herren Classificatoren vielfach zu Zerspaltungen des Genus veranlasst. Lamarck trennte schon Volvaria von Marginella ab, Schumacher, Swainson, Hinds, Kiener, Philippi und Petit haben zur Erleichterung der Einordnung in den Sammlungen, Subgenera oder Abtheilungen vorgeschlagen, die zu jenen Zweck ganz dienlich sind. Erst Gray hatte einzelne dieser Abtheilungen zum Rang von

Genera erhoben und zwar Marginella, Persicula und Closia, er schloss Erato aus und versetzte dieses zu den Cypraeideen. Die Gebrüder Adams gründeten eine besondere Familie Marginellidae in der sie Marginella mit 5, Persicula mit einem, Volvaria mit einem Subgenus, Erato und Pachybatron, also 5 Genera mit 7 Subgenera annahmen; die Anfangs auf 4—5 Abtheilungen beschränkte Eintheilung erhob sich schon auf 12. Marginella, Erato und Pachybatron kann man als Genera gelten lassen; die Uebrigen zum Theil höchstens als Subgenera. Mein Freund Loebbecke machte 6 Haupt- und 8 Unterabtheilungen von Marginella allein. Ich vermisse bei allen Eintheilungen die, die sich auf das Vorhandensein oder Fehlen eines kanalartigen Ausschnittes gründet. Dies Merkmal scheint mir wichtig zur ersten Theilung.

Die Marginellen leben vorzugsweise in den wärmern Meeren, sie häufen sich aber im tropischen atlantischen Ocean beider Welttheile, doch überwiegt Westafrica und lässt sich als Hauptverbreitungsgebiet betrachten, obgleich das Antillenmeer mit Nachbarschaft auch eine grosse Anzahl Species liefert. Vom Hauptgebiet zweigen sich 7 Species in die europäische Fauna ab, die alle klein sind. Etwa 50 Species sind fossil bekannt und vertheilen sich auf die Tertiärformation, die Zahl der lebenden ist ungemein gross und wächst täglich, ich werde genöthigt sein, die übertriebenen hohe Zahl etwas zu reduziren.

Zu den nun folgenden Beschreibungen (39 Nummern) sind die betreffenden Tafeln noch von Dr. Küster gezeichnet, vor Jahren schon mit der Lieferung 185 ohne Text ausgegeben worden. Glücklicher Weise ist keine einzige der Figuren undeutbar gewesen und die meisten genügen auch heute noch zur Erkennung der Arten. Nur in einzelnen Fällen wird es nöthig, eine oder zwei nachträgliche Figuren zu geben, was in den nächsten Tafeln geschehen soll. Kleine Unterschiede gegen die im Inhaltsverzeichniss documentirte Deutung Dr. Küsters werden aus dem Text zu ersehen sein. Sie beziehen sich zumeist nur auf die Nomenclatur; nur einige Figuren sind falsch bezeichnet. Die Fortsetzung der Monographie wird ohne Aufenthalt gegeben und wie ich hoffe im Laufe des Jahres noch zu Ende kommen.

Kreuznach im März 1878.

H. C. Weinkauff.

1. Marginella quinqueplicata Lamarck.

Taf. 1. Fig. 1. Taf. 5. Fig. 10. 11.

Testa „ovato-oblonga, squalide-albida, immaculata; spira brevissima, apice obtusiuscula", suturis et anfractibus indistinctis, callo obtectis; apertura leviter arcuata, angusta, intus alba; columella quinque-rarius sexplicata, plica sexta plus minusve distincta et ad ventrem incrassata; labrum valde incrassatum, latum, intus laevigatum, extus marginatum, superne anguste emarginatum.

Long. 35, diam. maj. 22; apert. alta 30, lata 4 Mm.

Marginella quinqueplicata Lamarck hist. nat. VII. p. 356. Encycl. méth.
t. 376 f. 4 a. b. Kaemmerer Rudolst. Cab.
t. 3 f. 4. 5. Schubert et Wagner Forts. des
Conch. Cab. t. 255 f. 4008. 4009. Deshayes
Encycl. meth. II. p. 410. Kiener Coq. viv.
p. 13 t. 2 f. 5. Deshayes-Lamarck 2 ed X.
p. 477. Sowerby Thes Conch. f. 145. 146.
Petit Cat. Journ. de Conch. II. p. 53. Reeve
Conch. Ic. t. 10 f. 40 a. b. Kobelt Conch.-
Buch t. 27 f. 27.

— Hañesi Petit Journ. de Conch. II. p. 260 t. 8 f. 5. 6.
Cryptospira quinqueplicata H. et A. Adams Gen. of shells p. 193.
Chenu Man. f. 1059.

Schale länglich-einförmig, oft bauchig und keulenförmig, bläulich-weiss, ungefleckt; Spira sehr kurz mit stumpflicher Spitze, Umgänge und Nähte unbestimmt, mit Kallus belegt; Mündung leicht gebogen, eng, innen weiss; Spindel ohne Lippe, 5 selten 6 faltig, im letzten Fall ist diese Falte mehr oder weniger deutlich, zieht sich über den Bauch hinweg und ist da knotig verdickt; die 2. Falte setzt sich als dünne Leiste fort bis zum Mundrand und bildet da ein abgegrenztes Feld, ähnlich wie bei Oliva, im übrigen sind die Falten sehr stark. Mundrand stark verdickt, breit, weiss, innen ohne Zähne, aussen gerandet, zuweilen verdoppelt, oben seicht ausgeschnitten. Der untere Ausschnitt ist weit und flach.

Vaterland: Strasse von Malacca und Molukken.

Sehr bekannte Art, über die kaum etwas zu sagen ist.

Die Fig. 1 der Taf. 1 von Dr. Küster noch herrührend, wahrscheinlich Copie des Wagner'schen Bildes aus dem Supplement ist nach einem unerwachsenen Exemplar gezeichnet, gibt also die Kennzeichen der Art nicht vollständig wieder. Auf den nächsten Tafeln soll ein characteristischeres Exemplar aus der Loebbecke'-Sammlung abgebildet werden. (t. 5 f. 10. 11).

2. Marginella glabella Linné Sp.

Taf. 1. Fig. 2. 3.

Testa ovato-oblonga, glabra, nitida, griseo-fulva, zonis tribus rufo-rubescentibus cincta, maculis minimis albis adspersa; spira conica, anfractibus 5 le viter convexis, suturis distincte impressis, interdum leviter obtectis separatis; apex tumidus, albo-candidus; apertura elongata, intus rubens; columella non labiata, oblique plicata, plicis fortis, albis; labrum incrassatum, extus marginatum, intus tumide dentatum, superne emarginatum; sinus basalis latus, parum profundus.

Long. 44, diam. maj. 25, apert. alta 34, lata 7 Mm.

Voluta glabella Linné Syst. nat. XII. p. 1189. Hanley Ipsa Linnei Conch. p. 220. Martini et Chemnitz Conch. Cab. II. t. 42 f. 429. Gmelin-Linné ed XIII. p. 3445. Schröter Einl. I. p. 213. Encycl. meth. t. 377 f. 6 a. b. Dillwyn Cat. I. p. 529. Wood Ind. Test. t. 20 f. 64.

La Porcelaine Adanson Voy. Senegal t. 4 f. 1.

Marginella glabella Lamarck hist. nat. VII. p. 355. Sowerby Gen. of shells f. 1. Reeve Conch. Syst. II. p. 250 t. 278 f. 1. Deshayes Encycl. meth. II. p. 409. Kiener Coq. viv. p. 6 t. 1 f. 1. 2. Deshayes-Lamarck 2. Ed. X. p. 436. Sowerby Thes. Conch. f. 14. 15. Petit Cat. Journ. de Conch. II. p. 52. Reeve Conch. Ic. t. 1 f. 1 a—d. Crosse in Journ. de Conch. XX. p. 215. Kobelt Conch.-Buch t. 27 f. 5. Chenu man. I. p. 197 f. 1043.

Var. ß. minor, carneola maculis albis carentibus.

Marginella Poucheti Petit Journ. de Conch. II. p. 48, 52 t. 1 f. 3.

Schale länglich-eiförmig, ohne Sculptur, glänzend-glatt, grau-gelb mit 3 trübrothen Spiralzonen, die zuweilen unterbrochen sind; die oberste steht nahe der Naht und trägt oft weisse Placken, die mittelste und in der Regel breiteste nimmt ziemlich genau die Mitte ein und die unterste steht der Basis nahe, weiss betupft, mit zahlreichen kleinen über die ganze Schale vertheilten Tupfen. Spira kegelförmig, besteht aus 5 leicht gewölbten Umgängen, die durch meistens deutlich eingeritzte, doch auch durch dünnen Kallus oberflächlich bedeckt durchscheinende Nähte getrennt sind. Embryonalende meistens flach abgerieben, daher stumpf, weisslich-wasserklar. Mündung lang, innen röthlich; Spindel ohne Lippe, schief gefaltet, die 4 Falten sind stark, scharf geschnitten und weiss, die oberste steht etwas flacher als die andern und die unterste ist am schiefsten. Mundrand stark verdickt, aussen gerandet und innen stumpf- und oft undeutlich-gezähnt, oben eingeschnitten; Basalbucht weit und flach.

Die Varietät ist nach Petit constant kleiner, fleischfarbig mit hellrothen Zonen und ohne Spur der weissen Fleckchen.

Vaterland: Insel Tenerifa (D'Orbigny), Küste der marokkanischen Wüste (Chassaniol nach Crosse in Sand von 20 Cm. Tiefe) Senegal (Menke) Guinea (Dunker).

Eine der bekanntesten Arten, die ausser der oben erwähnten Varietät noch zahlreiche Färbungsnuancen zeigt, es kommen auch Exemplare ohne Binden vor.

3. Marginella Goodalli Sowerby.

Taf. 1. Fig. 4. 5.

Testa angulato-ovata, subpiriformis, nitidissima, flavido-carnea vel rubescente auran-

tia, albo guttata, guttis subregulariter aspersa; spira brevi-conica, anfractibus 4 gibboso-
angulatis, suturis callo tectis, apex tumidus, albidus; apertura elongata, subcanalifera,
intus carnea; labrum valde incrassatum, extus marginatum, intus dentatum, superne leviter emarginatum; columella quadriplicata, plicis superioribus subrectis, inferioribus obliquis, gemmatis; sinus basalis minimus non profundus.
Long. 27 diam. maj. 17, apert. alta 22, lata 6 Mm.

Marginella Goodalli Sowerby Tankorville's Cat. App. t. 2 f. 2. Wood Ind.
test. Suppl. t. 3 f. 7. Reeve Conch. Syst. II. p. 250
t. 277 f. 8. 9. Kiener Coq. viv. p. 7 t. 7 f. 29. Deshayes-Lamarck 2 ed. X. p. 449. Sowerby Thes. Conch.
f. 16. 17. Reeve Conch. Ic. t. 3 f. 9 a. b. Petit Journ.
de Conch. II. p. 52.

Glabella — H. et A. Adams Gen. of shells p. 191. Chenu Man.
f. 1047.

Schale winkelig-eiförmig, beinahe birnförmig, sehr glänzend-glatt, gelblich-
fleischfarbig oder röthlich-orange mit ziemlich regelmässig vertheilten weissen Tropfen oder rundlichen Flecken. Spira gedrückt-kegelförmig, besteht aus 4 oder 5
abgerundet-kantigen Umgängen deren Nähte mit Schmelz belegt, daher nicht sichtbar sind. Apex stumpf und durchscheinend-weisslich. Mündung lang, unten
fast kanalartig verlängert und hier etwas seitwärts gebogen, innen fleischfarbig;
Spindel ohne Lippe mit 4 scharf geschnittenen, starken Falten, wovon die zwei
obern fast horizontal, die andern schief gestellt sind; Mundrand stark verdickt,
aussen scharf gerandet, innen gezähnt, oben nur leicht ausgeschnitten. Basalausschnitt klein und flach.

Vaterland: Senegal. Bilder noch von Dr. Küster herrührend.
Schöne und nicht leicht zu verwechselnde Art.

4. Marginella rosea Lamarck.

Taf. 1. Fig. 7. ? 6.

Testa angulato-ovata, nitida, albo-roseo tessellata vel rosea aut cinerea, lineis irregularibus, nigricantibus, albo lateraliter marginatis picta; spira conica, anfractibus 5 planis, marginatis, sutura leviter obtecta separatis; apertura elongata, recta, intus alba; columella nuda, quadriplicata, plicis tenuis, obliquis, albis; labrum modice incrassatum, superne angulatum, extus marginatum, rubro punctatum, intus laevis, superne tenue emarginatum; sinus basalis vix distinctus.
Long. 25, diam. 13; apert. alta 18, lata 4 Mm.

Marginella rosea Lamarck hist. nat. VII. p. 357. Kiener Coq. viv. p. 8
t. 2 f. 9. Deshayes Encycl. méth. II. p. 411 idem-La-
marck 2 ed X. p. 438. Krauss Südafr. Moll. p. 125.
Sowerby Thes. Conch. f. 57. Dunker Moll. Guin. p. 65.
Petit Cat. in Journ. de Conch. II. p. 52. Reeve Conch.
Ic. t. 4 f. 14 a. b.

Schale winkelig-eiförmig, glänzend glatt, weiss und rosenroth gewürfelt oder rosenroth oder graulich mit unregelmässigen Längslinien von schwarzer Farbe, die an einer Seite weiss gerandet sind, gezeichnet. Spira kegelförmig, besteht aus 5 ebnen unten wulstförmig gerandeten Umgängen die durch leicht bedeckte Nähte getrennt sind. Mündung lang, gerade, innen weiss; Spindel ohne Lippe mit 4 scharfgeschnittenen, dünnen und schiefen weissen Falten; Mundrand mässig verdickt, oben winkelig und schmal ausgerandet, aussen gerandet und mit rothen Punkten bestreut, innen ohne Zähne. Basalsinus kaum entwickelt.

Vaterland: Cap-Verd'sche Insel St. Vincent (Dunker) Cap der guten Hoffnung und Natalküste (Krauss).

Steht der M. pyrum, die folgt, sehr nahe.

5. Marginella pyrum Gronovius Sp.

Taf. 1. Fig. 8.

Testa angulato-ovata, nitida, albida longitudinaliter fusco undulatim flammulata, flammis pallide fulvis lateraliter umbrosis; spira conica, anfractibus 5 planis, inferne angulatis, sutura leviter obtecta sed distincta, separatis; apertura elongata, latiuscula, intus alba; columella nuda, quadriplicata, plicis obliquis; labrum modice incrassatum, superne tenue emarginatum et angulatum, extus marginatum, intus laeve et marginatum; sinus basalis vix distinctus.

Long. 31, diam. 17; apert. alta 24, lata 6 Mm.

Marginella pyrum Gronovius Zooph. p. 298 t. 19 f. 13. 14. Deshayes-Lamarck 2 ed. X. p. 436 nota. Reeve Conch. Ic. t. 14 f. 13 a—c. Petit Cat. in Journ. de Conch. II. p. 52.
— picta Dillwyn Cat. I. p. 529 auf Martini Conch. Cab. II. t. 42 f. 434. 435. Wood Ind. Test. t. 94 fig. 65.
— nubecula Lamarck hist. nat. VII. p. 356. Encycl. méth. t. 377 f. 2 a. b. idem par Deshayes II. p. 410. Reeve Conch. Syst. II. p. 249 t. 277 f. 4. Kiener Coq. viv. p. 8 t. 1 f. 3. Sowerby Thes. Conch. f. 51. Kobelt Conch.-Buch t. 27 f 6. Chenu Man. I. p. 197 f. 1044.

Schale winkelig-eiförmig, glänzendglatt, weisslich braun der Länge nach undulirt geflammt, die Flammen an einer Seite hell gelbbraun schattirt, oft sehr verwischt; Spira kurz-kegelförmig, besteht aus 5 ebnen unten stumpfkantig gerandeten Umgängen, die durch leicht gedeckte doch deutliche Nähte getrennt sind. Mündung lang und ziemlich weit, innen weiss; Spindel ohne Lippe mit 4 scharfgeschnittenen, feinen etwas schiefen weissen Falten; Mundrand nicht sehr dick, oben winkelig und schwach ausgeschnitten, aussen und innen gerandet, innen ohne Zähne Basalausschnitt kaum ausgebildet.

Vaterland Ostafrica, specielle Fundorte nicht bekannt.

Ich habe mit Wiederstreben den Gronovius'schen Namen beibehalten, weil seine Namen nicht den Linné'schen Regeln entsprechen oder doch nur zufällig theilweise entsprechen und erkläre ausdrücklich, dass es nur aus dem Nützlichkeitsgrund gescbehen ist, um nicht einen neuen Namen, den Dillwyns'schen M. picta einführen zu müssen, der das Durcheinander nur noch vermehrt hätte, so berechtigt er wegen der Lister- und Martini'schen Citate und dem geführten Nachweis, dass Linné, Schröter und Gmelin diese Citate unrichtig bei M. glabella untergebracht hätten, auch ist.

6. Marginella prunum Gmelin Sp.

Taf. 1. Fig. 9. 14. 15.

Testa oblongo-ovata, nitidissima, albido vel fulvo-caerulescens; spira breviconica, acuta, anfractibus 5 vix convexis, suturis obtectis sed transludescentibus; apex minutus, acutiusculus, flavidus aut violaceus aut candidus nigro fasciatus; apertura elongata, superne angusta, inferne rotundata, intus aurantia, vel castanea vel fusca; collumella leviter arcuata, quadriplicata, plicis acutis, albis, inferioribus 2 attenuatis; labrum incrassatum saepius medio convexum, intus laeve, alba, extus aurantio marginatum superne acutangulatum, interdum rotundatum, vix emarginatum.

Long. 34, diam. maj. 18; apert. 29 Mm.

Martini Conch. Cab. II. t. 42 f. 422. 423.

Voluta prunum Gmelin-Linné ed XIII. p. 3446. Dillwyn Cat. I. p. 530. Wood. Ind. test. t. 20 f. 68.

Marginella — Deshayes in Lamarck 2 ed. X. p. 437 nota. Sowerby Thes. Conch. f. 153. 154. Petit Cat. in Journ. de Conch. II. p. 53 idem IV. p. 418. Reeve Conch. Ic. 11 f. 45 a. b.

Marginella caerulescens Lamarck hist. nat. VII. p. 356. Encycl. meth. t. 376 f. 8 a. b. Deshayes Encycl. meth. II. p. 411. D'Orbigny Sagra's Cuba p. 96. Kiener Coq. viv. t. 1 f. 4. Crouch. Lam. Conch. t. 19 f. 13. Deshayes-Lamarck 2 ed.X. p. 437. Kobelt Conch.-Buch. t. 27 f. 3 (M. caerulea).

Var. β. labro superne rotundato.

Marginella glans Menke Synopsis p. 87.

Marginella sapotilla Hinds Proc. zool. Soc. 1844 p. 74. Voyage Sulphur p. 45 t. 13 f. 10. 11. Sowerby Thes. Conch. f. 150. 151. C. B. Adams Panama shells Nr. 15. Carpenter Rep. p. 207. 267 idem in Proc. Zool. Soc. 1863 p. 241. Petit in Journ. de Conch. II. p. 53. Reeve Conch. Ic. t. 11 f. 17 a. b.

Marginella Martini Petit in Journ. de Conch. IV. p. 367 t. 11 f. 8.

— Burchardi Dunker in Novitates Conch. 1862 p. 36 t. 11 f. 3. 4.

Prunum glans H. et Adams Gen. of shells p. 191.

Cryptospira sapotilla — — — p. 192.

Schale länglich-eiförmig, sehr glänzend-glatt, weisslich oder braungelb, bläulich überlaufen oder schimmernd, zuweilen mit hellern Spiralzonen; Spira klein, kegelförmig und ziemlich spitz, besteht aus 5 kaum gewölbten Umgängen, die durch bedeckte, doch durchschimmernde Nähte getrennt sind. Embryonalende ziemlich spitz, durchscheinend gelblich, oder schwärzlich umschrieben oder violett; Mündung lang, oben eng, zuweilen auch in der Mitte, unten weiter und abgerundet, ohne Kanal, innen orange, castanien- oder dunkelbraun in verschiedenen Nuancen; Spindel leicht gebogen mit 4 weissen, dünnen und scharf geschnittenen Falten, von denen die beiden untern sehr genähert sind; Mundrand weiss, stark verdickt, besonders in der Mitte, da auch oft leicht convex, innen glatt, aussen gerandet und zuweilen orange gelb gefärbt, oben läuft der Rand bei der Hauptform in eine mehr oder weniger scharfe Ecke aus, zwischen der und der Naht eine ebene Fläche ohne eigentlichen Ausschnitt gebildet wird, bei den Varietäten fehlt die Ecke.

Vaterland: Sierra Leone (Bristol Museum); Brasilien, Antillen und Venezuella; Panama.

So lange man annahm, die beiden Formen (M. prunum und sapotilla) seien geographisch durch die Landenge Panama geschieden, war eine Trennung möglich, weil da die kleinsten Verschiedenheiten eine Artberechtigung zuliessen. Heute wissen wir aber possitiv, dass die ächte M. prunum auch zu Panama vorkommt, anderseits, dass auf der Ostseite auch eine kleine Varietät neben der grossen lebt. Carpenter berichtet bei Gelegenheit der Besprechung der C. B. Adams'schen Cat. der Panama Konchylien, dass sowohl die von diesem dort gesammelten 40 Exemplare, als auch viele der durch Andere gesammelten mehr solche der M. prunum als der M. sapotilla enthalten hätten. Bei Reeve steht: M. prunum „Panama (dredged from sandy mud at the dept of ten fathoms) Cuming" und bei M. sapotilla „Panama (in sandy mud at depts of from 5 to 13 fath.) Cuming." Dies wird von Carpenter dahin näher berichtigt, dass er die zur Zeit seines Reports 1856 mit M. caerulescens bezeichnet gewesene Exemplare 1863 mit sapotilla 5—13 fath. sandy mud Panama (H. C.) etiquettirt gefunden habe (also die Reeve'schen Originale 47 a. b). Eine andere Parthie mit abgerundeter Ecke pacifischer Exemplare seien als Marg. n. Sp. Panama bezeichnet. (Also wohl M. Burchhardi Dkr.), wobei das Wort „San Dominco" ausgelöscht sei. Die grosse westindische Form mit scharfer Ecke war mit M. caerulescens Var. bezeichnet (10 Fath. Tiefe sandy mud) Panama. (Also offenbar Reeve's typus zu 45 a. b). Ein anderer Satz grosser Exemplare mit scharfer Ecke und hinten gefärbtem Mundrand ist als M. caerulescens Lam. Panama ohne Geberangabe etiquettirt. Die kleine westindische Form (ähnlich typischen M. sapotilla) trägt die Bezeichnung M. glans Menke. Hier ist also alles mögliche zur Verwirrung geleistet. Das aber geht daraus mit Sicherheit hervor, dass auch die ächte M. caerulescens-prunum in beiden Meeren vorkommt, ebenso wie die kleine Form drüben als M. sapotilla, hüben als M. glans vorkommt. Da auch ausserdem unter der grossen Form solche vorkommen, die keine scharfe Ecke besitzen, so liegt gar kein Motiv mehr vor, dieses unbedeutende Kennzeichen für ein specifisches anzusehen, um Formen trennen zu können, die ohne allen Zweifel zusammen gehören. Carpenter berichtet noch ferner, dass die Rückziehung des Lamarck'schen Citats l'Egonen Adanson ebenfalls ungerechtfertigt sei, weil der Oberrichter Rankine die ächte M. prunum von Sierra Leone mitgebracht und dem Bristol Museum übergeben habe. Wenn nun dadurch das Vorkommen an der Westküste von Africa bestättigt ist, so ist doch das Citat l'Egouen besser bei M. amygdala Kiener untergebracht und mag dort verbleiben. Die M. Martini Petit mag mit M. glans Menke identisch sein, daher ebenfalls hier untergebracht werden.

M. Burchhardi Dunker non Reeve scheint die grosse Form zu sein, hat aber ebenfalls den oberen Theil des Mundrandes abgerundet, ausserdem „sehr verdicktes, gleichsam doppeltes Labrum", was übrigens bei der ächten antillischen M. prunum zuweilen auch zu beobachten ist, ebenso die dicke Schale.

7. Marginella bifasciata Lamarck.

Taf. 1. Fig. 10. Taf. 6. Fig. 5—8.

Testa „ovato-oblonga, nitida, anterius longitudinaliter costata, griseo-fulva" vel albo-cinerea, obscure nebulata vel indistincte „bifasciata, punctis nigrinis" minutis adspersa; spira conica, anfractibus 5 convexis, longitudinaliter costatis, plicis subangulatis, sutura distincta separatis; apex tumidus, candidus; apertura elongata ad basim subcanalifera, intus pallide citrina; columella nuda, quadriplicata, plicis fortis, inferioribus obliquissimis, albis; labrum excurvatum, valde incrassatum, extus marginatum, intus crenulatum, superne anguste emarginatum.

Long. 25, diam. maj. 13; apert. alta 18,5, lata 4 Mm.

Var. β. pallide fulva, aurantio nebulata, nigrino unifasciata et raripunctata.

Marginella bifasciata Lamarck hist. nat. VII. p. 357 an Martini Conch.
Cab. II. t. 42 f. 430? Encycl. méth. t. 377 f. 8 a. b. Roissy in Buffons Hist. nat. Moll. VI. t. 57 f. 2. Deshayes Encycl. méth. II. p. 411. Kiener Coq. viv. p. 4 t. 2 f. 8. Deshayes-Lamarck 2 ed. X. p. 438. Sowerby Thes. Conch. f. 14. 15. Petit Cat. in D. de C. II. p. 51. Reeve Conch. Ic. t. 7 f. 25 a—d.
Glabella bifasciata H. et A. Adams Gen. of shells p. 191. Chenu Man. fig. 1051.

Schale länglich-eiförmig, glänzend-glatt, oben der Länge nach gerippt, grau-lichgelb oder weisslich grau, dunkler gewolkt oder undeutlich zweigebändert, mit kleinen, schwarzen Punkten überstreut; Spira kegelförmig, besteht aus 5 gewölbten, längsgerippten Umgängen, deren Rippen etwas kantig sind; Naht deutlich; Embryonalende stumpf, wasserklar; Mündung lang, unten in eine Art von Kanal endigend, innen hell citronengelb; Kolumelle ohne Lippe, mit vier weissen, starken Falten geziert, deren beide untersten sehr schief gestellt sind; Mundrand ausgeschweift, stark verdickt, aussen gerandet, innen gezähnt und oben dünn ausgeschnitten.

Vaterland: Westafrica in der Umgebung von Senegambien.

Die beiden von Dr. Küster herrührenden Figuren 10 und 11 genügen zur Erkennung dieser Specier nicht, Fig. 10 soll ersetzt und dazu noch die Abbildung von Var. β hinzugefügt werden. Fig. 11 stellt M. Adansoni vor und wird bei dieser citirt werden.

8. Marginella Adansoni Kiener.

Taf. 1. Fig. 11. Taf. 6. Fig. 4.

„Testa ovato-oblonga, laevigata, albo-flava, vel albo-olivacea, lineis nigris, exilibus, undulatis, longitudinaliter picta; spira conica; anfractibus longitudinaliter plicatis, ultimo plicis brevibus ornato; apertura elongato-angusta, intus alba; labro reflexo, incrassato, denticulato; columella recta, quadriplicata." (Deshayes).

Var. β. lineis exilissimis, indistincte trifasciata.
Long. 30, diam. maj. 14,5, diam. min. 12; apert. 22 Mm.
Adanson Senegal p. 59 t. 4 f. 2. Le. Narel.

Marginella Adansoni Kiener Coq. viv. p. 5 t. 7 f. 27. Sowerby Thes.
Conch. f. 3. 5. Deshayes-Lamarck hist. nat. 2 ed.
X. p. 446. Petit Cat. im Journ. de Conch. II. p. 52.
Reeve Conch. Ic. t. 7 f. 27 a. b. Kobelt Conch.-
Buch t. 27 f. 4.
Glabella Adansoni H. et A. Adams Gen. of shells p. 191. Chenu Man.
I. p. 199 f. 1048.

Schale länglich-eiförmig, etwas kantig, glatt, weiss-gelb mit schwarzen oder rothschwarzen oder braunen mehr oder weniger feinen, undulirten Längslinien gezeichnet; Spira kegelförmig, besteht aus gewölbten, kantigen längsgerippten Umgängen, mit leicht bedeckten Nähten, deren Lage jedoch deutlich sichtbar ist und 2—3 ungerippten und ungefärbten Embryonalwindungen. Hauptumgang trägt kurze, kaum über die Kante hinausgehenden Rippen. Mündung lang und eng, doch zuweilen auch ziemlich weit, besonders unterhalb der Mitte, innen milchweiss, läuft unten in einen leicht gedrehten sehr kurzen, weit offnen Kanal aus, der am Fuss schief ausgerandet ist und aussen einen dünnen buccinumartigen Kammwulst trägt; Mundrand verdickt, innen fein gezähnt, aussen umgeschlagen und scharf gerandet, oben kaum oder sehr schwach ausgebuchtet; Spindel grade, mit 4 starken Falten, die obern horizontal, die untern schief.

Vaterland: Senegal (Adanson) Gorea (Reeve).

9. Marginella faba Linné Sp.

Taf. 1. Fig. 12. Taf. 6. Fig. 1.

Testa oblongo-ovata, nitida, albido-cinerea fulvo pallide zonata, punctis nigris plus minusve fortis, subregulariter „per series spirales et longitudinales digestis", picta; spira conica, anfractibus 4 angulatis, longitudinaliter nodoso-costatis, costis anfr. ultimi brevibus; sutura subdistincta; apex tumidus, candidus vel pallide roseus; apertura elongata ad basim brevi-subcanalifera, canali oblique emarginata, intus lactea; labrum incrassatum, extus marginatum, intus crenulatum, superne emarginatum; columella quadriplicata, plicis acute gemmatis, superioribus subhorizontalis, inferioribus obliquis.

Long. 25. diam. 13; apert. alta 23, lata 4 Mm.

Voluta faba Linné Syst. nat. XII. p. 1149, ed. XIII. p. 3445. Hanley Ipsa
Linn. Conch. p. 220. Knorr Verg. d. Aug. IV. t. 17 f. 6. Mar-
tini Conch. Cab. II. t. 42 f. 432. 433. Mus. Gottwald t. 25
f. 170 a—e. Schröter Einl. I. p. 212. Encycl. meth. t. 377 f.
1 a. b. Dillwyn Cat. I. p. 528. Wood. Ind. test. t. 30 f. 63.
Marginella faba Blainville Malac. t. 30 f. 5. Deshayes Encycl. méth. II.
p. 412. Deshayes-Lamarck 2 ed. X. p. 439 pars. Sowerby Thes.
Conch. f. 1. 2. Petit Cat. Journ. de Conch. II. p. 51. Reeve
Conch. Ic. t. 7 f. 24 a. b.
Glabella faba H. et A. Adams Gen. of shells p. 191.

Schale länglich-eiförmig, glänzend-glatt, weisslich-grau mit hell gelbbraunen
Zonen und mehr oder weniger starken, zuweilen eckigen Punkten von schwarzer
Farbe, die ziemlich regelmässig in spiraler wie Längsrichtung geordnet stehen;
Spira kegelförmig, mit 5 kantigen, längsgerippten und an der Kante knotig gerippten Umgängen, die durch ziemlich deutliche Nähte getrennt sind; Embryonalende stumpf, durchscheinend gelblich oder blass rosenroth; Mündung lang, läuft
unten in eine kurze, schief abgestutzte kanalartige Verlängerung aus, innen milchweiss; Spindel ohne Lippe mit 4 scharf geschnittenen Falten, wovon die zwei
obern fast horizontal, die untern schief gestellt sind; Mundrand leicht ausgeschweift, verdickt, aussen gerandet und innen crenulirt auf der ganzen Länge,
oben schwacher Ausschnitt.

Vaterland: Westafrica am Senegal.

Ich habe M. faba Lamarck's ausgeschlossen und ziehe sie zu M. pseudofaba, auf die seine Beschreibung besser passt, als auf unsre Art. Ohne Zweifel
hatte er Erstere bei seiner Beschreibung vor Augen, trennte sie aber sowenig,
wie seine Nachfolger von faba, was aus seinen Citaten ja hervorgeht. Es wäre
vielleicht besser gewesen, die Trennung zu unterlassen.

10. Marginella Cumingiana Petit.

Taf. 1. Fig. 13.

Testa oblongo-ovata, laevigata, caerulescens, aut caeruleo-livida lineis punctatis, undatis, exilissimis, nigrinis, longitudinaliter picta, subbifasciata; spira conica, anfractibus
5 convexis, ecostatis, suturis linearibus, vix obtectis; apex globosus, translucidus, candidus; apertura elongata, latiuscula, intus lactea, vix canaliculata, inferne parum emarginata; columella quadriplicata, plicae superiores subhorizontales, inferiores obliquae; labrum
incrassatum, intus tenue denticulatum, extus reflexum, valde marginatum, sinus basalis
vix emarginatus.

Long. 28, diam. maj. 16; apert. alta 24, lata 6 Mm.
Marginella Cumingiana Petit Revue Zool. 1841 p. 185 idem Journ. de
Conch. II p. 52. Reeve Conch. Ic. t. 3 f. 8 a. b.
— Cumingi Sowerby Thes. Conch. f. 33—35.

Schale länglich-eiförmig, glatt, bläulich oder grünlichblau oder livide mit
sehr zahlreichen, sehr feinen, schwärzlichen Linien, die punktirt und undulirt der

Länge nach verlaufen, gezeichnet, zuweilen treten Punkte stärker heraus und verleihen das Ansehen einer Spiralzeichnung. In der Mitte und oberhalb der Basis stehen oft längliche Flecken, die zu zwei unbestimmten Spiralbinden geordnet sind; Spira kegelförmig, besteht aus 4 gewölbten, nicht gerippten, punktirten, oben linirten Umgängen, die durch linienfeine, kaum überzogene Nähte getrennt sind und dem stumpfen, durchscheinend-wasserhellen schwarz gebänderten Embryonalende. Mündung lang, nicht eng, innen milchweiss oder graulich, fast ohne Kanal. Spindel grade, nicht belegt, trägt 4 starke Falten, wovon die beiden obern fast horizontal, die andern schief verlaufen; Mundrand stark verdickt, nach aussen umgeschlagen und stark gerandet, innen fein und oft undeutlich gezähnelt, oben seicht gebuchtet, aufgewachsen. Basalbucht weit und sehr flach.

Vaterland: Westafrica — Senegal — (Petit).

Ist der M. helmatina Rang so sehr verwandt, dass selbst Reeve sie nur unter Vorbehalt angenommen hatte.

11. Marginella pulchra Gray.

Taf. 2. Fig. 1.

Testa oblongo-ovata, nitida, pallide lutescens, violascescente bifasciata; spira breviconica, anfractibus 4 convexiusculis, suturis callo tectis sed translucidentibus; apex candidus, tumidus; apertura elongata, superne angusta, inferne dilatata, basi rotundata, intus pallide lutea, castaneo bifaciata; columella leviter arcuata, nuda, quadriplicata, plicis obliquis, inferioribus 2 attenuatis; labrum incrassatum, extus marginatum, intus glabrum, album, superne non emarginatum.

Long 23, diam. 12; apert. alta 19, lata 5 Mm.

Marginella pulchra Gray Zool. in Beechey's Voy. p. 135 t. 36 f. 20.
Sowerby Thes. Conch. f. 152. Petit Cat. Journ. de
Conch. II. p. 53. Reeve Conch. Ic. t. 10 f. 39 a. b.
— hondurensis Reeve. Conch. Ic. t. 19 f. 97 a. b.
Cryptospira pulchra H. et A. Adams Gen. of shells p. 191.

Schale länglich-eiförmig, glänzend-glatt, hell dottergelb mit zwei ins violette spielenden Binden; Spira kurz-kegelförmig, besteht aus 4 leicht convexen glatten Umgängen, die durch bedeckte doch deutlich durchscheinende Nähte getrennt sind. Apex stumpf und gelblich, durchscheinend; Mündung lang, oben eng, nach unten weiter werdend mit abgerundeter Basis, innen dottergelb mit zwei durchscheinenden castanienbraunen Binden; Spindel etwas gebogen, ohne Lippe und 4 schiefen Falten, wovon die zwei untersten nahe zusammen stehen. Mundrand verdickt, oben spitz auslaufend und zwischen dieser Spitze und der Naht eine leicht gebogene Stelle ohne Ausschnitt bildend, aussen gerandet und innen ohne Zähne.

Vaterland: Antillen — Domingo (Gray) Honduras (Reeve) die Var. —

Dies ist nichts anderes als eine gebänderte M. prunum. Andere Unterschiede als die beiden Binden vermag ich absolut nicht zu finden. Wer daran genug hat, der mag die Species aufrecht erhalten. M. hondurensis ist nur ein etwas jüngerer Status.

12. Marginella labiata Kiener.

Taf. 2. Fig. 2. 3.

Testa ovata, subpiriformis, roseo-albida, varice flava, nitida; spira brevis, anfractibus 4 rotundatis, suturis obtectis; apex tumidus, candidus; apertura elongata, angusta, intus flavida ad basim rotundata non emarginata; columella leviter arcuata, labiata, quadri-plicata, plicis fortis, albis; labrum reflexum incrassatum, intus denticulatum, extus flavo marginatum, superne spiram adnatam, leviter sinuatum.

Long. 33, diam. maj. 23; apert. alta 33, lata 5 Mm.

  Marginella labiata Kiener Coq. viv. Marg. p. 35 t. 11 f. 2. Reeve Conch.
    Syst. II. p. 249 t. 277 f. 7. Deshayes in Lamarck 2 ed.
    X. p. 447. Sowerby Thes. Conch. f. 104. 105. Petit
    Cat. in Journ. de Conch. II. p. 52. Reeve Conch. Ic.
    t. 6 f. 21 a. b. H. et A. Adams Gen. of shells p. 140.

Schale ei- beinahe birn- oder keulenförmig, blass rosenroth oder weisslich mit rosenrothen Schimmer, glänzend glatt; Spira kurz, vorn unsichtbar, besteht aus 4 gerundeten durch bedeckte Nähte getrennten Umgängen und dem stumpfen, wasserklaren gelblichen Embryonalende. Mündung ziemlich eng, länglich, an der Basis abgerundet, nicht gebuchtet, innen strohgelb; Spindel leicht gebogen, dünn aber weit gelippt, die Lippe strohgelb gesäumt, mit 4 schiefen, starken, weissen Falten geziert; Mundrand stark verdickt, innen eng gekerbt, aussen strohgelb gerandet, oben auf die Spira bis zur Spitze aufgewachsen, leicht gebuchtet.

Vaterland: Golf von Mejico (Petit). Ich habe meine Exemplare von Bernardi mit dem Fundort „Brasilien“, Deshayes setzt gar „Indischer Ocean.“

Die Gebrüder Adams hatten diese Art in ihre Gruppe Marginella s. st. gestellt, da sind die Beziehungen unsrer Art doch gar sehr verkannt. Doch kann sie auch nicht neben den andern gelippten Arten, wie M. marginata etc. stehen, wie vielfach vorgeschlagen ist, weil sie gekerbten Rand besitzt. Sie scheint mir in eine eigene Gruppe zwischen Marginella s. st. und Prunum im Adams'schen Sinne gestellt zu werden müssen.

13. Marginella cornea Lamarck.

Taf. 2. Fig. 4.

Testa „ovato-oblonga, nitida, albido-grisea, zonis tribus luteolis obscure cincta“; spira obtecta, „apice obtuso“; apertura arcuata, intus alba, ad basim distincte sed modice sinuata; columella arcuata, albo-labiata, superne callosa, septemplicata, plicis superioribus tenuibus, horizontalibus, elongatis; labrum incrassatum „anterius apicem superans“, leviter emarginatum, „intus crenatum“, extus marginatum.

Long. 23, diam. maj. 14; apert. alta 23, lata 4 Mm.

  Marginella cornea Lamarck hist. nat. VII. p. 560 idem 2 Ed. par Des-
    hayes X. p. 444. Kiener Coq. viv. p. 29 t. 4 f. 17. Des-
    hayes Encyc. méth. II. p. 415. Sowerby Thes. Conch.
    f. 183. 184. Petit Cat. in Journ. de Conch. II. p. 55.
    Reeve Conch. Ic. t. 12 f. 52. Kobelt Conch.-Buch
    t. 27 f. 12.

Marginella azona Menke Zeitschr. für Mal. 1849.
Volutella cornea H. et A. Adams Gen. of shells p. 191.
Cryptospira azona —   —   —   — p. 192.

Schale länglich–eiförmig, glänzend glatt, weisslich-grau mit 3 dottergelb-
lichen dunkleren Zonen oder gelblich mit rein dottergelben Zonen, deren Zahl bis zu
6 steigt, selbst ganz gelb mit kaum erkennbarer Grundfarbe; Spira verdeckt, nur
das stumpfe Embryonalende steht zuweilen noch vor; Mündung gebogen, innen
weiss oder gelblich, an der Basis deutlich– doch mässig tief gebuchtet; Spindel
gebogen, weiss gelippt, oben callös verdickt mit 7 Falten, wovon die obern dünn,
horizontal und verlängert sind; Mundrand oben über die Spira hinausragend und
hier leicht ausgebuchtet, innen gekerbt, aussen gerandet.

Vaterland: Westafrica — Senegambien und Capverd'sche Inseln (Menke).

M. azona ist auf ein jüngeres Exemplar gegründet, dessen Spira noch nicht
ganz überwachsen ist, sie gehörte daher für die Gebr. Adams in ihr Subgenus
Cryptospira, während die erwachsene Form ins Subgenus Volutella gestellt wurde.

14. Marginella marginata Born.

Taf. 2. Fig. 5—8.

„Testa ovato-oblonga, alba, varicibus duabus utrisque luteo-aurantiis, spira adnatis;
labri varice aliarum, altero latere opposito; spira brevissima, acuta; columella quadriplicata" (Lam.) apertura angustissima.
Variat: albido-grisea, zonis duabus obscuris cincta.
Long. 28, diam. maj. 16; apert. alta 25, lata 2 Mm.

Voluta marginata Born Test. Mus. Caes. p. 220 t. 9 f. 6 Chemnitz Conch.
Cab. X. t. 150 f. 1421. Gmelin-Linnés Syst. nat. ed. XIII.
p. 3449. Dillwyn Cat. I. p. 528. Wood Ind. test. t. 19
f. 62.
Marginella marginata Reeve Conch. Syst. II. p. 250 t. 278 f. 3. Deshayes-Lamarck 2 Ed. X. p. 439 nota. Petit Cat. in
Journ. de Conch. II. p. 53. Reeve Conch. Ic. t. 11 f. 46.
Marginella bivaricosa Lamarck hist. nat. VII. p. 358. Encycl. meth.
t. 376 f. 9 a. b. Deshayes Encycl. méth. II. p. 412.
Kiener Coq. viv. p. 20 t. 3 f. 10. Deshayes-Lamarck
2 ed. X. p. 439. Sowerby Thes. Conch. f. 171.
172.
Prunum marginatum H. et A. Adams Gen. of shells p. 191.
— cinctum Chenu man. f. 1060. 1061.

Schale länglich-eiförmig, glänzend-glatt, weiss, gelblich oder graulich-weiss
ohne oder mit zwei dunklem, verwischten Binden, die Ränder der Spindel und
Mundlippen orange gelb gefärbt; Spira sehr kurz und klein, spitz, nur hinten zum
Theil sichtbar, vorn vom Kallus bedeckt; Mündung eng, innen schmuzig dottergelb, unten abgerundet ohne Ausschnitt; Spindel dick und weit gelippt, Lippe

auf der Spira aufgewachsen, orangegelb gesäumt, mit 4 Falten, von denen die beiden untern nahe zusammenstehen; Mundrand stark verdickt, innen ohne Kerben, aussen doppelt gerandet und orangegelb gefärbt, ebenfalls auf der Spira aufgewachsen, schwach ausgebuchtet.

Vaterland: Westafrica — Senegambien (Reeve) Petit setzte ein? dazu.

Die Küster'schen Figuren 7. 8 auf dem Inhaltsverzeichniss mit M. cincta Kiener bezeichnet, gehören als Varietät mit zwei Binden hierher. Die Kiener'sche Art, obgleich ähnlich und sehr nahe verwandt, lässt sich als Art halten, die Bilder stellen sie aber nicht vor. Sie unterscheidet sich durch weiter ausgedehnte Randwulst, die bewirkt, dass von rückwärz gesehen, die Spira wie eingesetzt in die beiderseitige Verdickung aussieht, dann durch eine weitere Mündung und durch die zwei untern Falten, die weit über die Mündungsparthie hinauslaufen. Chenu hatte in seinem Handbuch die beiden Arten vertauscht. Seine M. cincta ist unsre Art und seine bivaricosa ist die M. cincta Kien.

15. Marginella aurantia Lamarck.

Taf. 2. Fig. 9. 10.

Testa ovata, nitida, aurantio-rubente, punctis albis, sparsis, lentiginosis, obscure bifasciata; spira conica; aufractibus 5 convexiusculis, superne albo-aurantio articulatis; suturis obtectis; apex tumidus, transludescente-aurantius; apertura elongata, intus aurantia, columella pallide lutea, quadriplicata, plicis flavidis, labrum incrassatum, flavidum, intus denticulatum extus marginatum, superne inferneque angulo emarginato.

Long. 22, diam. maj. 12; apert. 17 Mm.

Marginella aurantia Lamarck hist. nat. VI. p. 358. Kiener Coq. viv. p. 9 t. 3 f. 11. Deshayes-Lamarck 2 ed. X. 439. Sowerby Thes. Conch. f. 49. 50. Petit Cat. Journ. de Conch. II. p. 52. Reeve Conch. Ic. t. 5 f. 16 a. b.

Schale eiförmig, glänzend-glatt, röthlich oder fleischfarbig-orange mit zerstreuten oder zu undeutlichen Spiralbinden zusammengedrängten weissen Fleckchen gezeichnet. Spira kegelförmig, heller als die Hauptwindung, besteht aus 5 etwas convexen, oben mit weiss und orange gezeichnetem Halsband gezierten Umgängen, die durch bedeckte Nähte getrennt sind. Embryonalende stumpf, durchscheinend orange gefärbt. Mündung verlängert, innen goldgelb; Spindel ohne Lippe, heller gelb mit 4 strohgelben Falten; Mundrand strohgelb, verdickt, innen gezähnt in der ganzen Länge, unten treten die Kerben doch soweit nach innen, dass sie von vorn betrachtet, wenig sichtbar sind, oben und unten stehen stark vorspringende Ecken, die oben die Ausrandung und unten die Bucht abschliessen, aussen gerandet.

Vaterland: Gambiamündung und Inseln des grünen Vorgebirges.

Diese schön gezeichnete kleine Marginella hat noch ganz die Gestalt der M. glabella, auch in der Zeichnung manches mit ihr gemein, doch lässt sie sich recht gut scheiden.

16. Marginella curta Sowerby.

Taf. 2. Fig. 11. 12.

Testa ovata, inflata, nitida, cinerascente-fulva, maculis parvis, albis, opacis lentigi-nosa, saepius in lineas spirales dispositis; spira brevis, anfractibus 5 marginatis, apex fusco-corneus; apertura lata, oblonga, intus fusca, ad basim rotundata non sinuosa; colu-mella recta, late et crasse labiata, limbo labii aurantio tincto, quadriplicata; labrum in-tus laeve, extus aurantio marginatum, superne minute emarginatum.

Long. 25, diam. maj. 15; apert. alta 20, lata 5 Mm.

Marginella curta Sowerby Proc. zool. Soc. 1833 p. 105. Kiener Coq. viv.
p. 12 t. 7 f. 30. Deshayes in Lamarck 2 ed. X. p. 448.
D'Orbigny Voy. Am. mér. p. 416. Sowerby Thes. Conch.
f. 88. 89. Petit. Cat. in Journ. de Conch. II. p. 53. Reeve
Conch. Ic. t. 6 f. 23 a. b.

Prunum curta H. et A. Adams Gen. of shells p. 191.

Schale eiförmig, aufgetrieben, glatt und glänzend, aschfarbig-gelb mit kleinen mattweissen Sommersprossen ähnlichen Fleckchen, die oftmals zu Spirallinien oder Streifen geordnet sind; Spira kurz, besteht aus 5 gerandeten Umgängen und dem hornbraunen stumpfen Embryonalende. Die Nähte sind dünn und leicht bedeckt; Mündung weit, länglich, an der Basis abgerundet nicht gebuchtet, innen weiss; Spindel grade, stark und weit gelippt, der Rand der Lippe orange gefärbt, mit 4 starken weissen Falten; Mundrand stark verdickt und umgeschlagen, innen ohne Kerben, aussen goldgelb gerandet, oben dünn ausgeschnitten.

Vaterland: Peru zu Payta (D'Orbigny) Iquique (Cuming) gefunden.

17. Marginella muscaria Lamarck.

Taf. 2. Fig. 15—17.

Testa „parvula, ovato-oblonga" dorso gibbosa, nitida, „alba interdum luteo-aurantia; spira exertiuscula, obtusa;" anfractibus 5 convexis. suturis profundis, obtectis; apertura lata, intus alba; columella late labiata, quadriplicata; labrum incrassatum, intus laeve, extus marginatum, superne emarginatum; sinus basalis latus, parum profundus.

Long. 15, diam. maj. 6; apert. 11 Mm.

Marginella muscaria Lamarck hist. nat. VII. p. 359 idem 2 ed. par Deshayes X. p. 441. Kiener Coq. viv. p. 11 t. 3 f. 14.
Sowerby Thes. Conch. f. 45—47. Petit Cat. in Journ.
de Conch. p. 52. Reeve Conch. Ic. t. 8 f. 29 a. b.

Schale ziemlich klein, länglich-eiförmig, auf dem Rücken höckerig, glänzend-glatt, weiss, zuweilen orange- oder dottergelb; Spira etwas ausgezogen mit 5 convexen Umgängen, die durch tiefliegende, doch bedeckte Nähte getrennt sind; Mündung weit, innen weiss; Spindel weit gelippt, mit 4 Falten geziert; Mundrand verdickt, innen etwas eckig und ohne Zähne, aussen stark umgeschlagen und gerandet, oben leicht ausgeschnitten; Basalsinus flach und weit.

Vaterland: Insel Mariae teste Péron nach Lamarck. Tasmänien (Angas).

18. Marginella haematita Kiener.

Taf. 2. Fig. 18. 19.

Testa oblonga, piriformis, superne subangulata, hepatica; spira brevi-conica, anfractibus 4 convexis, suturis linearibus; apex pullus, aurantius; apertura angusta; arcuata, intus carneola, basi rotundata; columella nuda, quadriplicata, plicis albis; labrum incrassatum, superne excurvatum, vix emarginatum, extus marginatum, intus serrate crenulatum, antice album.

Long. 10, diam. 6,3; apert. 7,5 Mm.

Marginella haematita Kiener Coq. viv. p. 11 t. 7 f. 31. Sowerby Thes. Conch. f. 60. 61. Petit Cat. Journ. de Conch. p. 54.
Erato haematina Menke Ms. in Mus. Cuming Reeve Conch. Ic. Erato t. 2 f. 8.

Schale länglich-birnförmig, oben mit stumpfer Kante, leberfarbig; Spira kurz-kegelförmig mit 4 convexen Umgängen meistens von blasserer Farbe, die durch feine Nähte getrennt sind. Embryonalende ein orangefarbenes Bläschen; Mündung eng. gebogen, innen fleischfarbig. unten ausgezogen und abgerundet; Spindel ohne Lippe und mit 4 starken weissen Falten; Mundrand verdickt, oben ausgeschweift und kaum ausgerandet, innen dicht crenulirt, aussen gerandet.

Vaterland: Domingo (Menke). Porto Rico (Sow.).

Von Menke als Erato bezeichnet (beschrieben ist sie wohl nicht?) ist diese Art auch bei Reeve dahin gestellt worden. In der Form ist allerdings grosse Aehnlichkeit mit den fossilen Formen der E. laevis vorhanden, doch schliessen die starken Falten diese Stellung aus. Ich habe übrigens Zweifel, ob Kiener nicht wirklich die E. laevis beschrieben habe, er gibt seiner Art auch das Mittelmeer zum Vaterland. Die Küster'sche Abbildung ist zu dick, namentlich unten, sonst ist sie genügend.

19. Marginella pellucida Pfeiffer.

Taf. 2. Fig. 20. 21. Taf. 4. Fig. 5. 6.

Testa obtuse conica aut piriformis, diaphana, nitidissima, pallide-aurantia; spira parum exserta, anfractibus 4 convexis, auperne tumidis, sutura lineari separatis; apex pullus, intense aurantius; apertura lata, intus translucida, basi rotundata non emarginata; columella arcuata, nuda, quadriplicata; labrum incrassatum, aurantium, superne excurvatum, vix emarginatum, extus intusque marginatum.

Long. 12, diam., 7 apert. alta, 10 lata 2,5 Mm.

V. 4.   3

Marginella pellucida Pfeiffer Wiechmanns Arch. 1842 . . . . Petit Journ.
de Conch. II. p. 53.
— ' diaphana Kiener Coq. viv. p. 38 t. 12 f. 3. Sowerby Thes.
Conch. t. 95. 96. Reeve Conch. Ic. t. 16 f. 76.

Schale stumpf-kegelförmig zuweilen mehr birnförmig, sehr glatt und glänzend, durchsichtig, blass orange gefärbt; Spira klein, wenig ausgezogen, besteht
aus 4 convexen, oben stumpfen, also walzenförmigen Umgängen, die durch feine
Nähte getrennt sind und dem intensiv goldgelben, ein Bläschen bildenden Embryonalende. Mündung weit, innen durchsichtig mit abgerundeter und nicht ausgerandeter Basis; Spindel gebogen, ohne Lippe mit 4 Falten von gewöhnlicher
Stellung; Mundrand verdickt, oben ausgebogen und kaum ausgeschnitten, goldgelb, aussen und innen gerandet, ohne Zähne.

Vaterland: Cuba (Pfeiffer) Bahama (Kiener) Keywest in Florida (Wk.).

20. Marginella guttata Dillwyn Sp.

Taf. 3. Fig. 3. 4.

Testa ovato-oblonga, nitidissima, pallide fulva, obscurior fasciata vel nebulosa, guttulis albis irregulariter adspersa; spira minuta aut distincta, callosa, aut obtecta, aurantia; apertura angusta, intus pallide aurantia, ad basim rotundata; columella rectiuscula,
superne arcuata, late labiata, callo albido, quadriplicata; labrum incrassatum, arcuatum,
intus laeve, extus marginatum, superne spirae adnatum, varice et basi fusco maculatis.

Long. 21, diam. 13; apert. longa 19, lata 2 Mm.
Voluta guttata Dillwyn Desc. Cat. I. p. 326 auf Martini Conch. Cab. II.
t. 42 f. 417. 418.
Marginella guttata Deshayes-Lamarck 2 ed X. p. 440 nota. Petit Cat. in
Journ. de Conch. II. p. 52. Reeve Conch.
Ic. t. 12 t. 50 a. b.
Marginella longivaricosa Lamarck hist. nat. VII. p. 358 idem 2 ed
par Deshayes X. p. 440. Deshayes Encycl.
méth. II. p. 412. Kiener Coq. viv. p. 21 t. 3
f. 12. Sowerby Thes. Conch. f. 112. 113.
D'Orbigny Sagra's Cuba p. 95.
Persicula guttata H. et A. Adams Gen. of shells p. 193.

Schale länglich-eiförmig, sehr glatt und glänzend mit undeutlichen dunkleren
Binden oder Wolken, und weissen unregelmässig zerstreuten Tropfen geziert;
Spira klein, deutlich oder durch Callus überdeckt, im letzten Fall goldgelb, in
erstern nur von einem goldgelben Band umringt; Mündung eng, innen blass
orange, am Fuss abgerundet; Spindel oben gebogen, weit gelippt, Lippe weisslich,
mit 4 starken, schiefen Falten; Mundrand verdickt, gebogen, oben an der Spira
aufgewachsen, innen glatt, vorn mit 4 braunen Flecken, hinten gerandet, aussen
an der Basis steht auf Spindel und Randseite noch je ein brauner Flecken.

Vaterland: Senegal (Lamarck) Antillen u. z. Jamaica (Slaone, C. B. Adams) Cuba (D'Orbigny) Honduras (Petit). Im Asphalt von Trinidad (Wk.).

Diese Art ist unmöglich eine Persicula, sie hat eine unten geschlossene abgerundete Mündung, keine Bucht, wie die Persiculaarten alle.

21. Marginella cingulata Dillwyn Sp.

Taf. 3. Fig. 1. 2.

Testa obovata, superne subumbilicata, albido rubro lineata, lineis simplicibus vel confluentibus, rarius in strigis curtis solutis; spira in umbilico sita sed inconspicua; apertura alba, arcuata, ad basim subcanalifera, sinuosa; columella tenue labiata, superne callo tuberculifero armata, sexplicata; labrum incrassatum extus vix marginatum, intus tenuissime crenulatum, superne emarginatum; sinus basalis angustus, profundus.

Long. 22, diam. maj. 15; apert. alta 24, lata 4 Mm.

Adanson Senegal t. 4 f. 4 le Bobi; Martini Conch. Cab. II. t. 42 f. 419. 420. Encycl. méth. t. 377 f. 4 a. b.

Voluta persicula Var. β Linné et auct. post. Hanley Ipsa Linnei Conch. p. 118.
— cingulata Dillwyn Cat. I. p. 525. Wood Ind. test. t. 19 f. 56.

Marginella cingulata Deshayes in Lamarck 2 ed X. p. 445 nota, Sowerby Thes. Conch. f. 185. 186. Petit Cat. in Journ. de Conch. II. p. 55. Reeve Conch. Ic. t. 13 f. 56 a. b.

Marginella lineata Lamarck hist. nat. VII. p. 361 idem 2 Ed. par Deshayes X. p. 445. Reeve Conch. Syst. II. p. 250 t. 278. f. 2. Deshayes Encycl. méth. II. p. 414. Kiener Coq. viv. p. 23 t. 5 f. 22. Crouch Lam. Conch. t. 19 f. 14. D'Orbigny Moll. Can. p. 82. Kobelt Conch.-Buch. t. 27 f. 24.

Marginella bobi Blainville Mal. t. 30 f. 6.
— persicula Sowerby Gen. of shells f. 2.

Persicula cingulata H. et A. Adams Gen. of shells p. 193.
— lineata Chenu Man. I. p. 199 fig. 1063.

Schale dick-eiförmig, oben fast genabelt oder mehr oder weniger tief eingedrückt, weisslich roth, einfach oder zusammenstossend liniirt, die Linien mehr oder weniger breit, selten zu kurzen Strichen aufgelöst; Spira unsichtbar, im Nabel verborgen; Mündung gebogen, weiss, unten in kanalartige Bucht endigend, dünn aber weit belegt, oben mit knopfförmiger Verdickung, mit 6 Falten geziert; Mundrand verdickt, innen sehr schwach und undeutlich gekerbt, aussen kaum gerandet, oben überstehend und seicht ausgebuchtet. Basalbucht eng und tief, schief stehend.

Vaterland: die Capverd'sche Inseln, Insel Gorea und Canaren.

Linné hatte diese Art mit M. persicula als Var. β vereinigt, es wäre wünschenswerth, wenn wir auf diesen Standpunkt zurückkehrten, beide Arten sind nur durch die Färbung verschieden.

3 *

22. Marginella persicula Linné Sp.

Taf. 3. Fig. 5—7.

Testa obovata, superne subumbilicata, alba punctis rubro-fuscis plus minusve confertis et validis adspersa; apertura arcuata, intus alba, ad basim sinuata; columella moderate obtecta, superne callo tuberculifero armata; septem vel octoplicata; labrum incrassatum, superne spiram superans, emarginatum, intus tenuissime crenulatum, extus marginatum; sinus basalis obliquus, angustus, profundus.

Long 24, diam. 15; apert. alta 25, lata 2 Mm.

Voluta persicula Linné Syst. nat. XII. p. 1189; ed XIII. par Gmelin p. 3444. Hanley Ipsa Linnei Conch. p. 218; Martini Conch. Cab. II. t. 42 f. 421, Encycl. meth. t. 377 f. 3a. b. Dillwyn Cat. l. p. 525. Wood. Ind. test. t. 19 f. 55.

Marginella persicula Lamarck hist. nat. VII. p. 361 idem 2 ed par Deshayes X. p. 444. Roissy in Buf. Nat. IVI. pag. 59. Kiener Coq. viv. pag. 23 t. 5 f. 19. Sowerby Thes. Conch. f. 190. 191. Petit Cat. in Journ. de Conch. II. pag. 55. Reeve Conch. Ic. t. 13 f. 57 a. b. Crosse im Journ. de Conch. XX. pag. 215. Kobelt Conch.-Buch t. 27 f. 19.

Marginella avellana Lamarck hist. nat. VII. p. 352 idem 2 ed. par. Deshayes X. p. 444. Kiener Coq. viv. t. 4 f. 18.

Persicula persicula H. et A. Adams Gen. of shells p. 193. Chenu Man. l. p. 199 fig. 1062.

Persicula fasciata Schumacher Nouv. Syst. p. 235.

Schale dick-eiförmig, oben fast genabelt, weiss mit rothbraunen mehr oder weniger gedrängten und starken Punkten bestreut, zuweilen gelblich mit braunen Punkten; Mündung gebogen, innen weiss, an der Basis gebuchtet; Kolumelle mässig belegt, oben mit knopfförmigen Kallus, sieben- bis neunfaltig, die obersten undeutlich und klein; Mundrand verdickt, gerandet oder kaum gerandet, innen sehr dünn gekerbt, oben überstehend und ausgebuchtet. Basalbucht schief, eng und tief.

Vaterland: Gambia Mündung (Kiener) Arguinbank an der Küste der marokkanischen Wüste in geringer Tiefe auf Sandboden, (Chassaniol).

Ausserdem, dass Linné diese Art und die vorherige nicht getrennt hatte, sah er, wie Hanley nach dem Befund seiner Sammlung berichtet, die kleinpunktirte Abänderung = M. avellana (Lamarck) Sowerby Thes. f. 190. 191, unsere Figur 6. 7 für den Typus der Art an.

23. Marginella obesa Redfield.

Taf. 3. Fig. 10—15.

„Testa ovata, tumida, laevissima, albido-lutescente, lineis transversis, confertissimis, interruptis fuscis aut nigris, in flammulis undulatis, longitudinalibus dispositis; spira obtecta, maculis fuscis circumdata; labro intus obsolete crenulato, extus saepe nigro maculato; columella sex vel octo-plicata, plicis quaduor inferioribus distinctis, obliquis, alteris superioribus obsoletis transversis." (Redfield); sinus basalis angustus, profundus.

Long. 15, diam. 9,5 Mm.

Marginella obesa Redfield in Ann. Lyceum New-York 1846 p. 2 t. 10
f. 5. Petit Cat. in Journ. II. p. 55.
— similis Sowerby Thes. Couch. f. 206. 207. Reeve Conch. Ic.
t. 14 f. 61.

Schale eiförmig, stumpf, sehr glatt und glänzend, weisslich gelb mit engstehenden, unterbrochenen braunen oder schwarzen Spirallinien, die zu undulirten Längsflammen geordnet sind, auch weiss mit rothen Linien, oft kommt es vor, dass zonenweise die Linien schwarz und roth wechseln; Spira unsichtbar oder sie steht in einer Höhlung, aus der nur die Spitze hervorsteht, oder mehr als die Spitze, dann aber mit Kallus überzogen, sie ist von einem mehr oder weniger vollkommenen Kreis von braunen Punkten umringt. Mündung gebogen, eng, innen weiss, unten ausgebuchtet; Spindel schwach belegt, oben kallös verdickt und dieser Kallus überdeckt die Spira, sechs bis 8 Falten, wovon nur die 4 untern deutlich, zwei davon zusammengewachsen, die oberen undeutlich sind; Mundrand verdickt, hinten weit ausgedehnt, kaum gerandet und braun gefleckt, innen fein und wenig deutlich gekerbt, oben schwach ausgebuchtet; Basalbucht tief und eng, schief.

Vaterland: Küste von Brasilien (Petit) Venezuela, vorzugsweise zu Carthagena (Redfield u. A.) Puerto-Cabello (Lischke).

M. similis Sowerby ist völlig synonym, doch haben die Autoren, die beide schieden, die etwas schlankeren Exemplare für M. similis angesprochen, besonders, wenn die Flecken auf dem Mundrang obsolet und die Spindelplatte etwas dicker war.

24. Marginella interrupta Lamarck.

Taf. 3. Fig. 16—18.

Testa „parva, obovata, apice retusa, albida, lineis transversis confertissimis, interruptis purpureis" vel nigris, vel rubris interdum maculatis picta; apertura arcuata, intus alba, ad basim sinuata; columella late calloso-labiata, superne callo tuberculifero armata, „subquadriplicata"; labrum „intus obsolete crenulato" extus marginatum, bi vel tripartitum; sinus basalis obliquus, angustus.

Long. 14, diam. maj. 8; apert. 14 Mm.
— 13, — 9; — 13 —
Adanson Senegal t. 4 f. 5 le Duchon.

Marginella interrupta Lamarck hist. nat. VII. p. 362 idem 2 Ed. par
Deshayes X. p. 446. Deshayes Encycl. méth. II.
p. 414. Kiener Coq. viv. p. 25 t. 5 f. 21. Sowerby Thes. Conch. f. 201—205. D'Orbigny Sagra's

Cuba p. 97. Dunker Moll. Guinea p. 30. Krauss
Südafr. Moll. p. 125. Reeve Conch. Ic. t. 14 f. 62.
Petit Cat. Journ. de Coch. II. p. 55.
Persicula interrupta H. et A. Adams Gen. of shells p. 193.

Schale eiförmig, oft dickeiförmig mit verdeckter Spira, weisslich mit engstehenden, unterbrochenen, purpurfarbenen, schwarzen oder rothen Spirallinien, zuweilen durch einzelne oder zu Binden geordnete grössere Flecken unterbrochen;
Mündung gebogen, innen weiss, am Fuss ausgebuchtet; Spindel weit callös-
gelippt, oben zu einem Knopf verdickt, ganz weiss, vierfaltig, die obere meistens
obsolet; Mundrand innen schwach und undeutlich gekerbt, aussen weit ausgedehnt und gerandet, zwei- und dreifach getheilt; Basalsinus eng und schief.

Vaterland: Senegambien (Adanson) Niederguinea (Dunker) Cap (Krauss) Antil-
len-Cuba (D'Orbigny) Carthagena (Redfield) Puerto-Cabello (Lischke).
Steht der vorhergehenden sehr nahe. Marg. calculus Redf = M. maculosa
Reeve non Kien = M. guttula (Swains) Sowerby Thes. f. 208—210 scheint nur
eine aufgetriebene in der Zeichnung leicht geänderte Form unsrer Art zu sein.

25. Marginella apicina Menke.

Taf. 3. Fig. 8. 9.

Testa ovato-conoidalis, alba vel flavida, interdum indistincto fasciata, nitida; spira
late-conica, acutiuscula, anfractibus 4, convexiusculis, suturis albo-translucidis, apex ru-
bro-aurantius; anfr. ultimus superne angulatus; apertura latiuscula, inferne rotundata, intus flavidula; columella rectiuscula, tenue labiata, superne callosa, spirae adnata, quadriplicata, plicis inferioribus obliquis, confertis; labrum incrassatum, intus laeve, extus marginatum, superne spirae adnatum.
Long. 13, diam. 8; apert. 11 Mm.
Marginella apicina Menke Synopsis 1836 p. 46. Petit Cat. in Journ. de
Conch. II. p. 53.
—   conoidalis Kiener Coq. viv. p. 37 t. 12 f. 2. Sowerby Thes.
Conch. f. 93. 94. 97—101. Reeve Conch. Ic. t. 18
f. 37 a. b.
—   livida Hinds Proc. zool. Soc. April 1844 teste Redfield.
—   flavida Redfield in Ann. of Lyceum New-York 1846 t. 10 f. 4.
Prunum apicina H. et A. Adams Gen. of shells p. 191.

Schale eiförmig-conoidal oder kurz kegelförmig, weiss oder gelblich, gewöhnlich einfarbig, doch auch seltener mit undeutlichen Spiralbinden und am Mundrand gefleckt, glänzend-glatt; Spira breitkegelförmig, kurz, ziemlich spitz, besteht
aus 4 etwas gewölbten Umgängen die durch bedeckte, doch weiss durchscheinende
Nähte getrennt sind. Embryonalende roth-orange, durchscheinend; Hauptumgang oben kantig; Mündung in Verhältniss weit, unten abgerundet, innen gelb;
Spindel fast gerade, dünn gelippt, oben kallös, an der Spira angewachsen, vierfaltig, die beiden untern sind schief und genähert; Mundrand verdickt, gebogen,

oben an der Spira aufgewachsen, aussen gerandet und mit 2 bis 3 rothbraunen Flecken geziert, innen nicht gekerbt.

Vaterland: Senegal (Lamarck) Westindien und zwar: Jamaica (C. B. Adams) Cuba (D'Orbigny) Bahama (Redfield) Honduras (Petit).

Trotz der gegentheiligen Behauptung Redfield's ziehe ich seine M. flavida hierher; ein anderer Unterschied, als dass seine Art etwas kleiner und daher durchsichtiger sei — Folge jüngeren Alters — ist nicht aufzufinden.

26. Marginella capensis (Dunker) Krauss.

Taf. 3. Fig. 19. 20.

Testa oblongo-ovata, nitidissima, flavido-albida; spira prominula anfractibus 4 convexis, apice obtuso; apertura elongata, intus alba, basi rotundata; columella parum labiata, quadriplicata; labrum modice incrassatum, versus medium incurvatum, superne spirae adnatum, intus laeve.

Long. 12,5, diam. maj. 7; apert. 10,5 Mm.

Marginella capensis (Dunker) Krauss Südafr. Moll. p. 125 t. 6 f. 21.
Petit Cat. in Journ. de Conch. II. p. 54. Reeve Conch. Ic. t. 21 f. 113.

Volvaria capensis H. et A. Adams Gen. of shells p. 195.

Schale läuglich-einförmig, sehr glatt und glänzend, gelblich oder weisslich; Spira ziemlich sichtbar, besteht aus 4 convexen Umgängen und dem stumpfen Embryonalende; Mündung verlängert, unten abgerundet, innen weiss; Spindel ziemlich gerade, schwach gelippt, mit vier deutlichen Falten versehen; Mundrand mässig verdickt, doch hinten weit übergeschlagen, in der Mitte ausgebogen, oben an die Spira angewachsen, innen ungekerbt.

Vaterland: Kapküste (Krauss) Wallfischbai (Loebbecke) Ascension (Selbst erhalten) Guinea (Marrat).

Krauss sagt am Schlusse seiner Beschreibung: „Ich glaube kaum, dass sie von den ungefärbten Abänderungen der M. triticea getrennt werden kann." Er meint damit sicher die Kiener'sche triticea, die als verdickte Form wahrscheinlich mit M. secalina Philippi zusammenfällt.

27. Marginella clandestina Brocchi Sp.

Taf. 3. Fig. 21. 22.

Testa minima, ovato-globosa, nitida, albo-grisea interdum fasciata, spira involuta; apertura elongato-angusta, basi rotundata, intus lactea; columella superne arcuata, non labiata, inferne recta, oblique quadriplicata; labrum incrassatum, reflexum, superne emarginatum, intus tenue crenulatum.

Long. 3, diam. maj. 2; apert. 3 Mm.

Savigny Desc. de l'Egypte t. 6 f. 26.

Marginella clandestina Brocchi Conch. sub. app. II. p. 242 t. 15 f. 11
(Voluta) Philippi En. Moll. Sic. I. p. 221 II. p. 197.
Kiener Coq. viv. p. 39 t. 13 f. 1. Deshayes-
Lamarck 2 ed. X. p. 452. Sowerby Thes. Conch.
f. 216. Petit Cat. in Journ. de Conch. II. p. 52.
Weinkauff Mittelmeer Conch. II. p. 22.
Gibberula clandestina H. et A. Adams Gen. of shells p. 195. Chenu
Manuel I. p. 199 t. 1066.
Volvaria marginata Bivona Nuove Gen. p. 24 t. 3 f. 5.
Volvaria Brocchii Scacchi Cat. p. 10.
Marginella pygmaea Issel mar rosso p. 117.

Schale sehr klein, eiförmig-aufgetrieben, glänzend glatt, weiss-graulich, zuweilen mit einer helleren Binde, Spira eingeschlossen; Mündung verlängert,
eng, Basis abgerundet, innen milchweiss; Spindel oben gebogen und ohne Lippe,
unten gerade und mit vier schiefen Falten versehen; Mundrand verdickt einge-
schlagen und gerandet, innen fein gekerbt, oben ausgebuchtet.

Vaterland: die Küsten des Mittelmeers überall. Ueber die näheren Fundorte
und die Specialliteratur mag man das Nöthige in meiner Schrift, die Mittelmeer-
conchylien nachsehen. Golf von Suez (Issel).

28. Marginella bullata Born Sp.

Taf. 4. Fig. 3. 4.

Testa ovato-oblonga, subcylindracea, nitida, pallide carnea, interdum albo spiraliter
fasciata; spira impressa, apice punctiformis; apertura elongata, latiuscula, basi rotundata,
intus pallidior; columella superne arcuata, non labiata, inferne recta, quadriplicata, plicis
acutis, obliquis, albis; labrum incrassatum extus marginatum, superne spiram superans,
intus irregulariter et indistincte crenatum.

Long. 69. diam. maj. 40; apert. alta 70, lata 9 Mm.

Knorr Vergn. der Augen t. 23 f. 1 t. 27 f. 1.
Voluta bullata Born Test. mus. Caes. p. 218. Deshayes in Lamarck 2 ed.
X. pag. 443 nota. Chemnitz Conch. Cab. X. t. 150
f. 1409. 1410. Gmelin-Linné ed. XIII. pag. 4452.
Dillwyn Cat. I. p. 631. Wood Ind. test. t. 20 f. 59.
Marginella bullata Lamarck hist. nat. VII. p. 360 ex parte. Sowerby
Tank. Cat. t. 2 f. 1 idem Thes. Conch. f. 158. 159.
D'Orbigny Voy. Am. mer. p. 414. Petit Cat. in Journ.
de Conch. II. p. 53. Reeve Conch. Ic. t. 1 f. 2 a—c.
Marginella Belangeri Kiener Coq. viv. p. 27 t. 9 f. 43. Kobelt Conch.-
Buch t. 27 f. 2.
Volutella bullata H. et A. Adams Gen. of shells p. 192.
Volutella Belangeri Chenu Man. p. 198 fig. 1053.

Schale gross, länglich-eiförmig, beinahe cylindrisch, gelblich fleischfarbig, in
gewissem Erhaltungszustand weiss gebändert; Spira eingedrückt, der Apex steht
nur punktförmig hervor, die übrigen sind auch meistens in der Vertiefung sichtbar,

in umgekehrter Ordnung; der letzte ist am höchsten, der 2. neben dem Apex am tiefsten; Mündung lang, ziemlich weit, unten abgerundet, innen heller fleischfarben; Spindel oben gebogen, ohne Lippe, unten gerade mit 4 scharfgeschnittenen, schiefen, weissen Falten, die beiden untern schiefer und näher zusammenstehend, als die oberen. Als Fortsetzung der zweiten der oberen Falten läuft eine dicke, glatte sehr glänzende Schwiele bis zur Basis der Schale; Mundrand höher als die Spira, verdickt, aussen gerandet, innen unregelmässig und undeutlich gekerbt.

Vaterland: Bahia in Brasilien (D'Orbigny u. A.).

Allbekannte Art, die grösste aller Marginellen, die noch heute vielfach unter dem unberechtigten Kiener'schen Namen M. Belangeri liegt.

29. Marginella angustata Sowerby.

Taf. 4. Fig. 10. 11.

Testa ovato-oblonga, cylindracea, nitida, albida fasciis crebris, angustis, rubro-lividis cincta; spira brevis, obtusa. interdum retusa; apertura elongata, basi rotundata, intus plumbea; columella tri-vel quadriplicata, plica inferiore duplicata; labrum versus medium incurvatum, incrassatum, extus late expansum, luteum, intus laeve, superne spirae adnatum vel superans.

Long. 23, diam. maj. 12; apert. alta 22 lata 3 Mm.
Var. minor — 12 — 6,5 — 11 — 2 —
Martini Conch. Cab. II. t. 42 f. 424. 425. Encycl. meth. t. 376 f. 5 a. b.
Marginella bullata Lamarck hist. nat. VII. p. 360 ex parte idem 2 ed. par Deshayes X. p. 442 et nota. Kiener Coq. viv. p. 29 t. 4 f. 15 non Born.
Marginella angustata Sowerby Thes. Conch. f. 169. 170 Petit Cat. in Journ. de Conch. II. p. 55. Reeve Conch. Ic. t. 13 f. 55 a. b.

Schale verlängert-eiförmig, cylindrisch, glänzend glatt, weisslich mit engen gezackten röthlich-lividen Bändern geziert: Spira versteckt, oder wenn sichtbar, kurz und stumpf; Mündung länglich mit abgerundeter Basis, innen bleifarben; Spindel mit 3 oder 4 Falten, wovon die unterste doppelt ist, weiss; Mundrand oben überstehend oder an der Spira angewachsen, in der Mitte eingebogen, im übrigen verdickt, aussen weit ausgebreitet und hier dottergelb, innen ohne Kerben.

Vaterland: Indischer Ocean (Lamarck) Neuholland (Angas) Ceylon (die kleine Varietät mit sichtbaren Spira, Nevill nach Exemplaren).

30. Marginella triticea Lamarck.

Taf. 4. Fig. 1. 2.

Testa ovato-oblonga, subcylindracea, albida fulvo-fasciata; spira subprominula; apertura elongata, basi rotundata, intus albida; columella superne arcuata non labiata inferne recta, subquadriplicata, plica inferiore duplica; labrum versus medium incurvatum, modice incrassatum, extus late expansum, intus laeve.

Long. 15, diam. maj. 6,5; apert. 13,5 Mm.

Adanson Senegal t. 5 f. 3 le Siméri.

Volvaria triticea Lamarck hist. nat. VII. p. 363 idem 2 ed. par Deshayes X. p. 460 excl. Syn. plur.

Marginella triticea Sowerby Thes. Conch. f. 119. 120 non 121. Petit Cat. Journ. de Conch. II. p. 54 non Kiener.

Marginella navicella Reeve Conch. Ic. t. 20 f. 103 a. b.

Volvarina triticea H. et A. Adams Gen. of shells p. 195.

Schale länglich eiförmig, beinahe cylindrisch, oben dicker als M. avena u. A. glänzend-glatt weisslich, gelb gebändert oder ohne Bänder; Spira wenig auffallend; Mündung lang, in der Mitte verengt, unten wohl und breit abgerundet, innen weisslich; Spindel oben gebogen und ungelippt, unten gerade mit zwei einfachen und einer doppelten Falte; Mundrand mässig dick, hinten aber weit übergeschlagen, ohne eigentlichen Rand, in der Mitte einwärts gebogen, im übrigen ohne Kerben, oben auf die Spira aufgewachsen.

Vaterland: Westafrica am Senegal.

Reeve kannte diese Species nicht. Deshayes und Kiener verkannten sie total. Ersterer machte aus ihr eine neue Species (M. navicella), letztere nahmen die mittelmeerische M. secalina Philippi dafür. Bei den Gebr. Adams steht unsere Art mit vollem Recht als Typus des Subg. Volvarina.

31. Marginella avena Kiener.

Taf. 4. Fig. 7—9.

Testa elongato-ovata cylindracea, nitida, pallide flavida, luteo spiraliter trizonata interdum zonis interruptis; spira brevis conica, anfractibus vix conspicuis, ultimo basi rotundato; apertura elongato-angusta, intus albida; columella quadriplicata; labrum acutum interdum incrassatum, reflexum, in medio incurvatum, laeve.

Long. 12, diam. maj. 5; apert. 10 Mm.

Marginella avena Kiener Coq. viv. p. 17 t. 6 f. 24. D'Orbigny in Sagra's Cuba II. p. 98 Petit Cat. in Journ. de Conch. II. p. 54 idem Cat. Guad. p. 429 Reeve Conch Ic. t. 17 f. 83.

Marginella avenacea Deshayes-Lamarck 2 ed. X. p. 454.

Marginella varia Sowerby Thes. Conch. f. 137—140.

Marginella Bayerleana Bernardi Journ. de Conch. IV. t. 5 f. 15. 16.

? Marginella guttula Reeve Conch. Ic. t. 20 f. 101.

? Marginella livida Reeve Conch. Ic. t. 20 f. 100.

Marginella efflugens Reeve Conch. Ic. t. 20 f. 104.

Volvarina avena H. et A. Adams Gen. of shells p. 195 Chenu Man. f. 1074.

Schale verlängert-eiförmig, cylindrisch, sehr glatt und glänzend, blass strohgelb mit 3 dottergelben oder rothgelben Zonen oder Binden, die zuweilen in der

Art aufgelöst sind, dass sie eine Reihe länglicher Flecken bilden; Spira klein, kegelförmig mit kaum sichtbaren Umgängen; Mündung verlängert-eng, innen weisslich mit oft durchscheinenden Binden; Spindel ohne Lippe mit vier Falten; Mundrand meistens einfach, doch auch verdickt und umgeschlagen, vorn ohne Kerben und in der Mitte einwärts gebogen.

Vaterland: Westindien und zwar: Hondurasbai (Sowerby) Cuba (D'Orbigny) Guadeloupe (Petit) St. Thomas (Reeve) Jamaica (C. B. Adams).

Der Deshayes'sche Name sollte eigentlich bevorzugt werden, weil er eine Emeutirung ist. Sowerbys M. varia ist seit lange mit der Kiener'schen Art vereinigt und zwar die Abänderung mit unterbrochenen Binden; M. Bayerleana ist dasselbe mit rothen Bindenflecken. M. guttula ist sehr blass mit kaum erkennbaren Binden. M. efflugens ist genau der Kiener'sche Typus. M. livida demselben sehr genähert, doch von leicht geänderter Färbung. Höchst wahrscheinlich gehört auch noch M. bibalteata Reeve hierher als Abänderung mit ausgezogener Spira.

32. Marginella Philippinarum Redfield.

Taf. 4. Fig. 12—14.

Testa elongato-ovata, cylindracea, nitida, pallide flavida rufo-livide spiraliter trizonata, spira brevis, conica, anfractibus 4 conspicuus; apertura elongata, superne angusta, inferne dilatata, intus flavidula; columella liviter arcuata, superne nuda, inferne quadriplicata, plicis albis, tenuibus, obliquis, inferioribus 2 quasi copularibus; sinus basalis nullus; labrum medio incurvatum parum incrassatum, subacutum, intus laeve, extus inflexum, vix marginatum, superne submarginatum.

Long. 15, diam. maj. 5,7; apert. 12 Mm.

Marginella Phlippinarum Redfield in Ann. New-York Lyc. 1848 p. 492 t. 17 f. 3. Petit Cat. Journ. de Conch. II. p. 54. Reeve Conch. Ic. t. 17 f. 84.

— avena Sowerby Thes. Conch. t. 3 f. 130 non Kiener.

Volvarina Philippinarum H. et A. Adams Gen. of shells p. 195.

Schale länglich-eiförmig, cylindrisch, glänzend-glatt, hell strohgelb mit 3 unbestimmt rothbraunen oder rothgelben Spiralzonen; Spira kurz-kegelförmig, besteht aus 4 deutlichen Umgängen; Mündung lang, aber eng, unten erweitert, innen gelblich; Spindel leicht gebogen, oben ohne Ueberzug, unten mit 4 weissen, scharfen, dünnen und schiefen Falten, wovon die zwei letzten etwas stärker und zusammengekuppelt zu sein scheinen; ohne Basalausschnitt; Mundrand wenig verdickt, fast scharf, innen ohne Kerben, in der Mitte eingebogen, aussen umgeschlagen, fast ohne Rand, oben mit sehr flachem Ausschnitt.

Vaterland: Philippinen — Ins. Bohol (Cuming) Zebu (Verkrüzzen).

Ist der vorigen Art sehr ähnlich, doch leicht zu unterscheiden. Sind die Unterschiede auch von kleinem Werth, so tritt doch der Fundort hiezu, um ihnen einen solchen zu geben. Wird auch viel grösser.

4*

33. Marginella zonata Kiener.

Taf. 4. Fig. 18—20.

Testa minuta, oblonga, cylindracea, nitidissima, alba zona latissima lutea ornata; spira prominula, obtusa; apertura angusta, intus pallide lutea, basi rotundata; columella basi recta, quadriplicata, plicis regularibus, aequalibus; labrum incrassatum, extus marginatum, album, intus laeve, medio incurvatum.

Long. 6, diam. maj. 2,7 apert.

Var. β. alba lineis duabus cincta.

> Marginella zonata Kiener Coq. vir. p. 41 t. 13 f. 4. Sowerby Thes. Conch.
> f. 115. 116. Krauss Südafr. Moll. p. 126. Petit Cat. in
> Journ. de Conch. II. p. 54. Reeve Conch. Ic. t. 16
> f. 77 a. b.
> Volvaria zonata Deshayes-Lamarck 2 ed. X. p. 453.
> Volvarina zonata H. et A. Adams Gen. of shells p. 195.

Schale klein, länglich-cylindrisch, sehr glänzend-glatt, weiss mit sehr breiter dottergelben Zone geziert; Spira sichtbar, stumpf; Mündung eng, innen hellgelb, unten abgerundet; Spindel unten gerade, mit 4 scharfen regelmässigen Falten; Mundrand verdickt (Kiener sagt „einfach", so sind nur junge Exemplare) hinten gerandet, vorn glatt und in der Mitte eingebogen, der Rand reicht bis an die Spira.

Vaterland: Kap der guten Hoffnung (Krauss) Ascencion (H. C. W.).

Die Varietät mit zwei Linien, statt der Zone ist am Kap häufiger als Kieners Hauptform, an Ascencion ist es umgekehrt, unter 8 Exemplaren, die ich daher erhielt, sind nur zwei mit Linien, die übrigens nichts anders sind, als Ueberbleibsel der immer dunkleren Ränder der Zone.

34. Marginella Dunkeri Krauss.

Taf. 4. Fig. 15—17.

„Testa pusilla, oblonga, laevissima nitidissima; spira prominula, obtusa; anfractu ultimo albido, supra medium rufo-fasciato; apertura angusta, columella basi recta, plicis 4 elevatis, regularibus armata." (Krauss).

Long. 2,5‴, lat. 1,1‴ = 5,5 resp. 2,7 Mm.

> Marginella Dunkeri Krauss Südafr. Moll. p. 121 t. 6 f. 23. Petit Journ.
> de Conch. II. p. 54.

Schale klein, länglich, cylindrisch, glänzend glatt, Spira deutlich, stumpf, Hauptumgang weisslich mit sehr breiter rothgelber Zone, die oben bis an den Ansatz des Mundrandes und unten bis an die oberste Spindelfalte reicht; Mündung eng mit gerader Basis, woselbst die 4 scharfen, regelmässigen Falten stehen. Mundrand verdickt, etwas minder als bei M. zonata, auch in der Mitte minder eingezogen, reicht oben nicht bis an die Spira und an der Anwachsstelle befindet sich ein rothbrauner sehr stark glänzender Flecken.

Vaterland: Cap der guten Hoffnung (Krauss) Ascencion (H. C. W.)

Unterscheidet sich von M. zonata durch die gesperrt gedruckten Eigenschaften ist übrigens dieser Art so nahe stehend, dass ich die Exemplare von Ascencion gar nicht getrennt und zusammen auf einen Carton geklebt hatte. Erst jetzt bei der Bearbeitung der Marginellen fand ich die Trennungsmerkmale wie sie Krauss angibt, bestättigt. Er hatte übrigens sehr kleine Exemplare vor Augen, die Meinigen sind nur weniges kleiner als M. zonata.

35. Marginella secalina Philippi.

Taf. 4. Fig. 21—23.

Testa „ovato-oblonga, versus basin angustata, nitidissima, fulvefusca unicolor" vel albido-zonata; „spira prominula, obtusa, tertiam aperturae partem aequans'" anfractibus 6 convexiusculis, suturis subdistinctis; apertura elongata, basi rotundata, intus albida; columella superne arcuata, non labiata, inferne recta, quadriplicata; labrum tumidum, parum incrassatum, medio incurvatum.

Long. 10, diam. 4,75 Mm.

Volvaria triticea Payreaudeau Moll. de Corse p. 168. Philippi En. Moll.
 Sic. I. p. 232 non Lamarck.
Marginella secalina Philippi En. Moll. Sic. II. p. 197 t. 27 f. 19. Weinkauff Mittelmeer Conch. II. p. 22. Kobelt Conch.-Buch
 t. 27 f. 17.
 — exilis Hidalgo Cat. in Jl. de Conch. XV, p. 361.

Schale verlängert-eiförmig, an der Basis verengert sehr glatt und glänzend, gelblich-braun, meistens einfarbig, doch auch seltener mit weisslichen Zonen gezeichnet; Spira ziemlich hoch, stumpf, den 3. Theil der Höhe der Mündung einnehmend, besteht aus 5 leicht convexen Umgängen, die durch ziemlich deutliche Nähte getrennt sind; Mündung lang, ziemlich eng, unten am engsten, an der Basis abgerundet; Spindel oben convex und ohne Lippe, unten gerade mit 4 Falten versehen; Mundrand stumpf, nicht sehr verdickt, in der Mitte einwärts gebogen.

Vaterland: im Mittelmeer so ziemlich an allen Küsten, doch seltener als die anderen Marginellen dieser Zone. Kommt auch fossil auf Sicilien vor.

Herr Hidalgo gibt sich die Mühe nachzuweisen, dass diese Art mit Marginella triticea Lamarck-Kiener identisch sei, und dass die Unterschiede nur Folge des verschiedenen Alters seien. Er hat dabei eben vergessen die Philippi'schen Masse zu vergleichen, die die Kiener'schen um 2 Mm. übertreffen und gegen die Lamarck'schen nur um ¼ Linie zurückstehen. Uebrigens ist es sehr wahrscheinlich, dass die M. triticea Kiener's von der Lamarck's zu scheiden sei und mit M. secalina als aufgeblasene Form vereinigt werden kann, sie ist von der Lamarck'schen Darstellung, wie sie Küster auf Taf. 4 Fig. 1. 2 wieder gibt, sehr weit verschieden und soll auch aus dem Mittelmeer stammen.

36. Marginella pallida Linné Sp.

Taf. 4. Fig. 24—26.

Testa ovato-oblonga, cylindracea, tenuis, translucida, albido-cornea vel flavida, interdum alba; spira vix prominula, anfractibus minutis, 4, apex corneus nitidissimus, tumidus; suturis distinctis; apertura elongata, superne angusta infra medium dilatata, basi rotundata; columella basi incurvata, quadriplicata, plicis minutis, obliquis; labrum tenue sed tumidum, medio leviter incurvatum, superne vix emarginatum.

Long. 15, diam maj. 7; apert. 15 Mm.

Voluta pallida Linné Syst. nat. ed XII. p. 1189 ed XIII. par Gmelin p. 3444. Hanley Ipsa Linnei Conch. p. 218. Martini Conch. Cab. II. t. 42 f. 426. Schröter Einl. I. p. 211 t. 1 f. 10 a. b. Dillwyn Cat. I. p. 327 excl. Syn. pl.

Volvaria pallida Lamarck hist. nat. VII. p. 363 idem ed II. par Deshayes X. p 460. H. et Adams Gen. of shells p. 194. Chenu Man. I. f. 1073.

Marginella pallida Kiener Coq. viv. p. 40 t. 13 f. 2. D'Orbigny Sagra's Cuba p. 100. Sowerby Thes. Conch. f. 108. Petit Cat. in Journ. de Conch. II. p. 53 idem Cat. Guad. l. c. IV. p. 418. Reeve Conch. II. t. 17 f. 86.

Hyalina pellucida Schumacher Nuove Syst. p. 234.

Schale länglich-eiförmig, cylindrisch, dünn, durchscheinend, glänzend-glatt, weisslich-hornfarben oder weisslich gelb, öfters schmuzig-weiss; Spira wenig ins Auge fallend, mit 4 kleinen Umgängen, die durch deutliche, wenn auch äusserst feine Nähte getrennt sind, und dem äusserst glänzenden, glitzernden, hornbraunen oder dunkler gelben stumpfen Embryonalende; Mündung lang, oben eng, nach und nach weiter werdend, unten weit, am Fuss abgerundet; Spindel unten zurücktretend, eingebogen und hier vierfaltig. Falten klein und fein geschnitten; Mundrand nicht verdickt, stumpf, in der Mitte leicht eingebogen, oben kaum ausgeschnitten.

Vaterland: Senegal (Lamarck) Westindien, und zwar Cuba (D'Orbigny, Jamaica (C. B. Adams) Guadeloupe (Petit) San Jan (Lappe).

Dies ist eine wahre Volvaria und nicht leicht mit einer andern Art zu verwechseln.

37. Marginella elegans Gmelin Sp.

Taf. 5. Fig. 1. 4.

Testa ovata, interdum subpiriformis, glaber vix nitens, cinerea vel albida, spiraliter fulvo vel griseo multifasciolata, longitudinaliter anguste lineata, basi aurantia; spira brevis, obtusa, interdum occulta, apice rubro; apertura elongato-angusta, intus carnea; columella recta, inferne leviter callo obtecta, quinque vel sexplicata, plicis gemmatis, superioribus subrectis, albis, sequentibus obliquis, aurantiis; sinus basalis subnullus; labrum incrassatum, extus marginatum, intus subcrenulatum, superne latiuscule emarginatum.

Long. 32, diam. maj. 18; apert. 29 Mm.

Voluta elegans Gmelin-Linné ed XIII. p. 3448 auf Martini Conch. Cab. II. t. 42 f. 424. 425. Dillwyn Cat. I. 531. Wood Ind. test. t. 20 f. 59.

Marginella elegans Kiener Coq. viv. p. 15 t. 8 f. 35. Reeve Conch. Syst. II. p. 249 t. 277 f. 5. 6. Deshayes in Lamarck 2 ed. X. p. 450. Sowerby Thes. Conch. t. 4 f. 148 excl. Var. Reeve Conch. Ic. t. 2 f. 4 a—d. Petit Cat. Journ. de Conch. II. p. 53.

Cryptospira elegans H. et A. Adams Gen. of shells p. 192. Chenu Man. I. f. 1056.

Schale eiförmig zuweilen birnförmig, glatt ohne Glanz, hellgrau oder weisslich mit zahlreichen spiralen dunkelgrauen oder gelben Punktlinien und solchen Streifen, zahlreichen Anwachslinien geziert, am Fuss von einer orangelben Zone umgeben, die von weisser Spiralleiste umfasst ist; Spira kurz, stumpf, zuweilen unsichtbar mit rothem Apex; Mündung lang und eng, innen fleischfarbig oder weiss; Spindel oben nackt, unten leicht callös-belegt, mit 5 oder 6 scharfgeschnittenen Falten, wovon die 2 oder 3 obern horizontal und weiss, die untern schief und goldgelb gefärbt sind; Basalsinus sehr flach; Mundrand verdickt, aussen gerundet, innen schwach gezähnelt, orangegelb gefärbt, oben flach eingeschnitten.

Vaterland: Ostindien u. z. Nicobaren-Inseln, Strasse von Malacca (Dr. Trail) aus der Löbbecke'schen Sammlung.

38. Marginella diadochus Adams et Reeve.

Taf. 5. Fig. 2. 3. 5.

Testa fusiformis, laevigata, nitida, fulvescente-cinerea, olivaceo-strigato-tincta, spiraliter nigro-lineata, lineis hic et illic punctatis; spira elevata, anfractibus 5—6 (apice incluso) superne obtuse angulatis, nigro fasciatis, ad angulum indistincte plicato-nodosis; apertura elongata, superne angusta, inferne lata, intus carnea; columella vix callosa, quadriplicata, sinus subnullus; labrum parum incrassatum, superne vix emarginatum.

Long. 23, diam. 12; apert. 14 Mm.

Marginella diadochus Adams et Reeve Voyage Samarang p. 28 t. 7 f. 4 a. b. c. Reeve Conch. Ic. t. 9 f. 35 a. b.

Cryptospira diadochus H. et Adams Gen. of shells p. 192.

Schale spindelförmig, glatt und glänzend, gelblich-grau, olivengrün gestriemt oder nur stellenweise überdeckt, mit schwarzen Linien oder Streifen, die hin und wieder punktirt sind, in spiraler Richtung umzogen; Spira ausgezogen, hoch, be-

steht aus 5—6 oben stumpfkantigen und an der Kante undeutlich knotig-gefalteten, mit schwarzem Bandstreifen umzogenen Umgängen, das einfarbige stumpfe
Embryonalende mitgerechnet; Mündung lang, unten breiter als oben, innen
fleischfarbig; Spindel leicht überzogen, mit 4 schiefen, schwachen Falten*) bewaffnet; Basalsinus kaum erkennbar; Mundrand wenig verdickt, dunkelfleisch-
farbig, oben kaum eingeschnitten.

Vaterland: Sundastrasse (Copie, auch der Thierzeichnung aus der Voyage
Samarang) soll auch nach Marrat an der Westküste von Africa gefunden worden
sein, was ich vorläufig noch stark bezweifle.

39. Marginella undulata Chemnitz.

Taf. 5. Fig. 6--8.

Testa ovata, plus minusve ventricosa, glaber, parum nitens, albido-grisea, lineis pallide nigris, undulatis saepe interruptis strigata, ultimo anfractu basi zona aurantia marginata, spira brevessima, obtusa vel subimmersa; apertura elongata parum angusta, intus
lactea; columella nuda quinqueplicata, plicis constrictis, superioribus rectis, albidis, ceteris obliquis, aurantiis; sinus basalis latus parum emarginatus; labrum incrassatum,
marginatum, pallide aurantium, superne modice sinuosum.

Long. 40, diam. maj. 23; apert. 39 Mm.

Marginella undulata (glabella undulata) Chemnitz Conch. Cab. X. p. 160
t. 150 f. 1433. 1434. Lamarck hist. nat. 2 Ed. par
Deshayes X. p. 451. Adams et Reeve Voy. Sam.
p. 28 t. 7 f. 3 a--c. Reeve Conch. Ic. t. 2 f. 5 a. b.
t. 6 a. b.
Marginella strigata Dillwyn Cat. I. p. 533. Wood Ind. Test. t. 20 f. 67.
Kiener Coq. viv. 14 t. 8 f. 37.
Marginella elegans Var. Thes. Conch. t. 4 f. 148 non 149 nec. 160.
Cryptospira undulata H. et Adams Gen. of shells p. 192. Chenu Man. 1.
p. 1055.

Schale eiförmig, mehr oder weniger bauchig, glatt, fast ohne Glanz, weiss-
lichgrau mit schwärzlichen, undulirten, oft unterbrochenen Längsstriemen geziert, an
der Basis mit einer orangegelben von weisser Spiralleiste umfassten Zone;
Spira sehr kurz und stumpf, oder unsichtbar: Mündung lang, ziemlich weit, innen milchweiss; Columelle nackt, mit 5 Zähnen bewaffnet, die scharf geschnitten
und verbunden sind, die zwei obern liegen horizontal und sind weiss, die folgenden sind schief und hell orange gefärbt; unterer Ausschnitt sehr flach; Mundrand verdickt und gerandet, hell orangegelb gefärbt, innen nicht gekerbt und
oben flach ausgeschnitten.

Vaterland: Ostküste von Africa auf Sandboden (A. u. R.) Westafrica an der
Küste von Guinea nach Kiener ist wohl irrthümlich.

---

*) Auf meinem Bild schlecht wiedergegeben.

Obschon der M. elegans nahe stehend, liegt doch gar kein Motiv vor, beide Arten als Varietäten einer Art und noch der folgenden zu verbinden, wie es Sowerby gethan.

Trotz des Umstandes, dass der Chemnitz'sche Name eigentlich nicht der Linné'schen Regel entspricht, halte ich ihn doch aus Nützlichkeitsgründen, weil er einmal eingebürgert ist, aufrecht.

40. Marginella Loebbeckeana Weinkauff.

Taf. 5. Fig. 9. 12.

Testa ovata, superne gibbosa, laevigata, nitida, caerulescente grisea; spira brevissima, obtusa anfr. 4—5 apice rubro incluso, albo circumscripta; apertura elongato-angusta, inferne latior, intus lactea; columella callo-tecta, callo superne inferneque incrassato, flavido tincta, quinque plicata, plicis albis, plicis 2 superioribus subrectis, antice fissuratis, sequentibus obliquis, ultimis 2 approximatis; sinus basalis subnullus; labrum incrassatum, intus album, patulum, praecipue superne forte patulum, antice tenue crenulatum, postice dentatum, extus forte patulum, flavido tinctum, distincte longitudinaliter striatum, marginatum.

Long. 31, diam. maj. 19; apert. 30 Mm.

Marginella Loebbeckeana Weinkauff.
—   elegans Sowerby pars Thes Conch. t. 4 f. 149.
—   Burchardi Reeve Conch. Ic. t. 2 f. 3 non Dunker.

Schale eiförmig, oben verdickt, glatt und glänzend, blaugrau, eigentlich silbergrau, gefärbt; Spira sehr kurz, fast platt, besteht aus 4—5, den rothen Wirbel eingerechnet, durch eine weisse, die Naht verdeckende Linie gut umschriebenen Umgängen; Mündung lang und schmal, indess nach unten etwas weiter werdend, innen milchweiss; Spindel mit dünnem Kallus belegt, der sich oben und unten zwischen der 2. und 4. Falte verdickt, und hier hellgelb getuscht, gefärbt ist; von der Mitte an stehen 5 scharf geschnittene, weisse Falten, wovon die zwei obern fast gerade verlaufen und an ihren Enden gespalten sind, die folgenden sind schief, wovon die zwei untern sehr genähert sind; Basalsinus flach und kaum als solchen zu erkennen; Mundrand verdickt, vorn weiss und weit nach innen, besonders oben verbreitert, beinahe verdoppelt, vorn oder aussen ist er fein crenulirt, hinten oder innen gezähnelt, besonders stark im oberen Theil und an manche Cypräen erinnernd mit doppelter Zahnreihe; Aussenrand ebenfalls weit übergeschlagen und gerandet, ausserdem durch eine grosse Zahl Anwachslinien geziert, die graue Färbung ist hier sehr leise gelblich überdeckt und getuscht. Oberer Ausschnitt kaum erkennbar.

Vaterland: Singapore (Cuming) Ostafrica, Nicobaren, Ceylon (Reeve) aus der Löbbecke'schen Sammlung.

Diese prachtvolle Art ist hier zum ersten Male in ihrer vollen Entwickelung mit den so ausgezeichneten Mundtheilen aufgeführt. Jüngere Schalen waren von Sowerby schon als Varietät der M. elegans angesehen und im Thessaurus abgebildet worden. Reeve erkannte, obgleich er auch nur ein unfertiges Exemplar, ohne Mundrandbewaffnung vor sich hatte, ihre Artberechtigung, identifizirte sie aber merkwürdigerweise mit der Dunker'schen M. Burchardi, die in die nächste Nähe der M. prunum gehört — Originalexemplar und Originalzeichnung liegen mir vor — und mit vorstehender Art nicht im Entferntesten, etwas gemein hat, gab aber die Fundorte schon richtig an. Mein Freund Löbbecke war von dieser Aquisition so sehr überrascht, dass er sie ohne Weiteres in seinem Catalog als neue Species aufführte, er fügte sich aber bald meiner Ansicht, dass es nur eine völlig ausgebil- dete M. Burchardi Reeve sei; da diese wegen der verschiedenen Dunker'schen Art jetzt ohne Namen ist, so ergriff ich gerne die Gelegenheit, an diese schönste Marginelle seinen Namen zu knüpfen.

1. Marginella quinqueplicata Lamarck.

Taf. 5. Fig. 10. 11.

Für die ungenügende Figur 1 der Taf. 1 gebe ich hier zwei neue Ansichten nach einem alten Exemplar der Löbbecke'schen Sammlung, das zugleich von vorn die M. Hainesi Petit's darstellt, wie sie Reeve aufgefasst hatte. Dies ist aber nicht die Petitsche Hainesi, wie mir zwei Exemplare zeigen, die erst kürzlich, nachdem die Tafeln lange fertig waren, von Freund Löbbecke aus der ehemaligen · Graner-Maltzanischen Sammlung erworben wurden und die mit der Petit'schen Dar- stellung stimmen, als wären es dessen Originale. Obgleich ich keine Veranlassung habe, meine Meinung zu ändern, dass diese M. Hainesi Petit's nur eine Varietät oder besser Misbildung der M. quinqueplicata sei, so finde ich doch die Ex- emplare interessant genug, um sie auf einer der folgenden Tafeln abbilden zu lassen.

41. Marginella pseudofaba Sowerby.

Taf. 6. Fig. 2. 3.

Testa ovato-oblonga, subfusiformis, anterius longitudinaliter nodoso-costata, nitidissima, albida, fulvo vel nigro-fusco nebulata, nigro punctata, punctis oblongis, per series trans- versas longitudinalesque digestis; spira exserta, anfractibus 5 angulatis, costatis; sutura distincta; apex tumidus translucide-carneus; apertura elongata, angusta, intus lactea; columella nuda, ad basim recurvata, quadriplicata, plicis 2 superioribus curtis, rectiuscu- lis, sequentibus obliquis, longioribus; sinus basalis distinctus, latus; labrum incrassatum, intus album, tenue crenulatum, extus flavidum, nigro punctatum, acute marginatum, su- perne emarginatum.

Long. 31, diam. maj. 16; apert. longa 23, lata 4 Mm.

Marginella pseudofaba Sowerby Proc. zool. Soc. idem Thes. Conch. t. 1 f. 21. 22. Petit Cat. in II. de Conch. II. p. 51. Reeve Conch. Ic. t. 7 f. 26 a. b.

Marginella faba Lamarck hist. nat. VII. p. 356 auf Martini Conch. Cab.
II. t. 42 f. 432.? Encycl. méth. t. 373 f. 1 a. b. Deshayes-
Lamarck 2 ed. X. pag. 439. Blainville Man. t. 30 f. 5.
Chenu Man. I. f. 1049 non Linné, Auctorum.
Marginella bifasciata Sowerby Tankervill's Cat. t. 2 f. 3. 4.
Glabella pseudofaba H. et Adams Gen. of shells p. 191.

Schale eiförmig-verlängert, beinahe spindelförmig, oben der [Länge nach
knotig-gerippt, äusserst glänzend, weisslich mit roth- oder schwarzbraunen Nebel-
flecken, die zuweilen im Zickzack verlaufen und spiralen Punktreihen, die aus länglichen schwarzen Punkten bestehen, doch so geordnet sind, dass sie gleichzeitig
auch Längsreihen bilden; Spira ausgezogen, ziemlich hoch, besteht aus 5 kantigen,
gerippten Umgängen, die durch eine deutliche Naht getrennt sind; Embryonalende stumpf, durchscheinend-fleischfarbig; Mündung lang und eng, unten in
einen schwachen nach rückwärz gerichteten Kanal auslaufend, innen milchweiss;
Spindel oben nicht belegt, mit 4 fein und scharf geschnittenen Falten, wovon die
beiden obersten horizontal, die andern schief verlaufen, die letzte begränzt unmittelbar den Kanal; Basalsinus weit, doch deutlich ausgebildet; Mundrand verdickt, vorn gelblichweiss und crenulirt, hinten schwarz gefleckt und scharf gerandet.

Vaterland: Westafrica — Senegambien und Guinea — aus der Loebbecke'schen
Sammlung.

Petit hatte zuerst darauf aufmerksam gemacht, dass Lamarck diese Art seiner
Beschreibung der M. faba zu Grunde gelegt hätte nur „anterius costulata" passt
nicht. Trotzdem folge ich ihm und ziehe die Lamarck'schen M. faba hieher.
Es ist eine prächtige Schnecke, die sehr leicht von der Linnéischen Art zu unterscheiden ist.

7. Marginella bifasciata Lamarck.

Taf. 5. Fig. 5—8.

Zur besseren Illustration dieser Art gebe ich hier 4 Abbildungen, die die un-
kenntliche Küster'sche Fig. 10 der Tafel 1 ersetzen sollen. Es ist auch die er-
wähnte gelbbraune Varietät dabei. Der Synonymie wolle man hinzufügen:
Marginella obtusa Sowerby Thes. Conch. t. 1 f. 11. 12 nec. Sowerby jun.
Petit Cat. Journ. de Conch. II. p. 51.
Sie stellt eine kurze, gedrungene Abänderung der M. bifasciata vor.

8. Marginella Adansoni Kiener.

Taf. 6. Fig. 4.

Die bei der Beschreibung dieser Art erwähnte Varietät mit feinen und ge-

5*

drängt stehenden Längslinien findet hier ihre Illustration, die zugleich auch die Rückseite und die gefalteten Umgänge zeigt. Aus der Löbbecke'schen Sammlung.

9. Marginella faba Linné Sp.

Taf. 6. Fig. 1.

Von dieser hübschen Art war von Dr. Küster nur eine zwar ganze charakteristische Abbildung gegeben (t. 1 f. 12); zur bessern Erkennung gebe ich hier noch eine Darstellung vom Rücken. Ich habe dazu ein Exemplar mit schwarzen Flecken gewählt. Aus der Löbbecke'schen Sammlung.

42. Marginella mosaica Sowerby.

Taf. 6. Fig. 9. 12. Taf. 11. Fig. 6. 7.

Testa „abbreviato-conica, alba, olivaceo-viridi nebuloso-tessellata aut vittata" aut „alba maculis griseis subquadratis, angulatim ornata"", spira breviuscula, anfractibus superne angulatis; apertura lata, intus albida; columella recta, non labiata, quadriplicata; labrum modice reflexum, in medio subincrassatum, superne emarginatum, intus laeve, superne angulatum, deinde prope angulum emarginatum; sinus basalis latissimus.
Long. 23, diam. maj. 13; apert. alta. 16 lata 2 Mm.
Marginella mosaica Sowerby Thes. Conch. Nr. 29 f. 58. 59. Petit Cat. in Journ. de Conch. II. p. 52. Reeve Conch. Ic. t. 4 f. 12 a—c. II. et A. Adams Gen. of shells p. 190.

Schale abgekürzt-kegelförmig, glatt und wenig glänzend, weiss mit braunen oder olivengrünen Flecken gezeichnet, die entweder in regelmässigen Reihen oder mosaicartig geordnet, meistens aber verwischt sind; Spira ziemlich kurz oder breit kegelförmig mit ober, winklichen etwas aufgetriebenen Umgängen. Mündung weit und lang, innen weisslich; Spindel gerade, nicht oder äusserst dünn belegt, mit 4 starken weissen Falten; Mundrand nicht stark verdickt, doch hinten umgeschlagen und gerandet, oben ausgeschnitten; innen glatt, oben winklicht und unter der Ecke ausgebuchtet, und unterhalb der Bucht stärker verdickt; Basalbucht sehr flach.

Vaterland; Ostafrica ohne nähere Bezeichnung, die Art figurirt aber auch in der kürzlich von Marrat gegebenen Liste einer zwischen den Canaren und Guinea gemachten Konchyliensammlung, aber auch hier ist der präcise Fundort nicht angegeben.

Die kleine typische Form ist nach Reeve copirt, die grosse Varietät (t. 11 f. 6. 7) aus der Löbbecke'schen Sammlung, später erst erworben. Ist übrigens der M. pyrum so nahe stehend, dass man sie bei einem andern Genus ohne Zweifel als Varietät derselben ansehen würde.

43. Marginella limbata Lamarck.

Taf. 6. Fig. 10. 11.

Testa „ovato-oblonga, glaber, albida, strigis longitudinalibus angustis, undulatis, pallide luteis lineata; spira brevi-conica,“ anfractibus 5 convexiusculis, suturis subdistinctis separatis, apex tumidus albo-translucidus; apertura leviter arcuata, inferne medioque plus minusve ampla, intus pallide flavido-carnea; columella callo albo late tecta, quadriplicata, plicis superioribus rectis, inferioribus obliquis; sinus basalis parum emarginatus sed distinctus; labrum incrassatum, intus crenulatum, album, extus marginatum, conspicue fusco-nigro vittatum, superne distincte emarginatum.

Long. 25, diam. maj. 15; apert. longa 19, lata 3 Mm.

Marginella limbata Lamarck hist. nat. VII. p. 357. Encycl. méth. t. 376
f. 2 a. b. Kiener Coq. viv. p. 9 t. 2 f. 6. Deshayes-
Lamarck 2 ed. X. p. 438. Sowerby Thes. Conch. t. 1
f. 18—20. Petit Cat. in Journ. de Conch. II. p. 52.
Reeve Conch. Ic. t. 3 f. 10 a. b. Crosse in Journ. de
Conch. XX. p. 213.

Glabella limbata H. et A. Adams Gen. of sb. p. 191. Chenu Manuel I.
f. 1045.

Schale länglich-eiförmig, glatt, weisslich, oft mehr bläulich oder gelblich, mit gelben Zickzacklinien auf dem Rücken geziert; Spira kurz-kegelförmig, mit 4 etwas convexen Umgängen, die durch eine sichtbare Naht getrennt werden; Embryonalende stumpf und durchscheinend farblos; Mündung leicht gebogen, unten oder in der Mitte weit, blass gelblich-fleischfarben; Spindel oben callös überzogen, Callus weiss glänzend und über fast die ganze Vorderseite hinweg ziehend, unten mit 4 scharfgeschnittenen Falten, die weiss und wie bei den vorhergehenden Arten beschaffen sind; Basalsinus weit und flach, doch deutlich; Mundrand verdickt, innen weiss und fein gesägt, aussen stark verdickt und gerandet, dicht mit schwarzbraunen Streifen gezeichnet, oben deutlich ausgeschnitten.

Vaterland: Senegal (Petit) Guinea (Pactel) Arguinbank in der Nähe des Cap blanc, hier eine kleine Varietät mit entfernt stehenden schwarzbraunen Striemen auf den Mundrand. (Crosse.)

Diese Art kommt auch links gewunden vor.

44. Marginella Cleryi Petit.

Taf. 6. Fig. 13. 14.

Testa ovato-oblonga, subfusiformis, albida, nitida, cinereo-alba, obscurior nebulata, lineis nigris conspicuis, longitudinalibus strigata; spira elevata, anfractibus planiusculis, callo tenui tectis; apex tumidus translucido carneus; apertura recta, intus lactea; columella tenuissime callosa, quadriplicata, plicis albis, inferiore obliquissima; sinus basalis parum profundus; labrum incrassatum, intus vix crenulatum, extus marginatum, superne emarginatum.

Long. 20, diam. maj. 9; apert. longa 14, lata 2 Mm.
Marginella Cleryi Petit Magazin de Zool. 1856 t. 73. Sowerby Thes. Conch.
t. 1 f. 9. 10. Petit Cat. in Journ. de Conch. II. p. 51.
Reeve Conch. Ic. t. 9 f. 37 a. b.
Glabella Cleryi H. et A. Adams Gen. of shells pag. 191. Chenu Man. I.
p. 198 f. 1150.

Schale länglich-eiförmig, fast spindelförmig, glänzend glatt, weisslich oder gelblich-grau, dunkler gewolkt mit engstehenden Längslinien von schwarzer Farbe gezeichnet; Spira erhoben, besteht aus 4 fast ebenen Umgängen, die mit sehr dünnem glänzenden Kallus überzogen sind; Embryonalende stumpf, durchscheinend-fleischfarbig. Mündung gestreckt, nicht sehr eng im Verhältniss der Länge, innen weiss; Spindel oben sehr dünn belegt, 4 faltig, Falten weiss, die unterste sehr schief; Basalsinus flach; Mundrand verdickt, innen weiss und schwach gesägt, aussen gerandet, oben deutlich ausgeschnitten.
Vaterland: Westafrica an den Küsten von Senegambien; aus der Loebbecke'schen Sammlung.

45. Marginella helmatina Rang.

Taf. 6. Fig. 15. 16.

Testa „ovato-oblonga, angulata, grisco-fulva, fasciis duabus fuscescentibus cincta, punctis nigricantibus per series transversas dispositis; spira brevis, conica, apice tumido; apertura angusta, recta, alba, columella recta, quadriplicata, plicis anterioribus confertioribus, labrum incrassatum, extus reflexum et marginatum, intus denticulatum" (Deshayes).
Long. 18, diam. maj. 12; apert. longa 16, lata 3 Mm.
Marginella helmatina Rang in Mag. de Zool. 1829 Cl. 5. t. 5. Kiener
Coq. viv. p. 10 t. 7 f. 28. Deshayes in Lamarck
2 ed. X. p. 448. Sowerby Thes. Conch. t. 2 f. 38.
39. Petit Cat. in II. de Conch. II. p. 52. Dunker
Moll. Guinee inf. p. 30. Reeve Conch. Ic. t. 3 f. 7 a.b.
Glabella   —   H. et A. Adams Gen. of shells p. 191.

Schale länglich-eiförmig, kantig, gelblich-grau mit zwei bräunlichen Binden, die nicht vollkommen zusammenhängend, sondern aus länglichen Flecken, die stellenweise zusammenfliessen, gebildet sind, zahlreiche schwärzliche oder graue Fleckchen, die zuweilen regelmässig in Spiralreihen geordnet, zuweilen wie in Menge aufgestreut sind; Spira kurz, kegelförmig, mit stumpfem, durchscheinend weissen Embryonalende; Mündung eng und gerade, innen weiss; Spindel gerade, oben nackt oder fein belegt, mit 4 Falten geziert, wovon die zwei obern horizontal, die andern schief gestellt und genähert sind; Basalsinus weit und flach; Mundrand verdickt, aussen umgeschlagen und sehr stark gerandet, innen weiss und crenulirt, oben schwach ausgeschnitten.

Vaterland: Westafrica am Senegal (Rang) Gambiamündung (Reeve) Unterguinea (Tams) aus der Loebbecke'schen Sammlung.

Hierher gehört wahrscheinlich als Varietät die M. Cumingeana Petit die grösser und schöner zwar ist, aber sonst kaum ein durchschlagendes Unterscheidungsmerkmal an sich trägt.

46. Marginella oblonga Swainson.

Taf. 7. Fig. 1. 4.

Testa oblonga, subclaviformis, superne gibbosa, carnea, zonis duabus pallidioribus cincta; spira parva, callosa; apertura medio angustissima, superne inferneque latior, arcuata, intus pallide carnea; columella callo albo tecta, inferne quadriplicata, plicis tenuis, obliquissimis; labrum incrassatum, extus marginatum, intus glabrum, album, superne late sinuatum; sinus basalis nullus.

Long. 20, diam. maj. 11; aperturae longa 19, lata 1 Mm.

Marginella oblonga Swainson Zool. illust. II. t. 1 f. 1. Sowerby Thes. Conch. t. 3 f. 106. 107. Petit Cat. in Journ. de Conch. II. p. 53 non Reeve.

Volutella oblonga H. et A. Adams Gen. of shells p. 191.

Schale länglich, fast keulenförmig, oben abgestumpft und auf der hintern Seite höckerig; fleischfarbig mit zwei helleren breiten Spiralzonen geziert; Spira klein, zum Theil von Callus bedeckt; Mündung gebogen, in der Mitte eng und enger als oben und unten, innen blass fleischfarbig; Spindel gebogen, stark callös und weiss überzogen, unten mit 4 dünnen und sehr schiefen weissen Falten; Basalsinus fehlt; Mundrand verdickt, vorn wenig, hinten ziemlich verbreitert, innen glatt, aussen gerandet, weiss, oben weit ausgebuchtet.

Vaterland: Westindien, aus der Loebbecke'schen Sammlung.

47. Marginella carnea Storer.

Taf. 7. Fig. 2. 3.

Testa „oblonga, subpyriformis, carnea spadiceo tincta et obscure trifasciata; spira parva, vix exarata, callosa, anfractu ultimo declivo, deinde gibbosiusculo, basin versus attenuato;" apertura arcuata, angusta, intus pallide flavida; columella callo albo tecta, inferne quadriplicata, plicis tenurs, obliquissimis; sinus basalis nullus; labrum incrassatum, extus marginatum, interdum duplex, bimaculatum, superne late sinuosum, intus glabrum, album.

Long. 21, diam. maj. 12; apert. longa 20, lata 1 Mm.

Marginella carnea Storer in Boston Journ. of Science, Sowerby Thes. Conch. t. 3 f. 102. 103. 114. Petit Cat. in Journ. de Conch. II. 53.

— oblonga Reeve Conch. Ic. t. 12 f. 51 a. b. non Sowerby.

Prunum carnea H. et A. Adams Gen. of shells p. 191.

Schale länglich, fast birnförmig, fleischfarbig, dattelfarbig getuscht und undeutlich dreimal gebändert; Spira klein, kaum ausgezogen, callös und zum Theil
von Callus verdeckt, Hauptumgang abschüssig, dann leicht höckerig, an der Basis
verengert; Mündung eng, gebogen, innen hellgelb; Spindel mit weissem Kallus
bedeckt, vierfaltig, Falten dünn und sehr schief; ohne Basalausschnitt; Mundrand
verdickt, weiss, innen ohne Kerben, aussen gerandet, zuweilen legt sich oben noch
ein zweiter dünner Wulst hinter den Rand, oben weit gebuchtet.

Vaterland: Mexicanischer Meerbusen (Reeve) Panama (Loebbecke) aus dessen
Sammlung das Ex. stammt.

Steht der vorigen Art sehr nahe, es wäre vielleicht besser gewesen, dem
Beispiel Reeve's zu folgen und beide Arten zu vereinigen, da die Unterschiede auf
Nebensächliches fallen, in Hauptsachen aber Uebereinstimmung stattfindet. Ich habe
um dies klar zu stellen, die Reevesche Diagnose benutzt, nur ihre Albernheiten
geändert. Die beiden abgebildeten Exemplare stehen sich in Allem noch weit
näher, als die Reeve'sche Darstellung erwarten lässt. Das eine ist ein weniges
schlanker und hat stärkere Höcker als das andere, während dieses eine etwas
dickere Randwulst und die Verdoppelung desselben besitzt. Das ist auch Alles.
Habitus, Gestalt, Spindel, Färbungscharaktere sind die gleichen.

48. Marginella cincta Kiener.

Taf. 7, Fig. 6. 7. 9. 12.

Testa ovato-oblonga, nitida, eburnea cingulo calloso aurantio circumdata; spira minuta, semi obtecta, callosa; apertura angusta inferne dilatata, intus flavidula; columella
callo lato tecta, callo zona aurantia marginato, quadriplicata, plicis obliquis inferioribus 2
fortis; sinus basalis nullus; labrum incrassatum, intus glabrum, marginatum, extus reflexum. marginatum, superne spirae adnatum et superans, late emarginatum.
Long. 22, diam. maj. 12; apert. longa 20, lata 1,5 Mm.

    Marginella cincta Kiener Coq. viv. t. 8 f. 32. Sowerby Thes. Conch. t. 4
                f. 165. 166. Petit Cat. in Journ. de Conch. II. p. 53. Reeve
                Conch. Ic. t. 11 f. 44 a. b.
       —   crassilabrum Sowerby Proc. zool. Soc. 1846 p. 98. Thes. Conch.
                t. 3 f. 124. 125. Petit Cat. in Journ. de Conch. II. p. 53.
                Reeve Conch. Ic. f. 92.
Cryptospira cincta   } H. et A. Adams Gen. of shells p. 191.
    —   crassilabrum
    —   bivaricosa   Chenu Man. I. f. 1060. 1061 non Lam.

Schale länglich-eiförmig, glatt und glänzend, elfenbeinweiss von einem orangegelben callösen Gürtel umgeben und der Art abgegrenzt, dass durch ihn die Schale vom
Wirbel bis zur Basis in zwei Hälften, eine vordere und hintere getheilt wird; Spira
klein, zur Hälfte durch den Ring bedeckt, mit dünnem Kallus überzogen; Mündung eng, unten erweitert, innen gelblich; Spindel mit Kallus weit bedeckt, der
vom Ring begrenzt wird; mit 4 schiefen Falten, wovon die zwei untersten am

stärksten sind; Basalsinus fehlt; Mundrand verdickt, innen ohne Kerben, aussen umgeschlagen, gerandet, oben auf der Spira aufgewachsen und darüber hinaus gehend, sich hier mit der analogen Spindelparthie vereinigend; oberer Ausschnitt weit.

Vaterland: Atlantischer Ocean an der africanischen und amerikanischen Küste aus der Loebbecke'schen Sammlung.

M. crassilabrum ist, wie schon Reeve angegeben, der unfertige Zustand dieser Art, die selbst kaum etwas anderes ist, als eine Varietät der M. marginata (s. auch p. 14).

49. Marginella Storeria Couthouy.

Taf. 7. Fig. 5. 8.

Testa ovata, subglobosa, laevigata, parum nitida, sordide alba; spira parva, anfractibus convexis, ultimo superne gibboso; apex translucide fulvus; apertura angustissima, intus fulva; columella crasse callosa, superne spirae adnata, inferne quadriplicata, plicis fortis, superioribus rectis, inferioribus approximatis; sinus basalis nullus; labrum incrassatissimum, intus glabrum, extus marginatum, margo fulvo limbato, superne spirae adnatum, anguste emarginatum.

Long. 19. diam. maj. 12; apert. longa 17, lata 0,7 Mm.

Marginella Storeria Couthouy Journ. Bost. Soc. 1837 t. 9 f. 1. 2. Petit Cat. in Journ. de Conch. II. p. 53.
Prunum   —   H. et A. Adams Gen. of shells p. 192.

Schale eiförmig globig, glatt ohne Glanz, schmutzig weiss; Spira klein, mit convexen Umgängen, Hauptumgang oben buckelig; Embryonalende durchscheinend gelb; Mündung eng, rechter Rand etwas überstehend, innen gelb; Spindel dick callös überzogen, Callus reicht oben bis an die Spira und ist daran festgewachsen, unten mit 4 starken Falten, wovon die oberen grade, die unteren schief und genähert sind, ausgestattet; kein Basalausschnitt; Mundrand stark verdickt innen ohne Kerben, aussen weit umgeschlagen und gerandet, oben bis an die Spitze der Spira reichend und mit dem Spindelkallus sich vereinigend, festgewachsen, Ausschnitt eng.

Vaterland: Golf von Mexico (aus der Loebbecke'schen Sammlung).

Es ist dies eine M. marginata im Kleinen und muss, wenn mit dieser die M. cincta Kiener vereinigt wird, auch dazu gezogen werden; wäre der Wulst, der die Schale von der Basis bis zur Spitze umzieht, gelb gefärbt, so müsste man die vorliegende Art ohne Weiteres mit M. cincta identifiziren, wenn auch die Schale kleiner und globiger ist. Die Herren Gebr. Adams haben eine eigene Art die Species in ihren Subgenera's zu vertheilen, so steht diese Art, M. marginata und M. crassilabrum bei Prunum, M. cincta bei Cryptospira, die alle, auch M. amygdala eine so eng begrenzte Gruppe bilden, dass man versucht wird, sie alle zu vereinigen. Ein ähnlicher Fall ist es mit M. oblonga, die bei Volutella und carnea Storer die bei Prunum steht, beide hatte Reeve bekanntlich als Varietäten einer Art angesehen.

50. Marginella amygdala Kiener.

Taf. 7. Fig. 10. 11.

Testa ovata, subobesa, fulvescente-lactea, nitidissima; spira parva, parum exserta, anfractibus 5 convexiusculis, apice fulvo; apertura angusta, inferne dilatata, intus sordida fulva; columella late callosa, quadriplicata, plicis inferioribus 2 approximatis; sinus basalis nullus; labrum incrassatum, intus glabrum, extus marginatum, margo flavido, superne spiram partim obtectum, late emarginatum.

Long. 19, diam. maj. 12; apert. longa 17, lata 1 Mm.

L'Egouen Adanson Voy. Senegal t. 4 f. 3.

Marginella amygdala Kiener Coq. viv. t. 11 f. 1. Sowerby Thes. t. 4 f. 162—64. Petit Cat. Journ. de Conch. II. p. 53. Reeve Conch. Ic. t. 11 f. 43 a. b.

Cryptospira amygdala H. et Adams Gen. of shells p. 192.

Schale eiförmig, dick, gelblich-weiss, sehr glänzend glatt; Spira klein, wenig heraustretend, aus 5 leicht gewölbten Umgängen und dem gelben Embryonalende bestehend; Mündung eng, nach unten erweitert, innen schmutzig gelb; Spindel oben weit doch dünn belegt, unten mit 4 schiefen Falten geziert, von denen die beiden untern am längsten und genähert sind; kein Basalausschnitt; Mundrand verdickt, innen ohne Kerben, innen und aussen gerandet, äusserer Rand gelb gesäumt, oben die Spira zum Theil bedeckend und weit ausgebuchtet.

Vaterland: Westafrica — Senegambien — aus der Loebbecke'schen Sammlung.

51. Marginella pruinosa Hinds.

Taf. 7. Fig. 13. 16.

Testa conico-ovata, flavescens vel grisea, livido-purpureo indistincte trifasciata, opaco-albo undique floccata; spira parva, subexserta, anfractibus convexis; apertura angusta, inferne dilatata, intus flavidula; columella arcuata, superne nuda, inferne quadriplicata, plicis albis, fortis; sinus basalis nullus; labrum incrassatum, intus glabrum, extus marginatum, bimaculatum, superne spirae adnatum, emarginatum.

Long. 18, diam. maj. 11; apert. longa 17, lata 0,5 Mm.

Marginella pruinosa Hinds Proc. zool. Soc. 1844 p. 74. Sowerby Thes. Conch. t. 3 f. 111. Petit Cat. in Journ. de Conch. II. p. 53. Reeve Conch. Ic. t. 18 f. 88.

Prunum pruinosa H. et A. Adams Gen. of shells p. 191.

Schale spitz-eiförmig, fast kegelförmig, gelblich oder grau, schmutzig purpurfarben dreimal undeutlich gebändert, überall mit matt-weissen Flocken bestreut; Spira klein, etwas ausgezogen, mit gewölbten Windungen; Mündung eng, nur unten etwas erweitert, innen gelblich; Spindel gebogen, oben nackt, unten mit 4 starken, schiefen, weissen Falten geziert, ohne Basalausschnitt; Mundrand verdickt, innen ohne Kerben, aussen gerandet und mit zwei Purpurflecken gezeichnet, oben der Spira angewachsen und deutlich ausgeschnitten.

Vaterland: Westindien (Reeve) aus der Loebbecke'schen Sammlung.

Gehört in die Verwandtschaft der M. conoidalis Kiener, sie ist etwas grösser und schlanker und durch die weissen Flocken ausgezeichnet.

52. Marginella constricta Hinds.

Taf. 7. Fig. 14. 15.

Testa angusto-ovata, inferne attenuata, nitida, laevigata, albida indistincte cinereo-fasciata; spira acuminata, anfractibus convexiusculis, zonula alba separatis; apertura elongata, arcuata, angusta, intus albida; columella superne nuda, inferne quadriplicata, plicis omnibus obliquis, inferioribus approximatis; sinus basalis nullus; labrum incrassatum, intus glabrum, extus reflexum, marginatum, superne spirae partim adnatum, minute emarginatum.

Long. 22, diam. maj. 11; apert. longa 20, lata 2 Mm.

Marginella constricta Hinds Proc. zool. Soc. 1844 p. 74. Sowerby Thes. Conch. t. 4 f. 156. 157. Reeve Conch. Ic. t. 19 f. 96 a. b. non Conrad.

Marginella Hindsi Petit Cat. Journ. de Conch. II. f. 54.

Schale eng-eiförmig, unten eingezogen, glänzend-glatt, weisslich mit unbestimmten, grauen Binden; Spira ausgezogen, spitz, besteht aus 5 convexen Umgängen, die durch eine schmale weisse Zone getrennt sind; Mündung lang, gebogen, eng, innen weisslich; Spindel gebogen, oben nackt, unten mit 4 schiefen Falten besetzt, deren zwei untersten sehr genähert sind; Basalausschnitt fehlt; Mundrand verdickt, beiderseits umgeschlagen, innen ohne Kerben, aussen gerandet, oben theilweise der Spira anliegend, eng ausgeschnitten.

Vaterland: — ?

Sowerby zeichnet 5 Falten, reproduzirt aber die Hind'sche Beschreibung, worin „quadriplicata" steht.

Fehlt bei den Gebrüder Adams.

Marginella constricta Conrad soll nach Petit den Hind'schen Namen ausschliessen, ich bezweifle, dass der Conrad'sche Name Prioritätrecht hat.

53. Marginella sarda Kiener.

Taf. 8. Fig. 1. 4.

Testa subgloboso-ovata, nitida, laevigata, albida pallidissima violaceo-tincta, carneo fasciata vel maculata; spira immersa, callo tecta; apertura elongata, angusta, arcuata, in-

6*

tus pallide violacea; columella arcuata, tenue callo tecta, superne uni-inferne quadri-plicata, plicis parvis, parum obliquis; sinus basalis subnullus; labrum incrassatum, latum, intus extusque reflexum, intus dense crenulatum, extus marginatum', superne non emarginatum, spiram obtectens.

Long. 18, diam. maj. 12; apert. longa 18, lata 1 Mm.

Marginella sarda Kiener Coq. viv. p. 30 t. 4 f. 42. Sowerby Thes. Conch.
t. 5 f. 174. 175. Petit Cat. Journ. de Conch. II. p. 56.
Reeve Conch. Ic. t. 18 f. 91 a. b.
Closia sarda Chenu Man. I. f. 1065.

Schale aufgetrieben-eiförmig, glänzend-glatt, weisslich, sehr blass violet getuscht, fleischfarbig gebändert oder die Bänder in Flecken aufgelösst; Spira eingedrückt, durch dicken Lippenkallus bedeckt; Mündung lang, gebogen und eng. innen blassviolett; Spindel gebogen, oben mit dünnem Ueberzug, der sich ganz oben zu einer kurzen, queren Falte verdickt, unten mit 4 wenig schiefen, kleinen Falten besetzt. Basalsinus schwach; Mundrand verdickt, nach beiden Seiten weit umgeschlagen, innen dicht gekerbt, aussen gerandet, legt sich oben über die Spira und bedeckt sie ganz, oberer Ausschnitt fehlt völlig.

Vaterland: Insel Ceylon aus der Loebbecke'schen Sammlung.

Sowerby zeichnet dieser Art 6 Falten an, beschreibt aber vier und darunter noch zwei besonders, die er wohl beim Zeichnen dazu gerechnet hatte.

Ist bei Gray der Typus seines Genus Closia und fehlt bei Gebr. Adams.

54. Marginella Largillierti Kiener.

Taf. 8. Fig. 2. 3.

„Testa ovata, flavescente, albo punctata; spira involuta, ultimo anfractu basi attenuata; apertura angusta, labro utroque latere marginato, intus tenue denticulato; columella callosa, basi quadriplicata, plicis duabus anticis inaequalibus, gemmatis," (Deshayes).

Long. 25, diam. maj. 16; apert. 24 Mm.

Marginella Largillierti Kiener Coq. viv. p. 43 t. 11 f. 3. Deshayes in
Lamarck 2 ed. X. p. 455. Sowerby Thes. Conch.
t. 5 f. 178—180. Petit Cat. Journ. de Conch. II.
p. 51. Reeve Conch. Ic. t. 6 f. 22 a. b.
Volutella Largillierti H. et A. Adams Gen. of shells p. 192.

Schale eiförmig, oben breit abgerundet, unten eng; glatt und glänzend, gelblich-roth oder bräunlich von Grund mit zwei dunkleren Zonen und mit zahlreichen matt weissen, runden oder länglichen Fleckchen überstreut. Spira eingehüllt, von dem Lippencallus bedeckt; Mündung eng, gebogen, fleischfarbig, Spindel oben callös, unten mit 4 scharf geschnittenen Falten, wovon die zwei unteren sehr ungleich gross und zusammenhängend sind, quasi einen doppelten Zahn bilden (auf meinem Bilde schlecht dargestellt); Basalsinus fehlt; Mundrand verdickt, nach beiden Seiten umgeschlagen und gerandet, innen dicht gesägt, geht oben über die Spira hinaus und diese verdeckend, der obere Einschnitt kaum ausgebildet.

Vaterland: Küste von Brasilien zu Bahia (Largilliert); aus der Loebbecke'schen Sammlung.

Die Auctoren einschliesslich Deshayes schreiben, wie Kiener M. Largillieri, nur Petit, der den Namen Largiliert richtig kannte, schrieb demgemäss, und ich folge ihm.

55. Marginella tricincta Hinds.

Taf. 8. Fig. 5. 8.

Testa ovata, plus minusve piriformis, laevissima, nitida, viridescente-cinerea, fasciis spiralibus plusminusve perspicuis cingulata; spira immersa, semitecta; apertura arcuata, latiuscula, intus plumbea, fasciis translucentibus; columella tenue obtecta, quinque-vel sex-plicata, plicis parum obliquis, inferioribus 2 approximatis; sinus basalis nullus; labrum incrassatum, intus glabrum, extus reflexum, marginatum, superne spiram partim obtec-tum, anguste emarginatum.

Long. 19, diam. maj. 11; apert. longa 18, lat. 1 Mm.
wird gewöhnlich dicker.

Marginella tricincta Hinds Proc. zool. Soc. 1844 p. 76. Voyage Sulphur t. 13 f. 12. 13. Sowerby Thes. Conch. t. 5 f. 180. 181. Petit Cat. in Journ. de Conch. II. p. 55. Reeve Conch. Ic. t. 12 f. 49 a. b. Kobelt Conch-Buch f. 26.

Cryptospira tricincta H. et Adams Gen. of shells p. 192.

Schale eiförmig, mehr oder weniger birnförmig, sehr glatt und glänzend grünlich-grau, oft mausegrau mit 3 mehr oder weniger deutlichen engen Binden, die meistens aussen gar nicht sichtbar sind, ihr Vorhandensein ist nur aus dem Durchscheinen im Innern der Mündung anzunehmen; Spira eingehüllt, nur Trich-terspuren die theilweise vom Kallus der Lippe bedeckt sind, sind sichtbar; Mün-dung gebogen, nicht eng, innen bleigrau; Spindel gebogen, leicht mit glänzen-dem, dünnem Kallus bedeckt, mit 5 oder 6 wenig schiefen, langen Falten, wovon die beiden untersten genähert sind, besetzt; bei Anwesenheit von 6 Falten, ist der oberste schwach entwickelt, auch nicht weiss, wie die andern, sondern von der Farbe der Schale; Basalsinus nicht ausgebildet; Mundrand verdickt, innen schmal und ohne Kerben, aussen weit ausgedehnt und gerandet, bei grossen Exemplaren ist der Rand schmutzig gelb, oben geht die Lippe bis über den Nabel und deckt ihn zum Theil zu; oberer Ausschnitt deutlich ausgebildet, doch klein.

Vaterland: Strasse von Macassar im Triebsand in 11 Faden Tiefe (Belcher); aus der Loebbecke'schen Sammlung. Petit schrieb: Madagascar!

Dies ist eine sehr charakteristische Art aus der Verwandtschaft der M. Loeb-beckeana und undulata, doch weit kleiner und von jungen Schalen dieser Arten deutlich verschieden.

56. Marginella immersa Reeve.

Taf. 8. Fig. 10. 11.

Testa subpiriformis-ovata, caeruleo-alba, indisticte spiraliter trilineata, laevissima, nitida; spira parva, immersa, anfractibus linea alba separatis, apex nigricante-translucidus; apertura angusta, intus alba; columella nuda, quinque vel sex-plicata, plicis fortis, parum obliquis, inferioribus 2 approximatis; sinus basalis nullus; labrum incrassatum, intus glabrum, extus pallide luteo-marginatum, superne minute emarginatum.

Long. 13, diam. maj. 4,7; apert. longa 12,5, lata 0,7 Mm.

Marginella immersa Reeve Conch. Ic. t. 21 f. 109.

Schale fast birnförmig-eiförmig, blaulich-weiss mit drei undeutlichen gelben Spiralstreifchen, die in der Mündung nicht durchscheinen, sehr glatt und glänzend; Spira niedergedrückt, mit 4 durch weisse Linien geschiedenen Umgängen und dem schwärzlich durchsichtigen Embryonalende; Mündung eng, innen weiss; Spindel ohne Schmelzüberzug und 5 oder 6 Falten, ganz von der Beschaffenheit deren der vorigen Art, nur vergleichsweise etwas stärker; Basalausschnitt fehlt; Mundrand verdickt, vorn etwas mehr als bei M. tricincta, sonst innen ungezähnt, aussen gerandet, Rand gelb gesäumt, die Lippe geht oben nicht über die Spira hinaus und lässt diese frei; oberer Ausschnitt klein aber deutlich.

Vaterland: unbekannt, wohl Indischer Ocean, aus der Loebbecke'schen Sammlung.

Reeve meinte, die Eigenschaften dieser Species liessen sich nicht wohl durch Beschreibung und Abbildung deutlich machen, mir scheint es, dass wir es nur mit einer Varietät der M. tricincta zu thun haben, die bei etwas gedrungenerem kleinerem Bau und dickerer Schale, stärkere Zähne und etwas kürzere Lippe besitzt, wodurch die Spira unbedeckt bleibt. Nur die Dürftigkeit des Materials, die die Uebergänge vermissen lässt, hält mich ab, beide Arten zu vereinigen.

57. Marginella lilacina Sowerby.

Taf. 8. Fig. 6. 7.

Testa ovata, superne obtusa, solida, laevigata, albida, lilacina undique tincta vel fasciata; spira immersa, subumbilicata aut obtecta; apertura arcuata, angusta, intus carnea; columella superne callo tecta, inferne quadriplicata, plicis fortis; sinus basalis nullus; labrum incrassatum, intus crenulatum, extus forte marginatum, interdum superne spiram tectum, anguste emarginatum.

Long. 31, diam. maj. 20; apert. longa 30, lata 2 Mm.

Marginella lilacina Sowerby Thes. Conch. t. 5 f. 176. 177. Petit Cat. Journ. de Conch. II. p. 55. Reeve Conch. Ic. t. 14 f. 60 a. b.

Volutella lilacina H. et A. Adams Gen. of shells p. 192.

Schale eiförmig, oben abgestumpft, starkschalig, glatt bei wenig Glanz, weisslich überall lila überlaufen oder getuscht, mit oder ohne Binden; Spira eingesunken, offen oder bedeckt, je nachdem der Lippenkallus darüber hinausreicht oder nicht; Mündung gebogen, eng, innen fleischfarbig; Spindel oben mit Schmelz belegt, nicht dick, nur ganz oben knopfförmig verdickt, unten mit 4 starken Falten versehen, wovon zwei fast horizontal, 2 schief sind, die letztern, untenstehend sind auch näher zusammengerückt; keine Basalbucht; Mundrand sehr verdickt, innen gekerbt, aussen umgeschlagen und stark gerandet, oben den Nabel erreichend oder über ihn hinaus gehend und verdeckend; oberer Ausschnitt eng und klein.

Vaterland: nicht sicher bekannt, vielleicht Cap der guten Hoffnung. Aus der Löbbecke'schen Sammlung.

Nach Reeve eine grosse Seltenheit und Unicum der Cuming'schen Sammlung, es fanden sich gleich zwei Exemplare in der Löbbecke'schen, wovon eins die Reeve'schen Dimensionen hat, das andere abgebildete sie aber stark übertrifft. Ich vermuthe nach der Färbung, dass die Art vom Cap stammt, dessen Clima die Eigenschaft besitzt, den Strandexemplaren diese eigenthümliche rothe Färbung zu geben.

58. Marginella oryza Lamarck.

Taf. 8. Fig. 9. 12.

Testa minuta, obtuse-ovata, nitida, albida vel pallide rufa, zona spiralis lata, rufo-aurantio cincta; spira parva, apice globoso; apertura elongata, arcuata, intus alba; columella callosa, tri-vel quadriplicata, callo dentibusque albis; sinus basalis distinctus, angustus; labrum modice incrassatum, intus denticulatum, extus marginatum, superne minute emarginatum.

Long. 8, diam. maj. 5; apert. 7,3 Mm.

Le Stipon Adanson Voy. Senegal t. 5 f. 7. Martini Conch. Cab. II. t. 4 f. 428.
Volvaria oryza Lamarck hist. nat. VII. p.364. Encycl. méth. t. 374 f. 6a. b.
Marginella oryza Deshayes-Lamarck 2 ed. X. p. 460 nota. Petit Cat.
Journ. Conch. II. p. 55. Reeve Conch. Ic. t. 16 f. 74. 75.
Volvarina oryza H. et A. Adams Gen. of shells p. 195.
Marginella miliaria Sowerby Thes. Conch. t. 5 f. 228. 229 non Linné.
— miliacea pars Kiener Coq. viv. t. 6 f. 36 a non b. non Lam.

Schale klein, abgestumpft-eiförmig, glänzend-glatt, weisslich oder blass roth mit einer orangerothen breiten Zone spiral umzogen; Spira klein mit aufgetriebenem Apex, der allein vorsteht; Mündung verlängert, gebogen, innen weiss; Spindel mit Kallus überzogen und 3 oder 4 Falten, die wie der Kallus weiss sind; Basalsinus deutlich, aber klein; Mundrand mässig verdickt, innen gekerbt, aussen gerandet, oben dünn ausgeschnitten.

Vaterland: Westafrica — Senegambien (Auctoren) — Copie nach dem Thesaurus.

Gehört nach der Zeichnung sicher in die Verwandtschaft der M. clandestina Brocchi, daher etwas zweifelhaft, ob die richtige Lamarck'sche Species, deren

Stellung darauf hinweisst, dass er eine Verwandte der M. miliaria im Auge gehabt, für die sie Sowerby auch gehalten hatte. Wer in der Lage ist, die Neuentdeckungen M. emigrus Reeve und M. caelata Monterosato vergleichen zu können, mag die eine oder die andere einmal auf Identität mit vorliegender Art ansehen.

59. Marginella dactylus Lamarck.

Taf. 8. Fig. 13. 16.

Testa „oblonga, angusta, subtereti, griseo-fulva, apice obtuso" spira occulta; „apertura angusta, columella quinqueplicata" plicis obliquis; labrum modico incrassatum, „intus laevigatum" extus reflexum, marginatum, superne non emarginatum; sinus basalis nullus.

Long. 20, diam. maj. 8,5; apert. longa 19,5, lata 0,6 Mm.

> Marginella dactylus Lamarck hist. nat. VII. p. 360. Kiener Coq. viv.
>   p. 28 t. 4 f. 16. Deshayes-Lamarck 2 ed. X. p. 442.
>   Sowerby Thes. Conch. t. 5 f. 187. Petit Cat. in
>   Journ. de Conch. II. p. 55. Reeve Conch. Ic. t. 10
>   f. 42 a. b.
> Volutella dactylus H. et A. Adams Gen. of shells p. 192.

Schale länglich, eng, beinahe cylindrisch, oben abgestumpft, graulich-gelbbraun, glänzend-glatt; Spira unsichtbar; Mündung lang, eng, ein wenig gekrümmt, innen weiss; Spindel oben gebogen, dünn belegt, unten mit 5 schiefen Falten versehen; Basalsinus fehlt; Mundrand mässig verdickt, in der Mitte stärker, innen ungekerbt, aussen umgeschlagen und gerandet, oben nicht ausgeschnitten, doch legt sich der Rand über die versteckte Spira hinweg.

Vaterland: Hongkong (Hinds) aus der Löbbecke'schen Sammlung.

60. Marginella Bernardii Largilliert.

Taf. 8. Fig. 14. 15.

Testa ovata, superne tumido-rotundata, nitida, fulvescente-cinerea, griseo dense longitudinaliter strigata, spiraliter indistincte trifasciata; spira immersa, umbilicata; apertura arcuata, latiuscula, intus fulva; columella callosa, sexplicata, plicis albis, superioribus rectis, inferioribus obliquis, plica quarta prominenti; sinus basalis nullus; labrum incrassatum, medio validior, albidum, intus glabrum, extus marginatum, superne marginem umbilici superans, vix emarginatum.

Long. 22, diam. maj. 13; apert. longa 21, lata 2 Mm.

> Marginella Bernardii Largilliert Mag. de Zool. 1845 t. 116. Reeve Conch.
>   Ic. t. 10 f. 38 a. b.
> Cryptospira   —   H. et A. Adams Gen. of shells p. 192.
> Marginella onchyna Adams et Reeve Voy. Samarang p. 29 t. 10 f. 25.
>   Petit Cat. Journ. de Conch. II. p. 55.

Schale eiförmig, oben stumpf abgerundet, glänzend, gelbbraun-graulich mit dichtstehenden grauen Längsstriemen — der Zeichnung nach umgekehrt — und zwei undeutlichen Querbinden gezeichnet; Spira eingesunken, einen offnen Trichter bildend; Mündung nicht eng, etwas gekrümmt, innen bräunlich; Spindel gebogen, callös, mit 6 Falten, wovon die drei oberen horizontal, die übrigen schief gestellt sind, der vierte ist am stärksten; kein Basalsinus; Mundrand verdickt, besonders in der Mitte, nach beiden Seiten umgeschlagen und gerandet, innen ohne Kerben, oben über den Trichter hinausstehend und kaum ausgeschnitten.

Vaterland: China-See (Largilliert).

Gehört in die Verwandtschaft der M. elegans, ist vieleicht nur eine eigenthümlich gezeichnete kleine Abänderung derselben.

17. Marginella muscaria Lamarck.

Taf. 9. Fig. 1. 4.

Diese schon auf Taf. 2 Fig. 15—17 von Dr. Küster gezeichnete Art ist hier zum Zweck noch einmal reproduzirt worden, um ihre Beziehungen zu der M. formicula Lamarck klar zu machen, was jedoch durch das gänzliche Missrathen der Fig. 5 schlecht gelungen ist. Ich halte dafür, dass M. formicula nur eine gerippte Form der M. muscaria ist, mit der sie zusammen lebt. Ausser der Rippung ist auch absolut keine Verschiedenheit zu entdecken, und diese wird bei der einen Art oft obsolet, während sie bei der andern angedeutet vorkommt.

61. Marginella formicula Lamarck.

Taf. 9. Fig. 5. 8.

„Testa parva, ovato-oblonga, anterius longitudinaliter costata albida aut corneolutescenti; anfractibus superne angulatis, angulo costis subcrenato; spira exsertiuscula; columella quadriplicata, labro intus laevi." (Lamarck).

Long. 10, diam. maj. 5,7; apert. 7 Mm.

Marginella formicula Lamarck hist. nat. VII. p. 359 idem ed Deshayes
    X. p. 441. Kiener Coq. viv. p. 6 t. 3 f. 13. Sowerby Thes. Conch. t. 2 f. 41. 42. Potit Cat. in Journ. de Conch. II. p. 52. Reeve Conch. Ic. t. 8 f. 28 a. b. Jousseaume Monog. p. 27.

Glabella   —   H. et A. Adams Gen. of shells p. 190.

Schale klein, länglich-eiförmig, oben längsgerippt, sonst glatt und glänzend, weisslich oder hornartig-gelb; Spira etwas ausgezogen, mit 5 Umgängen, die oben kantig und an der Kante gerippt sind, nur das dunkler gefärbte Embryonalende, zuweilen noch der folgende Umgang sind ohne Sculptur; Mündung leicht gebogen, unten kanalartig auslaufend, innen gelb; Spindel fast gerade nur unten callös und hier mit 4 von oben nach unten in der Stärke abnehmenden Falten versehen, deren letzte fast zur Lamelle herabsinkt, die den Kanal begrenzt; Basalsinus gross und ziemlich tief; Mundrand verdickt, weiss, innen ohne Kerben, in der Mitte einwärtz gebogen, aussen gerandet, oben deutlich ausgeschnitten.

Vaterland: Neuholland — Insel Maria (Peron) Tarmanien (Reeve) aus der Löbbecke'schen Sammlung.

62. Marginella harpaeformis Beck.
Taf. 9. Fig. 2. 3.

Testa ovata, subfusiformis, longitudinaliter costata, nitida, alba, rosaceo vel fulvescente tincta, lactea spiraliter bifasciata, punctis nigris plusminsve regulariter seriatim. picta; spira elevata, anfractibus 4 convexiusculis, longitudinaliter costatis, apex glaber, translucide-candidus; apertura latiuscula, iutus alba, inferne canalifera; columella rectiuscula, nuda, quadriplicata, plicis gemmatis, obliquis; sinus basalis latus, parum profundus; labrum modice incrassatum, intus crenulatum, extus marginatum, superne minute emarginatum.

Long. 20, diam. maj. 11; apert. longa 18, lata 1,5 Mm.

Marginella harpaeformis Beck (nomen) Sowerby Thes. Conch. t. 1
f. 7. 8. Petit Cat. in Journ. de Conch. II. p. 51
Reeve Conch. Ic. t. 8 f. 31 a. b.
Glabella harpaeformis H. et A. Adams Gen. of shells p. 190.

Schale eiförmig, beinahe spindelförmig, längsgerippt, glänzendglatt, weiss rosenroth oder hellbraun getuscht, mit zwei ungleichbreiten, milchweisen Binden und schwarzen mehr oder weniger regelmässig zu Serien geordneten Punkten geziert; Spira erhoben, besteht mit 4 convexen, oberhalb der Mitte etwas kantigen, gerippten Umgängen und dem glatten, durchscheinend-farblosen Embryonalende; Mündung nicht eng, innen weiss, unten canalartig auslaufend; Spindel beinahe gerade, ohne Kallusüberzug, mit 4 scharfgeschnittenen schiefen Falten versehen; Basalausschnitt weit und nicht tief; Mundrand mässig verdickt, innen gekerbt, aussen gerandet, oben klein ausgebuchtet.

Vaterland: Westafrica — Senegal — (Reeve) aus der Löbbecke'schen Sammlung.

Steht der M. faba und pseudofaba nahe und könnte wohl die Brücke zur Verbindung beider bilden.

63. Marginella splendens Reeve.
Taf. 9. Fig. 6. 7.

Testa ovato-subfusiformis, longitudinaliter dense costulata, fulvescente-cinerea, maculis olivaceis, arcuatis trifasciata, punctis parvulis undique adspersa; spira elevata, anfratibus superne convexis, longitudinaliter costulatis; apertura arcuata, angusta, intus albida, inferne subcanalifera; columella superne nuda, inferne quadriplicata, plicis gemmatis, superioribus rectis, inferioribus obliquis, albis; labrum incrassatum, intus crenulatum, extus marginatum, superne minute emarginatum; sinus basalis latus, parum profundus.

Long. 25, diam. maj. 13; apert. longa 18, lata 1,5 Mm.

Marginella splendens Reeve Proc. zool. Soc. 1842 idem Conch. Syst. II.
t. 217 f. 2. 3. Sowerby Thes. Conch. t. 1 f. 23. 24.
Reeve Conch. Ic. t. 8 f. 10 a. b. non Grateloup.
Marginella Reeveana Petit Cat. in Journ. de Conch. II. p. 51.
Glabella Reeveana H. et A. Adams Gen. of shells p. 191.

Schale ei- fast spindelförmig, der Länge nach eng mit dünnen Rippchen geziert, gelblich-aschfarbig mit zahlreichen Pünktchen bestreut und mit aus olivengrünen krummen Flecken bestehenden 3 Binden umzogen; Spira erhoben, besteht aus oben convexen mit dichtstehenden Rippen der Länge nach besetzten Umgängen; Mündung gebogen, am Fusse in kanalartige Rinne endigend, innen weiss; Spindel fast gerade, ohne Kallusüberzug mit 4 scharf geschnittenen weissen Falten, wovon die beiden obersten fast horizontal, die folgenden schief gestellt sind, die letzte ist sehr schief und begränzt die Rinne, deshalb auch länger, als die anderen; Basalsinus weit und flach; Mundrand verdickt, innen grob gekerbt, aussen gerandet, oben klein ausgeschnitten.

Vaterland: Westafrica an der Küste von Guinea (Reeve).

Steht in dieser Gruppe so ähnlicher Arten zunächst der M. Adansoni, was die Form betrifft, in der Zeichnung der M. Cumingiana.

Petit glaubte den Namen M. splendens wegen des von Grateloup einer fossilen Art gegebenen gleichen Namens ändern zu müssen, im Verzeichniss der fossilen Arten figurirt der Name M. splendens Grat. aber als Synonym der M. eburnea Lamarck, ist also als Species-Name cassirt, darum erscheint mir eine Namensänderung der M. splendens Reeve nicht mehr nöthig.

18. Marginella haematita Kiener.

Taf. 9. Fig. 9. 12.

Zur Ergänzung der auf Taf. 2 Fig 18. 19 durch Dr. Küster gezeichneten Art gebe ich hier noch zwei den Reeve'schen Bildern ganz entsprechende, die diesen veranlasst hatten, das Schneckchen als ein Erato aufzufassen.

64. Marginella Belli Sowerby.

Taf. 9. Fig. 10. 11.

„Testa subfusiformi-ovata, fulvescente-cinerea, lineis tenuibus caeruleo-griseis longitudinaliter confertim undatis, obscure bifasciata; spira elevata, anfractibus superne obtuse

7*

angulatis ad angulum plicato-nodulatis, deinde costatis; labro incrassato intus denticulato." (Reeve).

Long. 19, diam. maj. 10; apert. longa 18, lata 1 Mm.

Marginella Belli Sowerby Thes. Conch. t. 1 f. 28. 29. Petit Cat. in Journ. de Conch. II. p. 51. Reeve Conch. Ic. t. 8 f. 32 a. b. Marat in Quarterly Journ. 1877 p. 242.

Schale ei- fast spindelförmig, kurz gerippt, gelblich-grau mit feinen undulirten Längslinien von blau-grauer Farbe und zwei undeutlichen schwärzlichen Spiralbinden geziert; Spira erhoben, besteht aus oben stumpf-kantigen und an der Kante knotig- sonst einfach-gerippten Umgängen; Mündung eng, unten in eine kanalartige Rinne vorgezogen; Spindel mit 4 weissen, scharfen Falten, wovon die unterste sehr- die zweite schief, die oberen fast horizontal sind; Basalausschnitt weit und flach; Mundrand verdickt, gelblich, innen gekerbt, aussen gerandet.

Vaterland: Westafrica (Marrat) ohne genauere Angabe. Copie nach Reeve. Steht der M. Adansoni sehr nahe.

65. Marginella musica Hinds.

Taf. 9. Fig. 13. 16.

Testa angulato-ovata, laevigata, cinereo-olivacea aut fuscescente-cinerea, griseo nebulata, vel undulatim maculata, lineis nigris conspicuis cingulata; spira brevi-conica, anfractibus superne convexis; apertura latiuscula, intus fuscescens, inferne subcanalifera; columella callosa, quadriplicata, plicis gemmatis albis; sinus basalis parum profundus; labrum modice incrassatum, intus glabrum, extus marginatum.

Long. 18 diam. maj. 11; apert. longa 13, lata 2 Mm.

Marginella musica Hinds Proc. zool Soc. 1844 p. 73 idem Voyage Sulphur t. 13 f. 8. 9. Sowerby Thes. Conch. t. 2 f. 36. 37. Petit Cat. Journ. de Conch. II. p. 52. Reeve Conch. Ic. t. 9 f. 34. a. b. Glabella musica H. et A. Adams Gen. of shells p. 191.

Schale kantig-eiförmig, beinahe spindelförmig, glatt, graulich olivengrün oder gelblich grau, dunkler gewolkt oder mit undulirten Flecken, spiral mit schwärzlichen, deutlichen, mehr oder weniger gedrängten Linien umzogen; Spira kurzkegelförmig mit oben gewölbten Umgängen; Mündung eng, innen gelblich oder grünlich, unten kanalartig auslaufend; Spindel belegt, mit 4 weissen, scharfgeschnittenen Falten, von der Stellung, die dieser Gruppe eigen ist; Basalbucht nicht weit und noch weniger tief; Mundrand nicht stark verdickt, innen ohne Kanten, aussen gerandet, oben eng eingeschnitten.

Vaterland: Westafrica am Cap blanc von Belcher in 35 Faden Tiefe auf Sandboden gefischt. Bilder nach Reeve.

Bildet mit der folgenden Art und M. diadochus eine enge Gruppe im Adams'-schen Subgenus Glabella.

66. Marginella Belcheri Hinds.

Taf. 9. Fig. 14. 15.

„Testa concinne ovata, alba, lineis eleganter punctatis, raris, frequentioribus vel confertis transversim dispositis, interdum albofasciata; spira mediocri, conica; labro in-crassato, albo, prope medium subdilatato, intus laevi; columella quadriplicata" (Hinds).

Long. 20, diam. maj. 11; apert. longa 14, lata 1,5 Mm.

Marginella Belcheri Hinds Proc. zool. Soc. 1844 p. 73 idem Voyage Sulphur t. 13 f. 1 — 5. Sowerby Thes. Conch. p. 380 t. 1
f. 25—27. Petit Cat Journ. de Conch. II. p. 52. Reeve
Conch. Ic. t. 9 f. 33 a. b. Jousseaume Monog. p. 9.

Glabella Belcheri H. et A. Adams Gen. of shells p. 191.

Schale länglich-eiförmig, beinahe spindelförmig, glänzend glatt, weiss oder gelblich-weiss, mit gestrichelten Spirallinien, die in verschiedener Zahl auftreten und von dunkelbrauner Färbung sind, spiral umzogen, sind sie klein an der Zahl, so erscheint die weisse Grundfarbe zwischen ihnen in Form von Binden, die Striche, auf die Reeve in seiner confusen Diagnose Werth legt, scheinen nur Anwachslinien zu sein, die auf den dunklen Linien und ihrer Umgebung deutlich werden, auf der weissen Grundfarbe nicht in die Augen fallen, daher in der Orginaldiagnose mit „eleganter punctatis" bezeichnet sind; Spira mässig hoch, kegelförmig, besteht aus 5 leicht convexen Umgängen; Mündung nicht eng, innen gelblich, das kanal-artige Ende weniger deutlich als solches ausgebildet; Spindel mit 4 weissen, scharf geschnittenen Falten, wovon die unterste, wie gewöhnlich bei dieser Gruppe sehr schief steht; Basalausschnitt weit und flach; Mundrand verdickt, beson-ders innen gegen die Mitte, ohne Kerben, aussen gerandet, weiss oder gelblich, oben ausgeschnitten.

Vaterland: Westafrica an den Küsten des Cap blanc in 12—14 Faden Tiefe auf Sandboden von Belcher gedrackt; Bilder nach Reeve.

67. Marginella scripta Hinds.

Taf. 10. Fig. 1. 4.

Testa minuta, globoso-ovata, nitens, cinerea, lineis fuscis angulatis longitudinaliter signata; spira retusa, anfractibus latis, superne marginatis, apice rubro; apertura latius-cula intus albida; columella plana, nuda, quinqueplicata, plicis inferioribus approximatis; sinus basalis latus, parum profundus; labrum modice incrassatum, intus crenulatum, extus marginatum, superne non emarginatum.

Long. 7,5, diam. maj. 5; apert. 7 Mm.

Marginella scripta Hinds Proc. zool. Soc. 1844 p. 73 idem Voyage Sulphur t. 13 f. 16. 17. Sowerby Thes. Conch. t. 2 f. 83—
85. Petit Cat. Journ. de Conch. II. p. 52. Reeve Conch.
Ic. t. 14 f. 58.

Glabella — H. et A. Adams Gen. of shells p. 171.

Schale klein, aufgetrieben-eiförmig, zuweilen etwas kantig, glänzend grau
mit schwarzbraunen Zickzacklinien in der Längsrichtung verlaufend, gezeichnet;
Spira niedergedrückt mit flachen, weiten, oben gerandeten Umgängen und rothem
Embryonalende; Mündung nicht eng, innen weisslich; Spindel eben, ohne Schmelz
mit 5 Falten, wovon die untersten zusammenstehend sind; Basalausschnitt weit
und flach; Mundrand mässig verdickt, selten auch stärker, innen gekerbt, aussen
gerandet, oben nicht ausgeschnitten.

Vaterland: Strasse von Macassar in Treibsand in 11—15 Faden Tiefe (Belcher) aus der Loebbecke'schen Sammlung.

68. Marginella imbricata Hinds.

Taf. 10. Fig. 2. 3.

Testa oblonga-ovata, subcylindracea, flavescente alba, spiraliter rufo-fusco dense in-
terrupte-lineata, obscure bifasciata; spira minuta, vix exserta; apertura elongata, augusta,
liviter arcuata, intus alba; columella plana, albo callosa, inferne fulvo maculata, quadriplicata, plicis minutis, tertio duplici; sinus basalis obliquus, profundus, zona alba circum-
scriptus; labrum incrassatum, intus crenulatum, extus marginatum; superne vix emarginatum.

Long. 11, diam. maj. 6; apert. 11 Mm.

Marginella imbricata Hinds Proc. zool. Soc. 1844 p. 76. Sowerby Thes.
Couch. t. 5 f. 211. 212. Petit Cat. Journ. de Conch.
II. p. 55. Reeve Conch. Ic. t. 14 f. 59 a. b. Car-
penter Report. p. 285. 339.

Persicula imbricata II. et A. Adams Gen. of shells p. 193.

Marginella Vautieri Bernardi Journ. de Conch. IV. t. 2 f. 13. 14.

Schale länglich-eiförmig, beinahe cylinderförmig, glänzend-glatt, gelblich
weiss, mit zahlreichen, sehr dicht stehenden Reihen rothbrauner, länglich-viereckiger
Punkte, wovon einige Reihen stärker sind, und sich als unklare Binden darstellen;
Spira klein, kaum vortretend; Mündung lang, eng und leicht gebogen, innen
weiss; Spindel mit Kallus überzogen; glatt, unten mit länglichem rothbraunen
Flecken geziert und mit 4 kleinen Falten, wovon die 3. von oben doppelt ist, versehen; Basalsinus schief und tief, von einer weissen Zone umzogen; Mundrand verdickt, innen gekerbt, aussen gerandet, oben kaum ausgeschnitten.

Vaterland: Acapulco (Moffat) und Sa Barbara (Gould) an der Westküste von
Mexico und Californien.

Sehr nahe mit M. interrupta Lamarck's verwandt und wohl als der west-

amerikanische Vertreter dieser Westindischen und Senegal–Art anzusehen. Sie ist
viel schlanker und die Punktreihen viel feiner und enger.

69. Marginella catenata Montagu Spec.

Taf. 10. Fig. 5. 8.

Testa obtuse ovata, flavescente-alba, nitida spiraliter aurantio fasciata, fasciis albo
floccatis et fusco catenatis, intermediis longitudinaliter lineatis; spira immersa; apertura
elongata, angusta, intus alba, columella inferne callosa, quadri vel quinque plicata, plicis
albis, inferioribus validis; sinus basalis profundus; labrum incrassatum, intus crenulatum,
extus marginatum.

Long. 6, diam. maj. 4; apert. 6 Mm.

    Voluta catenata Montagu Test. brit. p. 236 t. 6 f. 2 ed. Chenu p. 102
                t. 2 f. 12.

    Volvaria   —   Blainville Mal. test. Reeve.

    Marginella catinata Brown Ill. Conch. p. 4.

       —   catenata Sowerby Thes. Conch. t. 5 f. 225. 226. Petit Cat.
                Journ. de Conch. II. p. 55. Reeve Conch. Ic. t. 16
                f. 72. 73 a. b.

    Persicula   —   Jousseaume Monogr. p. 103.

Schale abgestumpft-eiförmig, sehr glatt und glänzend, gelblich weiss mit orangegelben, weiss betropften Spiralbinden umzogen, die braun eingefasst sind, in den
Zwischenräumen stehen dicht gedrängt gelbe Striche, eine ungewöhnliche prachtvolle Zeichnung, die sich auf den kleinen Bildern gar nicht wiedergeben lässt;
Spira eingesunken, von einer ausgezackten Binde umrahmt; Mündung lang und
eng, innen weiss; Spindel unten weiss callös überzogen mit 4 oder 5 weissen
Falten, wovon nur die beiden untern stark sind; Basalausschnitt tief; Mundrand verdickt, innen gekerbt und aussen gerandet.

Vaterland: Westindien, wurde lange Zeit unter die britischen Arten gezählt,
bis der Nachweiss gebracht wurde, dass sie nur mit Ballastsand in todten Schalen
an die englischen Küsten gelangt sein konnte. Aus der Loebbecke'schen Sammlung.

70. Marginella Kienereana Petit.

Taf. 10. Fig. 6. 7.

Testa globoso-ovata, piriformis, solida, nitida, aurantio-spadicea, spiraliter quadrifasciata, fasciis nigris albo-guttatis; spira minuta, vix exserta; apertura elongata, angusta,
arcuata, intus flavidula; columella late callosa, undique plicata; sinus basalis obliquus,
modice profundus; labrum parum incrassatum intus crenulatum, extus vix marginatum.

Long. 13, diam. maj. 9; apert. 13 Mm.

    Marginella Kienereana Petit Mag. de Zool. 1838 t. 112. Sowerby Thes.
                Conch. t. 5 f. 198 - 200. Petit Cat. Journ. de
                Conch. II. p. 55. Reeve Conch. Ic. t. 14 f. 63 a. b.

    Persicula   —   H. et A. Adams Gen. of shells p. 193.

Schale aufgetrieben-eiförmig, birnförmig, starkschalig, glänzend, goldgelb ins dattelfarbige mit 4 Spiralbinden von schwarzer weiss gefleckter Farbe; Spira klein, kaum vortretend; Mündung lang, gekrümmt, eng, innen gelblich; Spindel weit mit Schmelz überzogen, bis obenhin gefaltet; Basalausschnitt schief, mässig tief; Mundrand wenig verdickt, innen gekerbt, aussen kaum gerandet.

Vaterland: La Guayra in Venezuela (Petit) Copie nach Reeve.

Sieht nach Reeve einer stark gefärbten Varietät der Cypraea zigzag ähnlich.

71. Marginella pulchella Kiener.

Taf. 10. Fig. 9. 12.

Testa oblongo-ovata, nitida, flavidula, lineis angulatis longitudinalibus, carneis, pallidior umbratis picta, fasciis indistinctis cincta; spira immersa; apertura angusta, elongata, intus alba; columella albo-tenue callosa, quadriplicata, plicis parum validis, albis; sinus basalis obliquus, profundus; labrum incrassatum, intus glabrum, extus submarginatum, superne non emarginatum.

Long. 9, diam. maj. 5; apert. 9 Mm.

Marginella pulchella Kiener Coq. viv. p. 27 t. 9 f. 41. Sowerby Thes. Conch. t. 5 f. 213—215. Petit Cat. in Journ. de Conch. II p. 55. Reeve Conch. Ic. t. 15 f. 66.

Persicula pulchella H. et A. Adams Gen. of shells p. 193.

Schale länglich-eiförmig, glatt und glänzend, gelblich mit fleischfarbigen etwas heller umgebenen Zickzacklängslinien und zwei undeutlichen Spiralbinden gezeichnet, eigentlich sollte die Beschreibung lauten: gelblich von Grund mit hellfleischfarbigen Wolken, in denen die dunkler fleischfarbigen Zickzacklinien in der Weise verlaufen, dass sie auf der einen Seite von den Wolken, auf der andern von der Grundfarbe umgeben sind; Spira eingesenkt; Mündung eng, lang, innen weiss; Spindel weiss, dünn belegt, trägt 4 wenig starke weisse Falten; Basalausschnitt schief und tief; Mundrand verdickt, innen glatt, aussen schwach gerandet, aber ziemlich weit ausgedehnt, oben nicht ausgeschnitten.

Vaterland: Sydney in Neuholland (Kiener) Ceylon (Nevill) aus meiner Sammlung.

Ist der M. interrupta und imbricata in der Gestalt und der Spindelparthie sehr ähnlich, aber von ganz verschiedener Zeichnung und durch den ungekerbten Mundrand ganz besonders verschieden.

72. Marginella maculosa Kiener.

Taf. 10. Fig. 10. 11.

Testa oblongo-ovata, nitida, albida, maculis quadratis rufescentibus fasciata, interstitiis maculis triangulatis vel quadratis, albis, rufescente punctatis seriata; spira immersa; apertura elongata, angusta, intus alba; columella tri-vel quadriplicata, plica quarta superiori minima; sinus basalis obliquus, profundissimue; labrum modice incrassatum, intus inferne crenulatum, extus reflexum, non marginatum, superne non emarginatum.

Long. 11, diam. maj. 6; apert. 11 Mm.

Marginella maculosa Kiener Coq. viv. t. 9 f. 40. Petit Cat. in Journ. de Conch. II. p. 55. Marrat in Quarterly Journ. 1876 p. 173 non Sowerby nec Reeve.

—   muralis   Hinds Proc. zool. Soc. 1844 p. 76. Sowerby Thes. Conch. t. 5 f. 317. Reeve Conch. Ic. t. 15 f. 69 a. b.

Persicula{muralis   Jousseaume Monogr. p. 100.
{maculosa   —   —

Schale länglich-eiförmig, glänzend glatt, weisslich mit aus viereckigen röthlichen Flecken, die an einer Seite weisse Punkte tragen, bestehenden Spiralbinden und Zwischenserien aus weissen, kleinen vier oder drei eckigen Fleckchen, die an einem, meistens dem breitem Ende röthlich punktirt sind, gezeichnet, oftmals ist die ganze Zeichnung mit Ausnahme der Binden verwischt und unklar, dass man wohl einzeln, weisse gelbpunktirte Fleckchen sieht, aber ihre Verbindung zu Spiralserien nicht. Spira eingesunken; Mündung lang und eng; Spindel sehr dünn belegt, weiss, gewöhnlich mit 3, doch oft mit 4 Falten, wovon dann die oberste schwach entwickelt ist. Basalsinus schief und sehr tief; Mundrand schwach verdickt, innen nur unten gekerbt, aussen umgeschlagen ohne Rand in den Rücken verlaufend, oben weit gebuchtet ohne eigentlichen Ausschnitt.

Vaterland: Westindien. Loebbecke'sche Sammlung.

Man hatte sich seit Petit's Vorgang daran gewöhnt, M. muralis Hinds als identisch mit M. maculosa Kiener's anzusehen, da beliebt es M. Jousseaume auf Grund der verschieden lautenden Diagnosen beide wieder zu trennen. Ein völlig nutzloser Vorgang.

73. Marginella sagittata Hinds.

Taf. 10. Fig. 13. 16.

Testa obtuse-ovata, nitidissima, albida, maculis rufis sagittatis in fasciolis inaequalibus dispositis aut plus minusve confuse cincta; spira immersa, apice punctiformi; apertura elongata, angusta, intus alba; columella inferne leviter incurvata, quadriplicata; sinus basalis obliquus, profundus; labrum subincrassatum intus laeve, extus non marginatum.

Long. 9, diam. maj. 5; apert. 9 Mm.

Marginella sagittata Hinds Proc. zool. Soc. 1844 p. 76. Sowerby Thes. Conch. t. 5 f. 223. 224. Petit Cat. Journ. de Conch. II. p. 55. Reeve Conch. Ic. t. 15 f. 70.

Persicula sagittata H. et A. Adams Gen. of shells p. 193.

Schale stumpf-eiförmig, sehr glänzend-glatt, weisslich mit rothen pfeilspitzförmigen Fleckchen, die zu ungleich starken Spiral-Bänderchen und zwar alternirend geordnet oder mehr oder weniger regellos gestellt sind; Spira eingesenkt, nur die punktförmige Spitze steht über; Mündung lang, eng, innen weiss; Spindel unten leicht einwärz gebogen, mit 4 Falten versehen; Basalsinus schief und tief; Mundrand nicht sehr verdickt, innen ohne Kerben, aussen nur umgelegt ohne Rand im Rücken verlaufend.

Vaterland: Küste von Brasilien (Hinds).

74. Marginella festiva Kiener.

Taf. 11. Fig. 1. 4.

Testa conico-ovata, laevigata, nitida, albida, roseo et griseo marmorata et fasciata; fasciis maculatis vel immaculatis; spira plus minusve elevata, anfractibus subplanis; apertura latiuscula, intus albida; columella nuda, quadriplicata; sinus basalis latus, vix emarginatus; labrum incrassatum, intus crenulatum, extus marginatum, strigosum, superne emarginatum.

Long. 15, diam. maj. 8; apert. 12 Mm.

Marginella festiva Kiener Coq. viv. p. 32 t. 10 f. 4. Sowerby Thes. Conch. t. 2 f. 72. 73 Petit Cat. Journ. de Conch. II. p. 152. Reeve Conch. Ic. t. 10 f. 93 94. Jousseaume Monogr. p. 20.

— gemma A. Adams Proc. Zool. Soc. 1855 p. 122 Jousseaume Monogr. p. 20.

Glabella festiva H. et A. Adams Gen. of shells p. 191.

Schale ei-kegelförmig, glatt, glänzend, weisslich roseuroth und grau marmorirt und weiss, entweder ohne Zeichnung oder mit braunen Flecken besetzt, gebändert; ist die Binde weiss, so stehen die Flecken ober- oder unterhalb derselben (M. gemma); Spira mehr oder weniger ausgezogen mit eben Umgängen; Mündung ziemlich weit, innen weisslich; Spindel ohne Ueberzug, mit 4 Falten geziert; Basalausschnitt weit, sehr flach; Mundrand verdickt, innen gekerbt, aussen gerandet, braun gestreift, oben mit engem Ausschnitt versehen.

Vaterland: Ostküste von Afrika (Kiener).

Wenn Reeve schon den Gedanken ausspricht, die M. gemma Adams sei wohl nur eine Varität der M. festiva Kiener, so kann man rubig solches als gewiss annehmen.

75. Marginella irrotata Menke.

Taf. 11. Fig. 2. 3.

Testa elongato-ovata, subfusiformis, nitida „pallide carnea, punctis albis undique lentiginosa, filis eximillimis regulariter reticulata"; spira elevat⸱ anfractibus 5 planiusculis, reticulatis, superne strigoso-punctatis; apex translucide albidus; apertura latiuscula, intus carnea, inferne canalifera; columella tenue labiata, quadriplicata, plicis gemmatis, albis, plica inferiori obliquissima, labrum incrassatum, intus crenulatum, extus marginatum, superne emarginatum.

Long. 29, diam. maj. 15; apert. longa 22, lata 3 Mm.

Marginella irrotata Menke Synopsis p. 46. 88. Sowerby Thes Conch. t. 2 f. 43. 55 Petit Cat. Journ. de Conch. II. p. 51. Reeve Conch. Ic. t. 5 f. 18 a. b. H. et A. Adams Gen. of shells p. 190 Jousseaume Monogr. p. 6.

Schale verlängert-eiförmig, beinahe spindelförmig, glänzend glatt, hellfleischfarbig oder gelb mit sehr feinem, regelmässigem Netzwerk aus dunkleren Fäden gegegittert, zwischen den Fäden treten die Punkte weiss hervor, meistens ist vom Netzwerk nichts zu sehen, dann bilden die weissen Punkte Flocken, sehr oft ist auch von diesen nichts übrig und die Schalen sind einfarbig gelb-fleischfarbig; Spira erhoben, doch auch zuweilen niedriger, oft kantig, meistens gerundet, besteht aus 5 fast ebnen oder wenig convexen, gegitterten oben kurz gestriemten Umgängen, Apex glatt, ohne Zeichnung, durchscheinend-weisslich; Mündung etwas weit, innen fleischfarbig, mehr oder weniger intensiv, unten canalartig verlängert; Spindel dünn gelippt mit 4 scharf geschnittenen weissen Falten, wovon die unterste, den Kanal begränzende sehr schief gestellt ist; Mundrand stark verdickt, innen gezähnelt, aussen umgeschlagen und gerundet, oben mit kleinem Ausschnitt; Basalsinus weit und sehr flach.

Vaterland: Westafrika — Senegambien und Guinea. —

Obgleich mir eine Anzahl Exemplare zur Verfügung stand, zog ich es doch vor, die Reeve'schen Bilder dem Umriss nach copieren zu lassen, die Zeichnung der Fig. 3 ist jedoch nach einem Exemplar genommen. Gehört ganz in die Nähe der M. glabella, doch lässt sie sich so gut, wie viele andere Arten halten, meistens liegen jedoch in den Sammlungen wirkliche Varietäten der M. glabella als unsre Art und dies mag dazu beigetragen haben, sie als eine Varietät jener anzusehen; wahrscheinlich hatte Menke auch eine solche vor Augen gehabt, dafür spricht seine Phrase „maculis albis oblongis guttata", doch ist es nicht mehr thunlich, jetzt eine Aenderung in der Auffassung vorzunehmen.

42. Marginella mosaica Sowerby.

Taf. 11. Fig. 6. 7.

Dies ist die grosse Varietät, von der p. 36 die Rede ist, und die ich nachträglich nach einem Exemplar der Loebbecke'schen Sammlung zur Abbildung bringe, während die Hauptform in Ermanglung eines guten Exemplars auf Taf. 6 f. 9, 12 nach Reeve copirt werden musste. Das Exemplar misst: Long 29 diam. maj. 18, apert. 22 Mm. ist sehr schön und äusserst regelmässig gezeichnet, die Zickzacklinien unter den schwarzen Spiralstrichen sind sehr deutlich. Die Falten stehen sehr weit von einander ab. Der Synonymie mag man hinzufügen:

Marginella mosaica Jousseaume Monogr. Marginella p. 18.

8*

76. Marginella Petiti Duval.

Taf. 11. Fig. 5. 8. 9. 12.

Testa ovata, piriformis, solida, laevigata, nitida, alba lineis punctatatis, interruptis, densis spiraliter signata, obscure bifasciata, longitudinaliter pallide rubescente carneo undulatim zonata; spira breve-conica, anfractibus 4 planiusculis, leviter angulatis, apex glossus, translucide albidus; apertura elongata, angusta, successivo dilatata, intus carnea; columella late albo labiata, inferne quadriplicata, plicis gemmatis, albis, inferiori obliquissima; sinus basalis latus, parum emarginatus; labrum incrassatum, intus subcrenulatum, extus marginatum, strigosum, superne anguste emarginatum.

Long. 25, diam. maj. 14; apert. longa 20, lata 2 Mm.

Marginella Petiti Duval Revue zool. Cuv. 1841 p. 278 Sowerby Thes.
Conch. t. 1 f. 31. 32. Petit Cat. in Journ. de Conch. II.
p. 51. Reeve Conch. Ic. t. 3 f. 6 a. b. Jousseaume
Monogr. p. 8.
Marginella Newcombi Reeve Conch. Ic. t. 5. f. 15 Jousseaume Monogr. p. 9.
Glabella Pettiti H. et A. Adams Gen. of shells p. 19.

Schale eiförmig-birnförmig, stark, glatt und glänzend, weiss mit braunen Punktlinien, die dicht in spiraler Richtung geordnet, durch röthlich fleisch-farbige undulirte Längszonen unterbrochen sind und zwei verwische Binden gezeichnet; Spira kurzkegelförmig, aus 4 leicht kantigen Umgängen und dem aufgetriebenen durchscheinend-weisslichen Embryonalende bestehend; Mündung lang und eng, nach unten succesive weiter werdend, innen fleischfarbig; Spindel oben mit weissem Kallus belegt, der sich sehr weit, fast über die ganze Vorderseite hin legt, unten mit 4 scharfgeschnittenen weissen Falten, wovon die unterste sehr schief gestellt ist; Basalsinus weit und flach; Mundrand stark verdickt, aussen und innen ausgedehnt, vorn und innen weiss, undeutlich gezähnt, aussen gelblich mit dunklen Punkten bestreut, tief gerandet; oberer Einschnitt sehr klein und flach.

Vaterland: Westafrika (Marrat) Senegal (Jousseaume) Cap der guten Hoffnung (Cuming); aus der Loebbecke'schen Sammlung.

Marginella Newcombi von Reeve schon als eine unsichere Species erklärt, aber merkwürdigerweise mit M. rosea in Beziehung gebracht, gehört als Varietät hierher, obgleich die Zeichnung, ebenso wie die der Hauptform mit M. rosea Aehnlichkeit hat, sobald sie nicht scharf ausgeprägt ist. Die weite Spindellippe und der ganze Habitus sind die der M. Petiti.

77. Marginella piperata Hinds.

Taf. 11. Fig. 10. 11.

Testa angulato-ovata, late conica, laevigata, parum nitens, flavescente cinerea, lineis spiralibus filosis nigro punctatis et alternative maculatis, maculis parvis, subquadratis, dense picta, indistincte bifasciata; spira tumida, anfractibus 4 subplanis, subangulatis, anfr. ultimo superne rotundato angulato; apex tumidus translucide flavidulus; apertura lata, intus albida; columella non labiata, quadriplicata, plica inferiori obliquissima; labrum incrassatum, intus laeve, extus marginatum, nigro maculatum, superne angulatum et emarginatum. Variat: testa albo-fasciata.

Long. 19, diam. maj 10; apert. longa 13, lata 2,5 Mm.

Marginella piperata Hinds Proc. zool. Soc. 1844 p. 74. Sowerby Thes. Conch. t. 2 f. 40. 44. (M. piperita) Petit Cat. in Journ. de Conch. II. f. 52. Reeve Conch. Ic. t. 4 f. 11. H. et A. Adams Gen of shells p. 190 Jousseaume Monogr. p. 19.

Marginella albocincta Sowerby Proc. zool. Soc. 1846 p. 96 Thes. Conch. t. 2 f. 48 Petit Cat. II. de C. II. p. 52, Reeve Conch. Ic. t. 19 f. 95. a. b. Jousseaume Monogr. p. 19.

Glabella albocincta H. et A. Adams Gen. of shells p. 191.

Schale kantig-eiförmig, breit kegelförmig, glatt mit wenig Glanz, gelblichgrau mit feinen schwarzpunktirten Linien und abwechselnd kleinen quadratischen Flecken dicht gezeichnet, zwei undeutliche Binden sind zuweilen sichtbar; Spira stumpf, zuweilen ziemlich hoch mit fast flachen doch auch gewölbten, in erstem Fall leicht kantigen Umgängen; Hauptumgang oben mit abgerundeter Kante; Embryonalende stumpf, durchscheinend-gelblich; Mündung weit, innen weisslich; Spindel ohne Lippe, 4 faltig, unterste Falte sehr schief; Basalausschnitt flach und weit; Mundrand mässig verdickt, nur aussen umgeschlagen, innen glatt und weiss, aussen gelüpfelt und gerandet, oberer Ausschnitt klein und flach.

Vaterland: Südafrika — Port Natal — (Hinds).

Dies ist viel eher eine kleine Varietät der M. rosea, als M. Newcombi, indess lässt sie sich doch halten, zu ihr gehört dann als blosse Abänderung die M. albo-cincta Sowerby, die nur durch Ausfall einer Punktreihe, wodurch eine weisse Zone entsteht, verschieden ist.

78. Marginella olivaeformis Kiener.

Taf. 16. Fig. 13. 16.

Testa ovato-oblonga, subcylindracea, glaber, rosea vel flavidula, vel albida roseo aut flavidulo-trizonata, albo longitudinaliter tenuissime lineolata; spira brevis, late conica; apertura elongata superne angustissima, intus alba vel flava; columella recta superne calloso-labiata, inferne quadriplicata, plicis inferioribus longioribus; labrum incrassatum, latum et extus marginatum.

Long. 17, Mm. diam. maj. 9; apert. 14,5 Mm.

Marginella olivaeformis Kiener Coq. viv. p. 12 t. 8 f. 56 Deshayes-Lamarck 2 ed. X. p. 449. Sowerby, Thes Conch. t. 4 f. 163. 164 Petit Cat. im Journ. de Conch. II. p. 52 Reeve Conch Ic. t. 6 f. 19 a. b.

Volvarina olivaeformis H. et A. Adams Gen. of shells p. 195.

Egouena olivaeformis Jousseaume Monogr. p. 44.

Schale sehr verlängert-eiförmig, fast cylinderisch, glatt ohne Glanz, rosenroth oder gelblich oder weisslich mit drei rosenrothen oder gelblichen Zonen, sehr dünn und weiss der Länge nach liniirt; Spira kurz, breit kegelförmig mit einem etwas dicken Apex; Mündung verlängert, oben sehr eng, unten erweitert, innen weiss oder gelb; Spindel grade, oben gelippt, unten mit 4 feinen Falten, wovon die zwei untersten verlängert sind; Basalausschnitt fehlt; Mundrand verdickt, zuweilen in der Mitte stark verdickt, innen ohne Zähne, aussen gerandet, oben weit aber flach ausgeschnitten.

Vaterland: Senegal. Loebbeke'sche Sammlung.

79. Marginella serpentina Jousseaume.
Taf. 11. Fig. 14. 15.

Testa ovata, subpiriformis, glaber vix nitens, rosea vel pallide olivacea, fasciolis spiralibus albo-nigricante articulatis vittata; spira exserta, anfractibus subplanis, leviter angulatis, vittatis; apex tumidus, translucide carneus; apertura lata, intus albida; columella anguste labiata, quadriplicata, plicis albis, superioribus rectis, inferioribus obliquis, ultima obliquissima; sinus basalis latus, vix emarginatus; labrum attenuatum, intus laeve superne angulatum, extus marginatum, fusco-nigro vel roseo punctatum, superne rotundato-emarginatum.

Long. 31. diam. maj. 18; apert. longa 24, lata 4 Mm.

Marginella vittata Reeve Conch. lc. t. 5 f. 17 a—d non Edwards.
— serpentina Jousseaume Monogr. p. 17.

Schale eiförmig, beinahe spindelförmig, glatt fast ohne Glanz, rosenroth oder blass olivengrün mit weissen schwarz gegliederten Spiralbinden geziert; Spira ausgezogen, aus 4—5 beinahe ebenen, leicht kantigen Umgängen bestehend, die ebenfalls gegliederte Halsbänder tragen; Embryonalende stumpf, durchscheinend fleischfarbig; Mündung breit, innen weiss oder milchweiss; Spindel schmal gelippt, unten mit 4 Falten wovon die untern schief, die unterste sehr schief gestellt sind; Basalausschnitt weit und flach; Mundrand verengt — auf der Abbildung die ich copiren liess, sehr verdickt! — innen glatt, oben mit einem Vorsprung, aussen braunschwarz gefleckt und gerandet, oberer Ausschnitt abgerundet.

Vaterland: ? Copie nach Reeve.

Der auf den Bildern verdickt gezeichnete Rand, der Beschreibung „attenuato" wiedersprechend, ist wohl nur zur Täuschung so gemacht, um die Aehnlichkeit mit M. pyrum zu verdecken. Dies war — wenn die Binden so deutlich und ungewöhnlich sind, wie sie auf den Bildern stehen — nicht nötbig. Sie würden eine specifische Trennung allein schon rechtfertigen.

80. Marginella nivosa Hinds.

Taf. 11. Fig. 1. 4.

Testa ovato-conica, nitida, violaceo-spadicea, opaco-albo floccata, flavido longitudinaliter strigata; spira brevis, anfractibus convexiusculis; apertura elongata, angusta, intus albida; columella arcuata, leviter labiata, quadriplicata, plicis albis obliquis; sinus basalis nullus; labrum incrassatum, intus vix crenulatum, extus marginatum, superne tenue emarginatum.

Long. 15, diam. maj. 8,5; apert. 13 Mm.

Marginella nivosa Hinds Proc. zool. Soc. 1844 p. 74. Sowerby Thes. Conch. t. 3. f. 110 vix 109. Petit Cat. Journ. de Conch. II. p. 52. Reeve Conch. Ic. t. 6 f. 20. H. et A. Adams Gen. of shells p. 190.

Egouena nivosa Jousseaume Monogr. p. 43.

? An Marginella punctulata Petit Rev. zool. 1841 p. 185.

Schale eiförmig-kegelförmig, glänzend-glatt, graulich-braun oder fahlgelb mit einem Stich ins violette, mit gelben Längsstrichen, und matt weissen Flocken überstreut; Spira kurz mit leicht convexen Umgängen; Mündung gestreckt, eng, innen weiss; Spindel leicht gebogen, mit dünner weisser Lippe, und vier schiefen Falten; Basalsinus fehlt; Mundrand verdickt, innen ohne oder mit sehr undeutlichen, nur bei auffallendem Lichte sichtbaren Kerben, aussen orangegelb, umgeschlagen und gerandet, oben dünn ausgeschnitten, der Rand legt sich auf die Spira bis fast zur Spitze auf.

Vaterland: Westindien (Reeve) aus der Loebbecke'schen Sammlung.

Die Marginella punctulata Petit, von der eine Abbildung nicht existirt und die zur Zeit aufgestellt wurde, als die M. nivosa Hinds noch nicht beschrieben war, passt nach der Beschreibung auf ein Exemplar der letzten Art, bei dem die gelben Längsstriche nicht ausgebildet sind, wie mir eines vorliegt. (Fig. 4). Würde sich dies bestättigen, so müsste die Art den Petit'schen Namen tragen. Petit stellte in seinem Catalog die M. punctulata neben M. olivaeformis; die M. nivosa dagegen neben M. labiata unter die Arten mit Basalsinus, woraus hervorgeht, dass er sie nicht richtig erkannt, vielleicht nur nach der Sowerby'schen Figur 109 eingereiht hatte, die schwerlich hierher gehört; es konnten ihm daher die Beziehungen zu seiner M. punctulata nicht klar werden. Er hebt in der ersten Beschreibung nur die Beziehungen zu M. olivaeformis hervor, die der Hinds'schen Art äusserst nahe steht.

81. Marginella nodata Hinds.

Taf. 12. Fig. 2. 3.

Testa oblongo-ovata, subfusiformis, nitida, fulvescens, olivaceo fasciata, lineis nigris, undatis hic et illic punctatis longitudinaliter picta; spira elevata, anfractibus superne indistincte plicato-nodosis; apex tumidus, translucide fulva; apertura angusta, medio latior, inferne canalifera, intus lactea; columella tenue labiata, quadripilicata, plicis albis, gemmatis, superioribus rectis, inferioribus obliquis, ultima obliquissima; sinus basalis latus, parum emarginatus; labrum incrassatum, intus album, crenulatum, extus marginatum, superne minute emarginatum.

Long. 34, diam. maj. 12; apert. longa 17, lata 3 Mm.

Marginella nodata Hinds Proc. zool. Soc. 1874 p. 73 idem Voyage Sulphur
t. 13 f. 6. 7. Sowerby Thes. Conch. t. 1 f. 30 Petit
Cat. Journ. de Conch. II. p. 52 Reeve Conch. Ic. t. 9.
f. 36. a. b. Jousseaume Monogr. p. 10.

Glabella nodata H. et A. Adams Gen. of. shells p. 191.

Schale länglich-eiförmig, fast spindelförmig, glänzend-glatt, bräunlich gelb, olivengrün gestreift, mit schwarzen, undulirten Längslinien, die hin und wieder punktirt sind, gezeichnet, die Punkte lassen sich oft als Spiralzeichnung ansprechen; Spira ausgezogen, besteht aus 4—5 oben undeutlich knotig-gefalteten, liniirten Umgängen und dem stumpfen, durchscheinend gelben Embryonalende; Mündung eng. in der Mitte etwas breiter, unten canalartig verlängert, innen milch weiss; Spindel dünn mit Schmelz überzogen, mit 4 scharf geschnittenen, weissen Falten versehen, wovon die beiden obersten horizotal, die andern schief, die letzte sehr schief gestellt sind; Basalsinus weit und flach; Mundrand verdickt, innen weiss und gekerbt, aussen umgeschlagen, schwarz punktirt und deutlich gerandet, oben eng ausgeschnitten.

Vaterland: Cap blanc an der Westküste Africa's auf Sandboden in 10—15 Faden Tiefe (Belcher).

Gehört in die nächste Verwandschaft der M. Adansoni Kiener und kommt in dieser engen Gruppe der M. Cleryi am nächsten.

82. Marginella quadrilineata Gaskoin.

Taf. 12. Fig. 5. 8.

Testa ovata, subpiriformis vel subcylindracea, tenuis, nitida, cinereo-cornea, lineis quatuor saturatioribus distantibus cingulata; spira immersa, occulta; apertura latiuscula, intus albida, columella arcuata, tenue labiata, quadriplicata, plicis inferioribus approximatis; labrum incrassatum, intus laeve, extus marginatum, superne spiram superans et obtectum, non emarginatum.

Long. 21, diam. maj. 12; apert. 21 Mm.

Marginella quadrilineata Gaskoin Proc. zool. Soc. 1849. p. 17 Reeve
Conch. Ic. t. 12 f. 48 a. b.

Cryptospira quadrilineata H. et A. Adams Gen. of shells p. 192
Jousseaume Monogr. p. 77.

Schale eiförmig, beinahe einer Birne ähnlich, zuweilen mehr cylindrisch, dünn, glänzend-glatt, hellaschfarbig ins hornfarbige spielend, mit vier dunkleren

Linien spiral umzogen; Spira eingehüllt, gänzlich unsichtbar; Mündung ziemlich weit, von oben nach unten successive weiter werdend, innen weisslich; Spindel gebogen, nackt, unten mit 4 Falten, wovon die zwei untersten zusammenfliessen, d. h. die unterste ist verkümmert und vereinigt sich im Verlaufe mit der vorletzten, die dann zusammen die Schwiele bilden, die die Basis begränzt und abschliesst, so- dass kein Basalausschnitt möglich wird. Mundrand mässig verdickt, innen ohne Zähne, aussen gerandet, oben überstehend und die Spira zudeckend, ohne Aus- randung.

Vaterland: nicht bekannt. (Loebbecke'sche Sammlung).

Obschon in der Gestalt der M. tricincta ähnlich, ist diese Art, wie schon Reeve angegeben doch in der Faltenbildung gänzlich verschieden, so sehr, dass ich sie nicht in die gleiche Gruppe Cryptospira stellen kann. Der doppelte Zahn ist ganz so wie bei M. Largillierti und M. ovum beschaffen, zu denen sie gestellt werden muss. Ob zu Closia wohin Jousseaume diese beide Arten ge- stellt, ist mir noch zweifelhaft, alle drei gehören wohl ins Adams'sche Subgenus Volutella.

83. Marginella ovum Reeve.

Taf. 12. Fig. 6. 7.

Testa ovata, eburnea, nitida, spira immersa, obtecta; apertura elongata, augusta, intus alba; columella arcuata superne tenue labiata, inferne quadriplicata, plicis inferioribus co- alescis, penultima continua; labrum incrassatissimum, intus subcrenulatum, extus re- flexum, marginatum superne spiram superans et obtoctum, vix emarginatum.

Long. 21; diam, maj. 13; apert. longa 21, lata 1,5 Mm.

Marginella ovum Reeve Conch. Ic. t. 18 f. 89.
Closia Paros Jousseaume Monogr. p. 92.

Schale eiförmig, elfenbeinweiss, glänzend-glatt; Spira eingesunken, ver- deckt; Mündung lang, gebogen und eng, innen weiss; Spindel oben dünn über- zogen, unten mit 4 Falten versehen, wovon die beiden untersten zusammenge- wachsen sind, der vorletzte setzt sich bis zum Rande fort und der letzte ist ver- kümmert. Basalsinus fehlt. Mundrand stark verdickt, innen schwach gekerbt, aussen stark umgeschlagen und gerandet, oben weit über die Spira hinausgreifend und sie verdeckend, kaum ausgeschnitten.

Vaterland unbekannt. Copie nach Reeve.

Scheint mir auf ein abgehlasstes, farbloses Exemplar der M. Largillierti Kiener gegründet, daher zweifelhafte Species zu sein, das einzige charackteristische Merkmal, die zusammengewachsen untern Falten, kommen auch jener Art zu. In der Gestalt ist kein Unterschied. Jousseaume glaubte sich verpflichtet, wegen Voluta ovum Gmelin den Namen ändern zu müssen, obgleich diese in die Synonymie der M. bullata falle. Eine Aenderung ist nicht nöthig, weil der Gmelin'sche Name mit Eintritt in die Synonymie einer Art ältern Datum's verschwindet. Am allerwenigsten war Jousseaume zu einer solchen Aenderung berechtigt, der M. ovum Reeve in sein Genus Closia versetzt und dadurch jeder Conflickt mit Marg. ovum, Voluta ovum und Bulla ovum beseitigt ist. Es liegt in der That eine sonderbare Vorstellung vom Begriff Genus in solchen Aenderungen, die Jousseaume noch mehremale vornimmt. Trotzdem er das Genus Marginella in 14 Genera zerspaltet, sind ihm doch alle Arten dieser 14 Genera Marginellen!

84. Marginella porcellana Gmelin Sp.

Taf. 12. Fig. 9. 12.

„Testa ovata, apice retusa, albida punctis rufis quadratis transversim seriatis, tessellata, seriis confertis; columella plicis praecipuis quinis instructa, supra aliis tribus minimis; labro intus crenulato." (Lamarck).

Long. 12,5 diam. maj. 7, apert. 12 Mm..

Voluta porcellana seu Cypraea Chemnitz Conch. Cab. X t. 150 f. 1419. 1420.

Voluta porcellana Gmelin-Linné ed. XIII. p. 3449 Dillwyn Cat. I. p. 526.

Marginella tessellata Lamarck hist. nat. VII. p. 361 Kiener Coq. viv. p. 24. t. 5 f. 20 Deshayes-Lamarck 2 ed X. p. 446 Sowerby Thes. Conch. t. 5 f. 194—197 Petit Cat. Iourn. de C. II. p. 55.

Marginella porcellana Reeve Conch. Ic. t. 13 f. 38 a. b.

Persicula   —   Jousseaume Monogr. p. 97.

—   tessellata H. et A. Adams Gen. ef sbelle p. 193.

„Wer diese Schnecke nur alleine von der Seite des Rückens ansiehet, der sollte darauf schwören, dass es eine Porcellanschnecke, oder nach Linne eine Cypraea sei. Allein sobald man sie umkehret, und ihre vielfach gezähnte oder gefaltete Spindel betrachtet, so verschwinden alle Zweifel, und man erkennet sogleich dass man keine Porcellane, sondern eine Volute vor sich habe. Die Oberfläche ist im Grunde weiss und spiegelglatt. Sie wird von lauter purpurröthlichen Punkten, welche reihenweise beisammen stehen, und punktirte Querbänder bilden, bezeichnet. Oben an stehen vier Reihen kleiner Punkte, alsdann folget ein Band, welches aus vier Reihen grosser Punkte zusammengesetzet worden. Darauf kommen wieder drei Reihen kleinere und endlich fünf Reihen grösserer Punkte. Der Wirbel ist flach und stumpf. Die weisse Spindel sitzet voller Falten, auch sehe ich auf ein paar Stellen einen weissen Wulst oder Callum, aber ich kann es, weil ich nur ein Stück dieser Gattung vor mir habe, mit keiner Gewissheit bestimmen, ob solche kleine Wülste für etwas zufälliges — das sich nur bei einem und dem andern Stücke findet, oder für etwas eigenthümliches und wesentliches — das allen gemein ist, angesehen werden müssen. Die innern Wände sind weiss. Die äussere Lippe ist ziemlich dick und sitzet voller kleinen Zähne". (Chemnitz.)

Vaterland: Venezuela nicht Ind. Oc. wie Chemnitz sagt. (Loebbecke'sche Sammlung.)

Ich habe die lateinische Diagnose Lamarcks und die deutsche Beschreibung Chemnitzens mit der Absicht copirt, um darzuthun, dass beide nur dieselbe Art gemeint haben, aber auch, dass Lamarck keinen Tadel treffen kann, den Chemnitz'schen Namen nicht gewählt zu haben. Dieser entspricht den Linnéschen Regeln nicht. Trotzdem muss die Art M. porcellana heissen aber nicht nach Chemnitz, sondern nach Gmelin, der letztere hat den Namen den Linnéschen Regeln entsprechend gebildet, und — da er nur die Chemnitz'sche Figuren citirt — ohne jeden Zweifel dargethan, dass er nur den Namen geändert, aber die Chemnitz'sche Art gemeint habe.

85. Marginella fulminata Kiener.

Taf. 12. Fig. 10. 11.

Testa ovata, subpiriformis, solida, nitida, albida spadiceo longidutinaliter fulminata; spira parva, late conica, anfractibus convexiusculis, apice obtuso, translucide-albido; apertura recta, angusta, intus lactea; columella tenue labiata, quadriplicata; labrum incrassatum, intus laeve, extus marginatum, superne anguste emarginatum; sinus basalis nullus.
Long. 19; diam. maj. 13; apert. 16 Mm.

Marginella fulminata Kiener Coq. viv. t. 12 f. 1. Sowerby Thes. Conch.
t. 5 f. 173. Petit Cat. Journ. de Conch. II. p. 52.
Reeve Conch. Ic. t. 13 f. 54 a. b. H. et A. Adams
Gen. of shells p. 190.

Egouena fulminata   Jousseaume Monogr. p. 34.

Schale eiförmig, beinahe birnförmig, stark, glänzend-glatt, weisslich mit rothen oder dattelgelben Zickzackstreifen, die in der Längsrichtung verlaufen, geziert; Spira klein, breit-kegelförmig mit leicht gewölbten Umgängen und stumpfer weisslich-durchscheinender Spitze; Mündung gestreckt, eng, innen milchweiss; Spindel dünn belegt mit 4—5 Falten, je nachdem man die gespaltene unterste Falte für eine oder zwei zählen will, Basalsinus fehlt; Mundraum verdickt, besonders in der Mitte, innen weiss und ungekerbt, aussen gelb und gerandet, oben eng eingeschnitten.

Vaterland: Brasilien-Bai von Bahia — (Kiener).

86. Marginella frumentum Sowerby.

Taf. 12. Fig. 13. 16.

Testa ovata, obtusa, albida, nitida lineis rubris undatis longitudinaliter copiose picta, quasi spiraliter trifasciata; spira immersa, punctis rubris circumdata; apertura elongata, angusta, intus alba; columella arcuata, superne tenuissime obtecta, fusco unimaculata quadriplicata, rarius quinque vel sexplicata, plicis inferioribus majoribus; sinus basalis obliquus, profundux; labrum incrassatum, intus laeve, extus vix reflexum, superne anguste emarginatum.

Long. 8 diam. maj. 5 apert. 8 Mm.

    Marginella frumentum Sowerby Proc. zool. Soc. 1832 p. 57 idem Thes.
        Conch. t. 5 f. 221. 222. Petit Cat. Journ. de Conch.
        II. p. 55 Reeve Conch. Ic. t. 15 f. 71.
    Persicula frumentum H. et A. Adams Genera ofs hells p. 193 Jousseaume
        Monogr. p. 102.

Schale eiförmig, stumpf, glänzend glatt, weisslich mit rothen winkeligen Längslinien gezeichnet, die so beschaffen sind, dass sie sich dreimal verdicken und dadurch quasi drei Spiralbinden bilden: Spira unsichtbar, deren Stelle ist mit einer Reihe rother Punkte umschrieben; Mündung lang und eng, innen weiss; Spindel gebogen, oben sehr dünn belegt und mit einem braunen Flecken gezeichnet, unten mit 4 selterner 5 oder 6 dünnen Falten versehen, wovon nur die untersten etwas ansehnlicher sind; Basalsinus schief und tief; Mundrand verdickt, doch vorn scharf, hinten kaum umgeschlagen, innen ohne Kerben, oben eng ausgeschnitten.

Vaterland: Westindien nach Reeve — Westseite von Südamerika zu St. Elena und Salango (Jousseaume).

87. Marginella Burghiae A. Adams em.

Taf. 12. Fig. 14. 15. vergr. 3 : 1.

„Testa elongato-ovoidea, polita; spira callo castaneo-obtecta; pallide carnicolore, maculis sanguineis rotundatis in seriebus transversis dispositis, majoribus cum minoribus alternantibus pulcherime picta; apertura angusta, antice subdilatata, columella nuda, plicis 5 obliquis. labro intus sulcato, margine incrassato." (A. Adams).

Long. 8 diam. 4 Mm.

    Marginella Deburghi A. Adams Proc. zool. Soc. 1863 p. 509.
    — De Burghiae Reeve Conch. Ic. t. 15 f. 68 a. b.
    Persicula Deburghi Jousseaume Monogr. p. 100.

Schale länglich-eiförmig, glatt und glänzend, blass fleischfarbig mit spiral geordneten Reihen abwechselnd dicker und dünner blutbrother Flecken, sehr schön gezeichnet. Spira durch castanienbraunen Kallus verdeckt; Mündung eng, unten etwas erweitert, innen milchweiss; Spindel oben nackt, unten mit 5 schiefen Falten versehen; Mundrand verdickt, innen gefurcht, aussen nicht gerandet, oben schwach ausgeschnitten. Basalsinus ziemlich weit und schief.

Vaterland: Westküste von Neuholland — Swanriver — (Adams) Copirt nach Reeve.

Weder der Adams'sche noch der Reeve'sche Name ist acceptable, bei dem einen ist nicht ersichtlich, dass er einer Dame zu Ehren gegeben ist, bei dem letzten

ist dies zwar berücksichtigt, aber Reeve wusste wahrscheinlich nicht, dass die
Lateiner keine Adelsbezeichnungen kannten, diese also auch bei lateinischen Ueber-
schriften nicht gebraucht werden dürfen.

88. Marginella infans Reeve.

Taf. 13. Fig. 1. 4.

Testa minima, ovata, rotundato-conica, nitida, pellucide-alba, pallidissime fusco bifasciata; spira late conica, apice obtuso; apertura elongato-angusta, inferne dilatata; columella quadri-vel quinqueplicata; labrum modice incrassatum, intus laeve, extus flexuosum, superne vix emarginatum; sinus basalis nullus.
Long 6, diam. maj. 3 apert. 5 Mm.
Marginella infans Reeve Conch. Ic. t. 26 f. 150 a. b.
Volvarina infans Jousseaume Monogr. p. 54.

Schale sehr klein, eiförmig, abgerundet-kegelförmig, glänzend und durchscheinend weiss, sehr blass bräunlich gebändert; Spira breit-kegelförmig mit
stumpfer Spitze; Mündung lang und eng, unten etwas auseinandertretend, Spindel 4—5 faltig; Basalausschnitt fehlt; Mundrand wenig verdickt, innen glatt,
aussen ausgebreitet und schwach gerandet, oben kaum ausgerandet.
Vaterland: Singapore (Reeve dessen Figuren copirt sind).

89. Marginella rufula Gaskoin.

Taf. 13. Fig. 2. 3.

Testa elongato-ovata, fusiformis, pellucida, vitrea, rufula fusco-rufo pallide trifasciata; spira excerta, turbinata, apice tumido; apertura latiuscula, intus rufula; columella
recta, quadriplicata; sinus basalis latus, vix emarginatus; labrum parum incrassatum, intus
laeve, extus leviter marginatum, superne anguste emarginatum.
Long. 6 diam. maj. 2,6 apert. 4,6 Mm.
Marginella rufula Gaskoin Ms. in Mus. Taylor Reeve Conch. Ic. t. 26 f.
149 a. b. Jousseaume Monogr. p. 13.
Marginella neglecta Deshayes Moll. Réunion p. 136 non Sowerby.

Schale verlängert-eiförmig, durchsichtig, glasig, röthlich blass rothbraun
dreifach gebändert; Spira ausgezogen kreiselförmig mit stumpfem Ende; Mündung etwas breit, innen rötlich; Spindel grade, mit 4 Falten versehen; Basalsinus weit und flach; Mundrand wenig verdickt, innen glatt, aussen leicht gerandet, oben eng ausgeschnitten.
Vaterland: Cap der guten Hoffnung (Gask.) Réunion (Deshayes) Mauritius (Jousseaume.)
Jousseaume sagt, dass M. neglecta Deshayes, die er in Exemplaren von

Réunion und Mauricius habe vergleichen können, ihm identisch mit der M. rufula zu sein schienen. Er würde die Deshayes'sche Art nicht gehalten haben, wenn er sie vom Cap erhalten hätte. Dies heisst man den Thatsachen Zwang anthun. Wenn die Exemplare identisch sind, dann muss auch die Species identisch sein und verschiedener Wohnsitz darf kein Grund abgeben, sie zu trennen, ausserdem gibt es so viele Arten, die dem Cap. — in der gewöhnlichen weitern Bedeutung — und den Maskarenen gemeinsam sind, dass es auf eine mehr oder minder nicht ankommt.

90. Marginella bullula Reeve.

Taf. 13. Fig. 5. 8.

Testa oblongo-ovata, subcylindracea, nitida, translucide alba, vitrea; spira late-conica, apice obluso; apertura elongata, latiuscula, intus pellucida; columella infra medium incurvata, quadriplicata, plicis obliquis; labrum reflexum, intus modice incrassatum, laeve, superne late emarginatum.

Long. 5,5 diam. maj. 2,4 apert 4,6 Mm.

Marginella bullula Reeve Conch. Ic. t. 25 f. 139 a. b.
Volvarina — Jousseaume Monogr. p. 65.

Schale länglich-eiförmig, fast cylindrisch, glänzend glatt, durchscheinend weiss, glasartig; Spira breit-kegelförmig mit stumpfem Apex; Mündung verlängert, nicht eng, innen durchscheinend: Spindel unterhalb der Mitte eingebogen mit 4 schiefen Fältchen versehen; Mundrand umgeschlagen, innen etwas verdickt und ohne Kerben, oben weit ausgeschnitten.

Vaterland: Borneo (Reeve).

91. Marginella encaustica Reeve.

Taf. 13. Fig. 6. 7.

Testa ovata, piriformis, solida, nitente-alba, spira ex parte immersa, apice tumido, conspicuo; anfr. ultimo superne gibboso; apertura arcuata, latiuscula, intus alba; columella arcuata, superne globosa, obtecta, multiplicata; sinus basalis obliquus valde profundus; labrum incrassatum, intus crenulatum, extus reflexum, marginatum, superne angulatum, anguste emarginatum.

Long. 7; diam. maj. 4,3, apert. 6,7 Mm.

Marginella encaustica Reeve Conch. Ic. t. 26 f. 148 a. b.
Gibberula encaustica Jousseaume Monogr. p. 78.

Schale eiförmig, einer Birne ähnlich, oben wulstförmig aufgetrieben etwas weiter abwärts noch einmal und stärker, doch weniger ausgedrückt; Spira nicht ganz eingesunken, der stumpfe Apex mit noch 1 oder 2 oben gewulsteten Umgängen steht hervor, — der Ausdruck eingesunken ist eigentlich nicht correct, die

Spira erscheint nur so, weil die untern Umgänge durch wulstige Auftreibung des Hauptumganges umhüllt sind, denkt man sich diese Auftreibung hinweg, dann würde die ganze Spira sichtbar und in normaler Lage sein —; Mündung nicht eng, gewunden, innen weiss, Spindel durch die zweite Auftreibung oben aufgebläht, hier auch callös überzogen, vielfaltig, die obersten Falten jedoch verkümmert; Basalausschnitt deutlich, schief und recht tief; Mundrand verdickt, innen gekerbt, aussen umgeschlagen und gerandet, oben winkelig und eng eingeschnitten.

Vaterland: Insel Ceylon (Reeve).

Dies ist eine M. Haynesi, wie sie auf einer der nächsten Tafeln zur Darstellung kommen wird, im Kleinen, vielleicht deren Embryonalform.

92.   Marginella corrusca Reeve.

Taf. 13. Fig. 9. 12.

Testa elongato-ovata, subcylindracea, translucide-cornea, livida, rufo pallidissime bifasciata; spira late-conica, apice obtuso; apertura elongata, angusta, inferne dilatata; columella superne labiata, inferne incurvata, quadriplicata; sinus basalis nullus; labrum valde incrassatum, intus laeve, extus reflexum, submarginatum, superne vix emarginatum.

Long. 5 diam. maj. 2,8 apert. 5 Mm.

    Marginella corrusca Reeve Conch. Ic. t. 25 f. 143 a. b.
    Volvarina   —   Jousseaume Monogr. p. 54.

Schale länglich-eiförmig, beinahe cylindrisch, glänzend–glatt durchscheinend-hornig, grünlich grau mit zwei sehr hellrothen Spiralbinden geziert; Spira breit kegelförmig mit stumpfem Embryonalende; Mündung verlängert, eng, unten durch das Zurücktreten der Spindel erweitert; Spindel oben glänzend gelippt, unten eingebogen und mit 4 schiefen Falten versehen; Kein Basalsinus; Mundrand stark verdickt, innen ohne Kerben, aussen umgeschlagen mit schwachem Rand, oben kaum ausgeschnitten.

Vaterland: Singapore (Reeve dessen Bilder copirt sind.)

Die Darstellung macht den Eindruck einer jungen Schalen der M. Philippinarum Redfield's; die durchscheinende Hornstruktur der Schale ist Beweis für die Jugend, übrigens will ich dies nur als meine Vermuthung hinstellen, da ich kein authentisches Exemplar vergleichen konnte.

93.   Marginella olivella Reeve.

Taf. 13. Fig. 10. 11.

Testa oblongo-ovata, superne subinflata, vitreo alba; spira parva, apice obtuso; apertura latiuscula, intus vitrea; columella leviter arcuata, quadriplicata; sinus basalis nullus;

labrum modice incrassatum, opacum, intus laeve, extus submarginatum, superne late emarginatum.

Long. 8,5 diam. maj. 4,5 apert. 7,5 Mm.

Marginella olivella Reeve Conch. Ic. t. 25 f. 140 a. b.
Cryptospira olivella Jousseaume Monogr. p. 75.

Schale länglich-eiförmig, oben leicht aufgetrieben, glasartig-weiss. Spira klein mit stumpfem Ende; Mündung etwas weit, innen glasig, Spindel leicht gebogen, ohne Lippe, mit 4 Falten, wovon die obere in einer Leiste bis nahe der Basis fortläuft, ohne Basalausschnitt, Mundrand mässig verdickt, innen glatt, aussen schwach gerandet, oben flach ausgeschnitten.

Vaterland: Australien (Strange) Copie nach Reeve.

Möchte als junge Schale der M. Loebbeckeana Wk. (Burchhardi Reeve non Dunker) anzusprechen sein, sofern man nach blossem Bild und kurzer Beschreibung zu einem solchen Urtheil berechtigt ist. Die mir vorliegenden, etwa doppelt so grossen Exemplare junger Schalen der erwähnten Art passen ganz gut, doch sind schon 5 Falten vorhanden, wovon die 2. sich leistenartig fortsetzt.

94. Marginella volutaeformis Reeve em.

Taf. 13. Fig. 13. 16.

Testa ovata, subfusiformis, nitida, „eburnea; spira conica anfractibus superne tumidiusculis", apex obtusus; apertura angusta, inferne canalifera; intus alba; columella labiata, quadriplicata, plicis validis, obliquis; sinus basalis obliquus, profundus; labrum incrassatum, intus laeve, extus reflexum, marginatum, superne distincte emarginatum.

Long. 9 diam. maj. 5, apert. 7 Mm.

Marginella volutiformis Reeve Conch. Ic. t. 24 f. 31 a. b. Jousseaume Monogr. p. 28.

Schale eiförmig, beinahe spindelförmig, glänzend glatt, elfenbeingelb; Spira kegelförmig, aus oben stumpflichen Umgängen und den stumpfen Apex bestehend; Mündung eng, unten canalartig verlängert, innen weiss; Spindel oben gelippt, unten mit 4 starken, schiefen Falten geziert; Basalbucht schief und tief; Mundrand verdickt, innen ungekerbt, aussen umgeschlagen und gerandet, oben deutlich ausgeschnitten.

Vaterland: ?

Gehört in die Verwandschaft der M. muscaria und ist vielleicht nur ein junges Exemplar derselben.

95. Marginella paxillus Reeve.

Taf. 13. Fig. 14. 15.

Testa elongato-ovata, superne subinflata, pellucide alba, nitens; spira exsertiuscula, anfractibus planiusculis, superne tumidiusculis, ultimo inferne attenuato; apertura elongata, angusta; columella labiata, quadriplicata; sinus basalis nullus; labrum incrassatum, opacum, intus laeve, extus reflexum, vix marginatum, superne anguste emarginatum.
Long. 9,5 diam. maj. 4,5 apert. 8 Mm.
Marginella paxillus Reeve Conch. Ic. t. 24 fig. 133 a. b.
Volvarina paxillus Jousseaume Monogr. p. 34.

Schale länglich-eiförmig, oben etwas aufgetrieben, durchsichtig weiss, glänzend; Spira etwas ausgezogen, mit beinahe ebenen, oben stumpflichen Umgängen; Hauptumgang unten verengert; Mündung lang und eng; Columella gelippt und vierfaltig; Kein Basalausschnitt; Mundrand verdickt, matt, innen ohne Kerben, aussen umgeschlagen und kaum gerandet, oben eng ausgeschnitten.
Vaterland ? vielleicht Cap der guten Hoffnung.
Gehört kaum in die Gruppe Volvarina, vielmehr zu Prunum in die Nähe der M. capensis Krauss.

96. Marginella serrata Gaskoin.

Taf. 14. Fig. 1. 4.

„Testa elongata, subcylindrica, pallida; apertura angusta, columella antice quadriplicata; labio tenui, inflexo valde serrato dentibus sex-vel octo-decim; margine crasso, spira subelevata, anfractibus distinctis, apice obtusiusculo." (Gaskoin.)
Long. 8 diam. maj. 4, apertura 7 Mm.
Marginella serrata Gaskoin Proc. zool. Soc. 1849 p. 19 Reeve Conch. Ic. t. 23 f. 124 a. b. Petit Cat. Journ. de Conch. II. p. 54.
Volvarina serrata H. et A. Adams Gen. of shells p. 195.
Serrata serrata Jousseaume Monogr. p. 67.

Schale länglich, beinahe cylindrisch, glänzend glatt, gelblich, Spira ziemlich ausgezogen mit 4 deutlichen Umgängen und dem stumpflichen Ende; Mündung sehr eng, leicht gebogen, innen weisslich; Spindel leicht überzogen, unten mit 4 kleinen Falten; Basalausschnitt undeutlich; Mundrand vorn scharf, innen eingerollt mit sehr eng zusammengerückten 16—18 Zähnchen, aussen verdickt, und gerandet, oben eng ausgeschnitten.
Vaterland: Mauritius; aus der Loebbecke'schen Sammlung.
Eine recht charackteristische Art, für die und wenige andern Arten Jousseaume ein besonderes Genus Serrata*) gegründet hat. Als Gruppe acceptable, als Genus dagegen nicht. Ich stelle diese Arten in Abth. I. 3. b. meines Schema's.

*) Adjectiv zur Genusbenennung ist nicht zulässig und noch gar in dieser Verbindung!

97. Marginella vitrea Hinds.

Taf. 14. Fig. 2. 8.

Testa conoidea seu coniformis, hyalina, nitida; spira valde retusa „brevi - turbinata, anfractibus planiusculis, apice obtusiusculo; anfractu ultimo superne rotundato-angulato, inferne constricto-attenuato; apertura subpatula; columella plicis quaduor, gracilibus, labro paululum incrassato et reflexo, intus laevo, axis 8 lin".

Long. 7, diam. maj. 4,6; apert. 5,8 Mm.

Marginella vitrea Hinds Proc. zool. Soc. 1844 p. 75 idem Voyage Sulphur t. 13 f. 18. 19. Sowerby Thes· Conch. t. 2 f. 74. 75. Petit Cat. Journ. de Conch. II p. 54. Reeve Conch. Ic. t. 23 f. 128 a. b.

Prunum vitrea   H. et A. Adams Gen. of shells p. 192.

Egouena vitrea   Jousseaume Monogr. p. 14.

Schale kegelförmig, unten eng und oben breit, glassartig, glänzend; Spira stark eingeschrenkt, also klein, breit kreiselförmig mit fast ebnen Umgängen und stumpflicher Spitze; Hauptumgang oben abgerundet-kantig; Mündung ziemlich breit; Spindel oben ohne Schmelz, unten mit 4 etwas entferntstehenden feinen Falten; Basalsinus undeutlich; Mundrand wenig verdickt, doch zuweilen wirklich verdickt, innen ohne Zähne, aussen umgeschlagen und gerandet, oberer Einschnitt undeutlich.

Vaterland: Westafrica (Belcher.)

Gehört nicht in die Gruppe Prunum, sondern in die Nähe der M. haematina obgleich sie glatte Lippe besitzt.

98· Marginella triplicata Gaskoin.

Taf. 14. Fig. 5. 8.

„Testa ovata, ventricosa, fulvescente, laevi nitidaque; apertura angusta; labio tenui, inflexo, marginato; columella antice triplicata (vel quadriplicata?) canali nullo; spira subelata, anfractibus distinctis, apice acutiusculo. Long 34/100 of an inch, wide 20/100 of an inch." (Gaskoin.)

Long. 9 diam. maj. 4,5 apert. 8 Mm.

Marginella triplicata Gaskoin Proc. zool. Soc. 1849 p. 49 Reeve Conch. Ic. t. 23 f. 126 a. b.

Serrata triplicata   Jousseaume Monogr. p. 69

Schale eiförmig, bauchig, unten sehr verengert, gelblich ins Braune fallend, glatt und glänzend; Spira klein, etwas erhoben mit deutlichen Umgängen und einem spitzlichen Embryonalende; Mündung sehr eng in ihrem ganzen Verlauf, innen gelblich; Spindel gebogen, unten mit drei Falten — Reeve zeichnet vier deutlich, die auch mein Bild wieder gibt —; Basalsinus fehlt; Mundrand wenig verdickt, innen ohne Zähne, aussen umgeschlagen und gerandet.

Vaterland: Philippinen (Cuming) Copie nach Reeve.

99. Marginella annullata Reeve.

Taf. 14. Fig. 6. 7.

Testa „conico-ovata, solidiuscula, nitende flavescente-alba, linea fusca superne annulata"; spira parum elata, „anfractibus superne gibboso-angulatis" linea fusca circum-
scriptis; apertura medio-angusta, intus albida, columella arcuata, leviter obtecta, inferne
quadriplicata, plicis 2 inferioribus approximatis; sinus basalis nullus; labrum incrassatum,
intus glabrum, extus „subreflexum", marginatum, superne tenue emarginatum.
  Long. 10, diam. maj. 5,7; apert. 9 Mm.
  Marginella annulata Reeve Conch. Ic. t. 22 f. 119 a. b.
  Egouena   —   Jousseaume Monogr. p. 38.

Schale konisch-eiförmig, ziemlich stark, glänzend, weiss ins gelbliche oben
von einer braunen Linie umringt; Spira wenig erhoben, mit oben aufgetrieben-
kantigen, von brauner Linie umschriebenen Umgängen; Mündung in der Mitte eng
eingezogen, innen weisslich; Spindel gebogen, leicht mit Schmelz bedeckt, unten
mit vier Falten besetzt, von denen die beiden untersten genähert sind; Basalsinus
fehlt; Mundrand verdickt, innen ohne Kerben, aussen schwach ausgebreitet, und
gerandet, oben schwach ausgeschnitten.
  Vaterland — ? Copie nach Reeve.

100. Marginella cantharus Reeve.

Taf. 14. Fig. 9. 12.

Testa „oblongo-ovata, solidiuscula, pellucido-carnea, obscure bifasciata; spira subexserta", anfractibus distinctis, apice acutiusculo; apertura latiuscula intus translucida;
columella arcuata, superne nuda, inferne" quadriplicata" — in illustratione quinqueplic-
cata —; sinus basalis nullus; labrum incrassatum, intus glabrum, extus opaco-album,
marginatum, superne modice emarginatum.
  Long. 11, diam. maj. 5,6; apert. 9 Mm.
  Marginella cantharus Reeve Conch. Ic. t. 21 f. 110 a. b.
  Egouena   —   Jousseaume Monogr p. 51.

Schale länglich-eiförmig, ziemlich stark, durchscheinend horngelb, verwischt
zwei gebändert; Spira etwas ausgezogen mit deutlichen Umgängen und dem spitzlichen Ende; Mündung etwas weit, innen durchscheinend; Spindel gebogen, oben
nackt, unten mit vier Falten — auf dem Bild sind deren fünf gezeichnet, vielleicht
ist der untere als Doppelzahn angesehen und nur als einer gezählt — Basalsinus
fehlt; Mundrand verdickt, innen ohne Zähne, aussen matt-weiss und gerandet, oben
mässig ausgeschnitten.
  Vaterland — ?
  Ist diese Art von M. Sowerbyana Petit = (M. monilis Sowerby non
Auct.) verschieden?

101. Marginella electrum Reeve.

Taf. 14. Fig. 10. 11.

Testa „subtrigono-ovata, flavescento-fusca; spira conico-exserta, anfractibus superne obtuso-angulatis, deinde tumidis; apertura patula, intus flavidula; columella peroblique quadriplicata, labro late incrassato“. Reeve.

Long. 10, diam. maj. 6 apert. 8 Mm.

   Marginella electrum Reeve Conch. Ic. t. 22 f. 118 a. b. Jousseaume
      Monogr. p. 11.

Schale eiförmig, abgerundet-dreieckig, gelblich ins Braune fallend; Spira kegelförmig-ausgezogen mit oben stumpf-kantigen, dann stumpfen Umgängen — bezieht sich wohl nur auf den Hauptumgang —; Mündung weit, innen gelblich, Spindel mit vier wenig schiefen Falten, Mundrand breit verdickt.

Hab. — ? Copie nach Reeve.

Jousseaume stellt diese Art in die Nähe von M. haematita, obgleich auch ohne Kerben des Mundrandes gezeichnet.

102. Marginella Peasi Reeve.

Taf. 14. Fig. 13. 16.

„Testa cylindracea, laevigata, nitidissima, alba; anfractus ultimus fascia flavidula ornatus, ad basim maculo flavo pictus; apertura linearis, intus translucida; columella superne nuda, inferne quadriplicata; labrum simplex, basim versus expansum, superne leviter callosum, emarginatum.“ (Pease ex angl.)

Long. 11, diam. maj. 5, apert Mm. 9,5.

   Marginella cylindrica Pease Proc. zool. Soc. 1862 p. 244 non Sowerby,
  —   Peasi Reeve Conch. Ic. t. 31 f. 108 a. b.
  Volvarina — Jousseaume Monogr. p. 63.

Schale cylindrisch, glatt und sehr glänzend, dünnschalig; weiss mit einer gelblichen Spiralbinde geziert und an der Basis mit einem gelben Flecken gezeichnet — weder von Reeve erwähnt, noch an den mir vorliegenden Exemplaren vorhanden —; Mündung gestreckt, oben eng unten erweitert, innen durchscheinend; Spindel oben nackt, unten mit vier feinen Fältchen versehen, etwas zurücktretend; Mundrand einfach, nur an der Basis ausgebreitet, oben leicht callös verdickt, ausgerandet; Basalausschnitt fehlt. Spira klein mit gewölbten Umgängen, auf die zum Theil die obere Verdickung des Mundrandes angewachsen ist.

Vaterland: Kingsmill Inseln (Pease).

Ob das Vorhandensein von vier Falten hinreichend ist, diese Art von der M. cylindrica Sowerby zu trennen, die nur drei Falten besitzt — ein anderer Unterschied ist nicht vorhanden — erscheint bei dieser Gruppe fraglich.

103. Marginella calculus Redfield.

Taf. 15. Fig. 2. 3.

Testa ovata superne obtusa, solida, albida, maculis flavido-rubris, albo limbatis, transversim dispositis ornata, interdum maculis ocellatis longitudinaliter dispositis, rarius nebulosa; spira immersa; apertura elongata, intus alba, inferne canalifera; columella albocallosa, inferne incrassata, quadriplicata plica tertia maxima; sinus basalis profundus, angustus; labrum incrassatum, intus tennissime serratum, extus vix marginatum, superne late emarginatum.

Long. 11; diam. maj. 7,5 apert. 11 Mm.

Marginella calculus Redfield ubi? teste Marrat Quart. Journ. of Conch. 1876 p. 137.
— guttata Swainson Zool. Journ. III t. 1 f. 2. Sowerby Thes. Conch. t. 5 f. 208—210. non Dillwyn.
— Swainsoniana l'etit Cat. Journ. de Conch. II p. 53.
— maculosa Reeve Conch. Ic. t. 15 f. 65 a. b. non Kiener.
Persicula Swainsoniana H. et A. Adams Gen. of shells p. 193. Jousseaume Monogr. p. 101.

Schale oval oder oben abgestumpft-eiförmig, stark, weisslich mit gelbrothen, ovalen Flecken, die weiss gesäumt und zu Spiralreihen, zuweilen auch regelos geordnet sind, zuweilen sind die Flecken augenförmig mit schwärzlichen Kernpunkt und bilden Längsstreifen, selten ist die Zeichnung durch Wolken verwischt; Spira unsichtbar; Mündung lang und leicht gebogen, weiss, unten in Canalartige Rinne auslaufend; Spindel oben mit dünnem unten mit stark verdicktem weissen Callus belegt, vierfaltig, Falten ausser der Dritten, die stark ist, klein und scharf; Basalsinus eng und tief; Mundrand verdickt, innen sehr fein, kaum sichtbar gesägt, aussen kaum gerandet, oben flach ausgeschnitten.

Vaterland Westindien zumal Insel St. Vincent (Reeve.) Loebbecke's Samml.

Marrat dem ich diese Notmenclaur entnommen habe, meint auch Reeve's M. phrygia sei „probably," dieselbe Species; ich bin nicht dieser Meinung und finde, dass sich Reeve's Figur ganz gut auf die ächte M. phrygia deuten lässt, wenn auch die Beschreibung einigen Zweifel lässt, sein Fundort Golf von Californien wird wohl unrichtig sein, wenigstens ist er nicht durch die amerikanischen Autoren bestättigt.

104. Marginella phrygia Sowerby.

Taf. 15. Fig. 1. 4.

„Testa parva, ovali, postice subquadrata, pallide fulva, maculis guttuliformibus in seriebus angulatis dispositis ornata; spira planata, circulari, margine punctata; apertura alba, antice emarginata, columella antice tumida, plicis quinque, quarum duabus anticis magnis; labro externo postice spiram superante; extus vix incrassato," (Sowerby.)

Long. 8; diam. maj. 4,7; apert. 8 Mm.
> Marginella phrygia Sowerby Thes. Conch. p. 304 t. 4 f. 218. 219 Reeve
> Conch. Ic. t. 15 f. 67 Marrat in Quart. Journ. 1876
> p. 138
> Gibberula phrygia H. et A. Adams Gen. of shells p. 193.
> Persicula phrygia Jousseaume Monogr. p. 102.

Schale klein, oval, oben fast quadratisch, blass gelb mit tropfenförmigen, in winklige Reihen geordneten Flecken gezeichnet, Spira unsichtbar, statt ihrer ist eine runde ebne Fläche vorhanden, deren Rand punktirt ist; Mündung eng, gebogen, innen weiss, unten in einen Kanal auslaufend, der aussen als Basalsinus deutlich und tief ausgebildet ist; Spindel unten stumpf, mit 5 Falten versehen, von denen die beiden untersten allein stark und deutlich sind, oben leicht mit Schmelz belegt; Mundrand kaum verdickt und gerandet, steht oben über die Spirafläche hinaus.

Vaterland: Golf von Californien (Sowerby, Reeve) wird jedoch von Carpenter nicht erwähnt. Loebbecke's Samml.

Gehört mit M. frumentum, sagitta etc. zusammen in eine kleine Gruppe.

105. Marginella chrysomelina Redfield.

Taf. 15. Fig. 5. 8.

„Testa ovali nitida, alba, maculis subquadratis fulvis sex fasciata, fasciis intermediis niveis; spira retusa, obtecta; apertura angustata, extus alba, varicosa; columella 6 aut 7 plicata, plicis superioribus obscuris; plica penultima tumida, bifida exterius producta.
Long. 6 Mill; larg. 3½ Mill" (Redfield.)
> Marginella chrysomelina Redfield in Ann. Lyc. nat. hist. 1848 t. 18 f. 2
> Reeve Conch. Ic. t. 22 f. 121.
> — tessellata pars Sowerby Thes. Conch. t. 5 f. 195.
> Persicula chrysomelina Jousseaume Monogr. p. 104.

Schale oval, glänzend glatt, weiss mit 6 Spiralbinden aus fast quadratischen neben einanderstehenden gelben Flecken gebildet, die Zwischenräume heben sich als schneeweisse Querbinden ab, eine eigenthümliche bei keiner andern Art vorkommende Zeichnung; Spira unsichtbar, durch den Mundrand bedeckt; Mündung eng, innen durchscheinend; Spindel mit 6—7 Falten, wovon die obersten unbedeutend sind, die Zweitletzte ist stumpf, getheilt und setzt sich aussen fort; Basalsinus eng und tief; Mundrand verdickt, kaum gerandet.

Vaterland: Antillen (Redfield.) Loebbecke'sche Samml.

106. Marginella Terveriana Petit.

Taf. 15. Fig. 9. 12.

„Testa ovali-oblonga, crassiuscula, nitida, exalbida, anfractibus 3—4; spira vix producta, convexiuscula, suturis obliteratis; apertura angusta, lineari; columella 6—7 plicata, plicis obtusis, quarum superioribus gradatim minoribus; labro marginato, crasso, laevigato lacteo" (Petit) sinus basalis obliquus, latus.

Long. 7—8, diam maj. 4—5 Mm.

Marginella Terveriana Petit Journ. de Conch. II p. 49 t. 2 f 2 Reeve
Conch. Ic. t. 23 f. 227.

Egouena Terveriana   Jousseaume Monogr. p. 50.

Schale lang-oval, ziemlich stark, glänzend glatt, weisslich, frisch graulich-weiss, Spira kaum sichtbar, oder wenig vortretend, besteht aus 3—4 fast ebenen Umgängen, von denen das dicke Embryonalende sich deutlich abhebt, das auch dunkel grau gefärbt ist, Nähte verdeckt; Mündung lang, gestreckt und eng, innen weiss; Spindel fast gerade, oben nackt, doch spiegelglatt, mit 6—7 stumpfen Fältchen, wovon die oberen gradatim kleiner werden, ausserdem ist das letzte neben der Rinne verkümmert. Basalsinus deutlich, schief und weit; Mundrand verdickt, weiss, innen ohne Kerben, aussen umgeschlagen und fein gerandet, oben sehr flach ausgeschnitten.

Vaterland: Insel Socotora am Eingang des Rothen Meeres (Petit) Dahlack im rothen Meer (Jickeli sehr häufig). Abbildung nach mir von Jickeli gegebenen Exemplare.

Dies ist sicher nur eine kleine Abart der M. monilis Linné, leicht in Färbung und Gestalt verändert, wie es der verschiedene Fundort mit sich bringt. Dieser Fundort ist denn auch das einzige Motiv der Aufrechthaltung der Art. Möglich, dass diese Art des indischen Ocean die Form ist, die Linné und seine Nachfolger als ihre Voluta monilis im Auge gehabt. Die Lamarck's und Sowerby von Westafrika ist es nicht, wenn auch, wie gesagt, die Unterschiede nicht gross sind.

Ist keinesweges eine Egouena im Sinne Jousseaume's oder Prunum Adams, sondern nebst M. monilis eine Gibberula, beide müssen als die Riesen dieser Abtheilung an deren Spitze gestellt werden.

107. Marginella monilis Linné Sp.

Taf. 15. Fig. 10. 11.

Testa „ovata, subcylindrica, opaca, nitida lactea; spira vix perspicua" aut depressa, anfractibus 3—4 convexiusculis, suturis obtectis, linea alba signatis; apertura elongata, inferne dilatata; columella rectiuscula, superne labiata, labio plus minusve expanso et lateraliter marginato, quinque vel sex plicata, plicis obtusis, quarum superioribus minoribus, plica inferiori debili; sinus basalis obliquus, latus; labrum plus minusve crassum, antice planiusculum, inferne dilatum, intus acutiusculum, rarius reflexum, glabrum, extus marginatum, superne spiram partim obtectum, emarginatum.

Long. 13, diam. maj. 7, apert 12 Mm.

Voluta monilis Linnè syst. nat. ed XII p. 1189 idem ed XIII par Gmelin
p. 3443 Hanley Ipsa Linnei Conch. p 217 Schröter Einl. I
p. 209 pars. Martini Conch Cab. II t. 42 f. 426. Born
Test. mus. Caes. p. 219. pars. Dillwyn Cat. 1 p. 524.

Volvaria monilis Lamarck hist. nat VII p. 363 idem 2 ed par Deshayes
X p. 459.

Marginella monilis Kiener Coq. viv. p. 18 t. 6 f. 23 Petit Cat. Journ. de
Conch. II p. 53. Reeve Couch. Ic. t. 21 f. 111.
Jousseaume Monogr. 5.

Var. crassa, curta, lateraliter subvaricosa.

Marginella monilis Sowerby Thes. Conch. t. 4 f. 117. 118.
— Sowerbyana Petit Cat. Journ. de Conch. II p. 43.

Schale länglich-eiförmig, beinahe cylindrisch, glatt und glänzend milchweiss; Spira kaum sichtbar oder sichtbar mit 3—4 leicht gewölbten Umgängen, deren bedeckte Nähte durch eine weisse Linie angedeutet sind; Mündung lang, nicht sehr eng und unten auseinander tretend; Spindel beinahe gerade, oben mit breitem stark glänzenden Schmelz belegt, der sich zuweilen an der Seite zu einem flachen Varix erhebt und damit abschliesst, (M. Sowerbyana Petit) unten mit 5 bis 6 Falten, wovon die unterste verkümmert, die beiden obersten klein sind; Basalsinus deutlich, doch flach und schief; Mundrand mehr oder weniger verdickt, innen entweder scharf oder umgeschlagen, selten abstehend, ohne Zähne, aussen schwach gerandet, oben über die Spira übergreifend und flach ausgerandet.

Vaterland: Senegal, — China nach Linné unbestätigt — Loebbecke'sche Sammlung.

Die Trennung der M. monilis Lamarck-Kiener von der Sowerby's ist eine gänzlich unnöthige gewesen. Die Sache liegt einfach so, dass Lamarck Exemplare mit unfertigem Mundrand, überhaupt dünnerer Schale, Sowerby solche mit sehr verstärktem, überhaupt dickerer Schale beschrieben und abgebildet hatten. Die vermehrte Grösse der Lamarck'schen Art gegen die Sowerby'sche, auf die Petit den Hauptaccent legt, ist unerheblich, da Sowerby's Bilder keine Masse tragen, auch oft vergrössert oder verkleinert sind, wie es ihm als Zeichner grade passte. Es kommt ausserdem oft vor, dass dünnschalige Exemplare, wenn sie nur ausgewachsen, grösser als dickschalige sind, was wie bei Cypraen, Cassis u. A. in Geschlechtsverhältnissen liegen mag. Der Umstand, dass die Art von den Chinesen zu Schmuckstücken verarbeitet werde, wie Linné berichtet, hat auch Anlass gegeben, die Arten zu trennen, doch ist dabei übersehen, dass schon Adanson bei Beschreibung seines Simeri, in den er ohne Zweifel auch diese Art eingeschlossen, bemerkt hatte, die Neger verwendeten die Schalen zu Arm und Halsbändern und Lamarck besass und erwähnt ein solches aus M. monilis bestehend und er gibt der Art in erster Reihe Senegal zum Vaterland, erst in zweiter Reihe „selon Linné" China. Würde eine Trennung der Linné'schen Art von der Lamarcks, des

Fundortes wegen nöthig, dann müsste man die M. Terveriana als M. monilis Linné nehmen und die Westafricanische umtaufen. Hanley fand aber gerade ein der Kiener'schen Abbildung entsprechendes Exemplar in der Linné'schen Sammlung vor; es scheint also wohl anzunehmen, dass die Fundortangabe bei Linné auf Irrthum beruhte.

108. Marginella Haynesi Petit.

Taf. 15. Fig. 6. 7.

„Testa ovato-ventricosa, fuscescente-albida (flavescente-alba?); spira brevissima, suturis obliteralis, anfractu ultimo superne incrassato, obtuse angulato, subangulo circulariter depresso; labio superne valde callosa, columella 6 plicata, plica superiori transversim elongata, gibbosa; apertura angusta, labro valde incrassato.
Long. 22—24 Mill., larg. 14—15 Mm." (Petit.)

Marginella Haynesi	Petit Journ. de Conch. II. f. 260 t. 8 f. 5. 6
Persicula —	H. et A. Adams Gen. of shells p. 193.
Criptospira —	Jousseaume Monogr. p. 70.
Marginella quinqueplicata	Reeve pars non Fig. 41 a. b.

Schale aufgetrieben-eiförmig, etwas keulenförmig, glatt, wenig glänzend, bräunlich oder gelblich-weiss; Spira kurz, aus gewölbten, oben kantigen Umgängen und dem fleischarbigen, durchscheinenden Apex bestehend, Nähte bedeckt, der Hautumgang ist oben stark verdickt, abgerundet kantig, längs der Naht läuft als Fortsetzung des Mundrandes ein dicker Ring rundum vom Ausgangspunkt bis zur Spindelseite unmittelbar bis zu derselben, nur getrennt durch den oberen Ausschnitt des Mundrandes. Mündung eng, innen weiss; Spindel wenig gebogen, oben stark belegt, sechsfaltig, Falten scharf geschnitten, die oberste am stärksten, horizontal und ziemlich weit über den Spindelcallus hinweglaufend und sich hier verdickend, die 4. Falte setzt sich ebenfalls fort und bildet die obere Spiralleiste der Basis, die sich um die Verdickung der Basis herumschlängelt, die 3 unteren Falten setzen sich ebenfalls fort und bilden zusammen indem sie zerfliessen die erwähnte Verdickung; Basalsinus vorhanden, flach und weit, trotzdem dass die Schwiele, die Spindel und Mundrand verbindet, vorhanden ist. Es ist also ein falscher Sinus; Mundrand stark verdickt, besonders in der Mitte, innen ohne Zähne, innen und aussen gerandet.

Vaterland —? aus der Loebbecke'schen Sammlung.

Ich habe die Beschreibung so ausführlich als möglich gemacht (nach 2 Exemplaren), um Jeden in Stand zu setzen, mit sich über die Frage ob Varietät der M. quinqueplicata oder nicht, ins Reine zu kommen. Trotz einiger Eigenthümlichkeiten halte ich sie für Varietät oder vielmehr Rasse der M. quinqueplicata, man darf nur nicht die so häufig vorkommenden grossen dünnschaligen Stücke vergleichen wollen, die führen auf den falschen Weg. In einer Sammlung, die so angelegt ist, dass nur 1—2 Stücke jeder Art eingelegt werden, würde M. Haynesi unbedenklich als gute Art aufgenommen werden können, ja ich gestehe, dass ich in dieser Monographie gar manche Arten aus Mangel an hinreichendem Material habe als Arten aufrechthalten müssen, die dazu vielleicht weniger Berechtigung haben, als diese Varietät.

109. Marginella margarita Kiener.
Taf. 15. Fig. 13. 16.

Testa parva, ovata, columbellaeformis, diaphana, alba; spira brevi-conica, anfractibus subrotundatis; apertura elongata, angustiuscula, columella quadriplicata, plicis fortis; sinus basalis parvus, distinctus, latus; labrum incrassatum, intus crenulatum, extus marginatum.

Long. 6, diam. maj. 4, apert. 5 Mm.

Marginella margarita Kiener Coq. viv. p. 15 t. 9 f. 42. Sowerby Thes. Conch. t. 2 f. 66. 67. Petit. Cat. Journ. de Conch. II. p. 54. Reeve Conch. Ic. t. 19 f. 78. t. 23 f. 123.
Glabella margarita H. et A. Adams Gen. of shells p. 191.
Egouena margarita Jousseaume Monogr. p. 32.
Marginella candida Sowerby Thes. Conch. t. 2 f. 86. 87. Reeve Conch. Ic. t. 24 f. 134 teste Petit. l. c. p. 54.
Egouena candida Jousseaume Monogr. p. 32.

Schale klein, eiförmig, einer Columbella ähnlich, durchsichtig weiss; Spira breit kegelförmig, mit leicht gerundeten Umgängen und stumpflichem Apex; Mündung lang, ziemlich eng; Spindel leicht gebogen mit 4 starken Falten, wovon die unterste am schwächsten ist; Basalsinus wenig deutlich, weit; Mundrand verdickt, innen umgeschlagen und gekerbt, aussen gerandet, matt weiss, oben sehr fein ausgeschnitten.

Vaterland Ostindien (Loebbecke's Sammlung).

M. candida ist nur auf eine etwas schlankere Form und schlecht erhaltenen Exemplaren gegründet.

Es ist unverständlich, warum diese Art, die in die Gruppe der Marginella s. st. gehört, von Jousseaume zu Egouena gestellt worden ist.

110. Marginella Leai Jousseaume.
Taf. 15. Fig. 14. 15.

„Testa subovali, in medio subangulata, pallide griseo-fulva; spira brevi, anfractibus distinctis, ultimo dilatato, ad spiram elevato; columella plicis quatuor, quarum duae anticae prominentes, spiraliter elongatis, labio externo crasso, lato incurvo, angulato, extus varicoso ad apicem tumide elevato." (Sowerby).

Long. 11. diam. maj. 6, apert. 10 Mm.

Marginella crassilabrum Sowerby Proc. zool. Soc. 1846 p. 96 idem Thes.
Conch. t. 3 f. 124. 125. Petit. Cat. Journ. de
Conch. II. p. 73 non Lea neo Reeve.

Prunum — H. et A. Adams Gen. of shells p. 191.
Egouena Leai Jousseaume Monogr. p. 37.

Schale beinahe oval, in der Mitte leicht kantig und aufgetrieben, auf dem Rücken blass graulich-gelb, vorn weiss; Spira kurz, breitkegelförmig, mit deutlichen Umgängen, der Hauptumgang an der Spira erweitert und den vorletzten zum grössten Theil umfassend; Mündung oben sehr eng, nach unten weiter werdend, innen gelblich; Spindel leicht gebogen, mit 4 feinen schiefen Fältchen, von denen die beiden untersten genähert und stärker sind (auf meiner Zeichnung leider ganz verfehlt), sie verlängern sich, um mit der Schwiele zusammen zu fallen, die die Mündung abschliesst und keinen Basalausschnitt gestaltet; Mundrand stark verdickt und in die Breite ausgedehnt, aussen umgeschlagen, legt sich oben auf die Spira an und zwar bis zur Spitze; oberer Einschnitt sehr deutlich.

Vaterland: Westafrica (Loebbeck'sche Sammlung), es liegt mir auch ein Stück vor, aus Prof. Dunkers Sammlung mit dem präcisen Fundort Namaqualand 22° südl. Breite.

Steht der kleinen Varietät den M amygdala mit grauem Rücken sehr nahe, die mir in mehreren Exemplaren vorliegt, doch sind beide gut zu scheiden, durch die schiefen, fein geschnittenen Fältchen unserer Art.

111. Marginella australis Hinds.

Taf. 16. Fig. 1. 4.

„Marg. testa retuse-ovata, albida vel pallide carnea; spira conico-retusa; labro incrassato, pone albido intus laevi; columella quadriplicata, versus basin albo-fasciata. Axis 3½ lign." (Hinds).
Long. 7, diam. maj. 4,5, apert. 6,4 Mm.
Marginella australis Hinds Proc. zool. Soc. 1844 p. 75. Sowerby Thes.
Conch. t. 2 f. 65. 66. Reeve Conch. Ic. t. 16 f. 74.

Schale eiförmig, unten eng, sehr glänzend-glatt, weisslich oder sehr blass fleischfarbig auf dem Rücken; Spira gedrückt-kegelförmig mit sehr deutlichen Nähten der etwas gewölbten Umgänge und gelblichem Embryonalende; Mündung ziemlich weit, innen gelb oder gelblich; Spindel oben glatt, unten mit 4 Fältchen versehen, die vergleichsweise stark sind, die oberste setzt sich fort und bildet den Rand einer Area, die den Fuss des Schneckchens bildet und weiss gefärbt ist — es ist dies in der Originaldiagnose durch „albo fasciata" sehr unpassend bezeichnet — die Fältchen sind schief und die zwei untersten stehen näher zusammen, als die obersten; Basalausschnitt trotz des Vorhandensein der Area deutlich, wenn auch flach; Mundrand verdickt, innen glatt, gelblich oder gelb ge-

11 *

färbt, aussen umgeschlagen und weisslich, oben an der Spira nur auf dem vorletzten Umgang aufgewachsen und abstehend, seicht eingeschnitten.

Vaterland: Westküste von Neuholland. (Loebbeck'sche Sammlung).

Ist der M. margarita verwandt, obgleich ohne Kerben auf dem Mundrand,
hat mit M. diaphana nichts zu thun.

112. Marginella alabaster Reeve.

Taf. 16. Fig. 2. 3.

Testa „cylindraceo-ovata," lateribus ascescentibus, glaber, opaco-alba quasi alaba-
stritae similis; spira parva, anfractibus convexis, apice obtuse-acuto, candido, sutura
obtecta sed conspicua, anfractu ultimo superne lato, subangulato; apertura latiuscula,
inferne dilatata, intus alba, columella superne leviter connexa, inferne quadriplicata, plicis
tenuis, inferioribus validioribus; sinus basalis nullus; labrum parum incrassatum, intus
laeve, extus vix inflexum, superne late emarginatum.

Long. 13, diam. maj. 6, apert. 10 Mm.

Marginella alabaster Reeve Conch. Ic. t. 21 f. 107.

Schale keilförmig, oben breitschulterig, unten eng, daher rasch abfallende
Seiten, sehr glatt, mattweiss wie Alabaster; Spira klein, besteht mit 4 convexen
Umgängen, wovon das Embryonalende stumpfspitzig und blassgelb gefärbt ist, die
Nähte sind zwar bedeckt, doch ist ihre Lage deutlich sichtbar; Mündung ziemlich
unten recht weit, innen weiss; Spindel oben leicht convex, ohne Kallus, doch
hier sehr glänzend, unten stehen 4 feine Fältchen, die nach unten stärker werden,
das unterste bildet den Rand der Basis. Kein Basalausschnitt. Mundrand wenig verdickt, innen glatt, aussen kaum umgeschlagen. Oberer Ausschnitt breit und
flach, drängt den Rand auf die Seite, wodurch die Schale breitschultrig und leicht
kantig wird.

Vaterland unbekannt. (Loebbecke's Sammlung).

Reeve hatte ein junges Exemplar vor Augen, wodurch die breite Schulter
nicht zum Vorschein kommt, übrigens ist die Art einem gewissen Alterszustand der
M. capensis höchst ähnlich und nur durch die eigenthümliche Färbung und die
viel feineren Fältchen verschieden. Meine Abbildung der Vorderseite (Fig. 2) ist
gänzlich missrathen und geradezu unbrauchbar.

113. Marginella neglecta Sowerby.

Taf. 16. Fig. 5. 8.

Testa parva, „elongato-ovalis" subfusiformis, pallide fulva, trifasciata, fasciis plus
minusve conspicuis, latere antico saepius carente, spira turbinata, anfr. 4 convexis; apertura superne angusta, inferne dilatior, subampla, intus alba, columella superne convexa,

inferne recta, quadriplicata, plica tertia maxima; labrum „in medio subincurvum extus vix incrassatum," intus laevis superne vix emarginatum.

Long. 9, diam. maj. 4,3; apert. 6,7 Mm.

Marginella neglecta Sowerby Thes. Conch. t. 3 f. 135. 136. Reeve Conch. Ic. t. 25 f. 138. Jousseaume Monogr. p. 12.

Schale klein, verlängert-oval, fast spindelförmig, blassgelb, durchscheinend, mit 3 oft obsoleten, vorn meistens fehlenden Spiralbinden, von gleicher, doch etwas dunklerer Färbung, umzogen: Spira kreiselförmig, ziemlich hoch, doch zuweilen auch gedrückt, aus 4 convexen Umgängen bestehend, Nähte verdeckt, doch ihre Lage leicht erkennbar; Mündung oben eng, unten erweitert, fast stark erweitert, innen weiss; Spindel oben gebogen, convex, unten gerade und hier mit 4 Fältchen geziert, wovon das zweitletzte am stärksten und das letzte die Grenze der Basis bildet, daher schiefer steht als die andern; Basalsinus schwach entwickelt; Mundrand in der Mitte einwärts gebogen, innen glatt, aussen schwach verdickt und kaum gerandet, oberer Einschnitt nicht zu beobachten.

Vaterland nicht bekannt. (Loebbecke'sche Sammlung).

Hr. Jousseaume druckt die Diagnosen von Sowerby und Reeve getrennt ab, weil ihm scheine, dass die letztere Art verschieden sei und von ihm M. ignota genannt würde. Was bei solcher kleinlichen Auffassung zweier gleich schlechten und ungenügenden Beschreibungen für Vortheil heraus kommen soll, ist ganz unverständlich. Die Synonymie wird ganz ungebührlich belastet.

114. Marginella sexplicata Dunker.

Taf. 16. Fig. 6. 7.

„Marg. testa ovato-oblonga, grisea, longitudinaliter inconspicue strigata, spira planulata, marginata, anfractu ultimo prope terminum anticum marginato; apertura angusta; columella sexplicata, plicis crassis, albis, tribus posticis elevatis, horizontalibus, tribus anticis obliquis; labio crasso, intus subcrenato, extus reflexo, planato, marginato." (Sowerby).

Long. 12, diam. maj. 7,5, apert. 11 Mm.

Marginella sexplicata Dunker Mus. Godeffr. Cat. 3 (1871).
— obtusa Sowerby Proc. zool. Soc. 1870 p. 254 non Thes.
Persicula grisea Jousseaume Monogr. p. 105.

Schale eiförmig, glänzend-glatt, grau mit einem Stich ins gelb-grünliche, daher besser mit glauca zu bezeichnen, die von Sowerby angeführten Länglinien sind unregelmässige Sprünge, daher unwesentlich; Spira fast eben, nur das Embryonalende steht hervor, es sind aber deutlich 3 Umgänge ausser dem Hauptumgang zu zählen, sie sind durch erhöhte, wenn auch sehr feine Ränder anstatt der Nähte geschieden; Mündung eng, innen weisslich; Spindel leicht convex mit 6 starken weissen Falten geziert, wovon die oberen 3 horizontal und ziemlich weit über den Bauch weg gehen, die 3 unteren, auch stärkeren sind schief gestellt, doch nicht so plötzlich, wie auf der Fig. 6 gezeichnet ist, die drittletzte setzt sich nach aussen fort und bildet die Basalschwiele des Rückens, — also den Rand des untern Endes der Hauptwindung nach Sowerby —; kein Basalausschnitt; Mundrand innen scharf mit Kerbenspuren, aussen stark umgeschlagen, platt verdickt und gerandet, oben mit scharfer Biegung nach der Spira umgedreht, hier liegt in der äussersten Ecke der kleine aber deutliche obere Einschnitt.

Vaterland: Japan, auch Mazatlan (Dunker). Loebbecke's Sammlung.

Dies ist keinesweg eine Persicula, wie Jousseaume nach der Sowerby'schen Diagnose rathet, sondern eine Cryptospira aus der nächsten Verwandtschaft der Cr. glauca Jouss. und tricincta Hinds, mit Letzterer ist sie vom Rücken beobachtet, kaum zu unterscheiden, sonst nur durch die zahlreichern Falten verschieden. Eine Basalbucht, die Persicula in so starker Entwicklung besitzt, ist bei M. sexplicata nicht vorhanden.

115. Marginella turbinata Sowerby.

Taf. 16. Fig. 9. 12.

„Testa turbinata, angulata, pallide fulva; spira breviuscula, anfractibus angulatis, ad angulum crenatis, columella quadriplicata; labio externo laevi, postice angulato, in medio incurvo, antice emarginato, pone ad basin varicis columellari juncto." (Sowerby).
Long. 9, diam. maj. 5; apert. 7,6 Mm.

Marginella turbinata Sowerby Thes. Conch. p. 385 t. 2 f. 70. 71. Reeve
Conch. Ic. t. 22 f. 122.
Prunum — II. et A. Adams Gen. of shells p. 192.
Cryptospira — Jousseaume Monogr. p. 75.

Schale kantig-eiförmig, glatt, glänzend und durchscheinend, undeutlich gerippt an der Kante, blass gelb; Spira kurz kegelförmig, besteht aus gewölbten Umgängen, die an der Naht undeutlich gekerbt sind; Mündung oben eng, unten erweitert, innen weisslich; Spindel oben convex, sehr glänzend, trägt von der Mitte an ziemlich entferntstehende Fältchen, wovon die beiden untern kleiner und mehr genähert sind, die äussere Wulst ist schon hinter den Fältchen sichtbar, aber keines derselben setzt sich in sie fort; Basalbucht flach, aber deutlich; Mundrand innen glatt, in der Mitte einwärts gebogen, nach aussen umgelegt, wenig verdickt und gerandet, oben kantig nach der Spira umgebogen mit sehr scharfem Einschnitt.

Vaterland: Neuholland (Strange).

Ist weder ein Prunum noch eine Cryptospira, gehört vielmehr wegen der Basalbucht in die Abtheilung ohne Kerben der M. haematita Kiener.

116. Marginella Burchardi Dunker.

Taf. 16. Fig. 10. 11.

„M. testa ovato-oblonga, basin versus parum attenuata, crassa, solida, laevigata, flavescente subcarnea; spira brevissima conica obtusiuscula; labro albido valde incrassato, intus laevi, superne subsinuato, ad basin excavato, varice parvulo lacteo adnato; columella quadriplicata; faucibus flavo aurantiis. Long. 27, lat. 15 Mm." (Dunker).

Marginella Burchardi Dunker in Nov. Conch. p. 36 t. 11 f. 3. 4. non Reeve.

Egounea — Jousseaume Monogr. p. 48.

Schale verlängert-eiförmig, unten wenig verengt, dick, solid, glatt und wenig glänzend, gelblich, beinahe fleischfarbig; Spira kurz, stumpflich-kegelförmig; Mündung lang, oben ziemlich eng, unten erweitert und abgeschlossen, innen goldgelb; Spira ziemlich gerade, oben leicht convex und callös, die Schmelzzone ist aber schmal, unten mit 4 starken weissen Falten, wovon die beiden untersten genähert sind, der unterste biegt sich nach dem Mundrand um und schliesst die Mündung ab, daher auch die Basalbucht fehlt; Mundrand stark verdickt, innen glatt, oben leicht ausgerandet, aussen umgeschlagen und gerandet, hinter dem Rand verläuft eine farblose, verdickte Schicht, die quasi eine Verdoppelung des Randes darstellt, wie es oft bei M. amygdala vorkommt.

Vaterland unbekannt aus Dr. Dunker's Sammlung.

Ich hatte diese Art p. 8 unter die Varietäten der M. prunum gestellt, nach Ansicht des Originalexemplars jedoch erkannt, dass sie so gut Artberechtigung hat, als ein halbhundert anderer Marginellen. M. Martini Petit scheint auf unvollständige d. h. noch nicht völlig ausgebildete Exemplare unsrer Art zu beruhen, dies ergebe dann Brasilien zum Vaterland. Möglich ist es aber auch, dass beide zu M. glans Menke's gehören, die ich nach Cuming als Varietät ohne Ecke des Mundrandes der M. prunum gedeutet hatte. In diesem Sinne mag man das p. 8 Gesagte ändern, aber auch die nahen Beziehungen aller dieser Formen erkennen.

117. Marginella micans Petit.

Taf. 16. Fig. 13. 16.

„Testa ovato-oblonga, subcylindrica, nitidissima, roseo-rufa albido trifasciata; anfr. 4—5; spira brevissima, convexa; apertura lineari, inferne latiuscula; columella ad basim albida et quadriplicata, labro marginato, intus laevigato, extus albo-bimaculato, medio compressiusculo." (Petit).

Long. 8, diam. maj. 4 Mm.

Marginella micans Petit Journ. de Conch. II p. 48 t. 1 f. 15. 15.

Volvarina — H. et A. Adams Gen. of shells p. 195. Jousseaume Monogr. p. 65.

Schale verlängert eiförmig, fast cylindrisch, sehr glänzend-glatt, rosenröthlich, mit 3 weissen Spiralzonen; Spira sehr kurz und klein mit 4—5 convexen Umgängen; Mündung gerade, eng, unten erweitert durch Zurücktreten beider Seiten, innen rosenroth; Spindel oben convex, unten concav, hier weiss und mit 4 Fältchen versehen; kein Basalausschnitt; Mundrand nicht stark verdickt, innen glatt, in der Mitte einwärts gedrückt, aussen gerandet und mit zwei weissen Flecken geziert.

Vaterland: Abd-el Goury an der Somaliküste — Ostafrica. —

118. Marginella Saulcyana Petit.

Taf. 16. Fig. 14.

„Testa ovata, polita, cinerascente albida, anfractibus quinis, ultimo supra medium obsolete late unifasciato; spira conico depressa, apice obtuso; apertura longitudinali, intus roseo-rufescente; columella quinqueplicata, plica superiori minori, duabus inferioribus valde obliquis; labro incrassato, interne albo et laevigato, externo pallide aurantio." (Petit).

Long. 18, diam. maj. 11, apert. 16 Mm.

Marginella Saulcyana Petit Journ. de Conch. II p. 47 t. 1 f. 11. idem Cat. l. c. p. 52 non Reeve nec Jousseaume.

Schale eiförmig, glänzend glatt, weisslich-aschfarben mit einem Stich ins rosenrothe und einer hellen breiten Spiralzone, die kaum ausgedrückt ist; Spira niedergedrückt-kegelförmig mit stumpfem Ende, besteht aus 5 Umgängen: Mündung lang, innen blass rosenroth; Spindel oben weit gelippt, unten mit 5 Falten geziert, wovon die oberste klein, die beiden untersten sehr schief stehen; Basalsinus nicht deutlich; Mundrand verdickt, innen weiss und ohne Kerben, aussen blassorange gefärbt, gerandet, oben fein ausgeschnitten.

Vaterland: Küste von Brasilien, in 35 Faden Tiefe, 8 Meter von der Küste in der Nähe des Cap St. Thomas (Hanet Cléry).

Nach der Beschreibung und der Stellung, die Petit der Species anweist in der Nähe der M. labiata Kiener und Largillierti Kiener kann die Auffassung Reeve's eine Varietät der M. marginata darin zu sehen nicht richtig sein. Auch die Ansicht Jousseaumes, dass man die Marginella hondurensis als junge Schale dieser Art ansehen könnte, bezieht sich nur auf die Reeve'sche Auffassung. Die 5 Falten haben diese Herren gar nicht bemerkt, auf die sie sonst so grossen Werth legen. M. hondurensis ist für mich nach Sowerby'schen Exemplaren der Jugendzustand der M. pulchra Gray aus der Sippschaft der M. prunum.

119. Marginella Poucheti Petit.

Taf. 16. Fig. 15.

„Testa ovato-oblonga, carneola, rufo-pallido trizonata, ad suturas albo-cincta; spira breviori, obtusiuscula; apertura longitudinali, basi angusta, intus rufa; columella quadriplicata; labro crasso, marginato, intus albido, crenulato, externe rufescente; emarginatura supera interne angusta." (Petit).

Long. 27, diam maj. 16, apert. longa 22, lata 4 Mm.

Marginella Poucheti   Petit Journ. de Conch. p. 46 t. 1 f. 3 idem Cat.
                                 l. c. p. 51. Jousseaume Monogr. p. 7.
an Marginella castanea Dillwyn Cat. I p. 530 auf Martini Conch. Cab. II
                            p. 112 t. 42 f. 430.

Schale länglich-eiförmig, fahlfleischfarbig mit 3 helleren Zonen; Spira breit-kegelförmig mit 5 weiss umringten Umgängen; Mündung lang, unten kanalartig verengert, innen roth; Spindel oben kahl, unten mit 4 scharf geschnittenen Falten, wovon die unterste sehr schief gestellt ist; Basalausschnitt weit und flach; Mundrand stark verdickt, innen gekerbt, aussen orangeroth und gerandet, oben eng ausgeschnitten.

Vaterland: Westafrica ohne genauere Angabe. ?Brasilien (Martini).

Ich habe diese Art — die ich mit dem Aufsteller für eine Värietät der M. glabella ohne Flecken halte — zum Zweck aufgenommen, um durch sie vielleicht zur Aufhellung der M. castanea Dillwyn zu gelangen, die sowie die Martinische Figur zu den verschollenen Arten gehört. Vielleicht findet sich in einer marginellenreichen Sammlung ein einfarbig castanienbraunes Exemplar, das der Martini'schen Zeichnung besser entspricht, als die Petit'sche Art, die hellere Zonen besitzt, daher nicht ganz auf jene Zeichnung passt.

120. Marginella multilineata Sowerby.

Taf. 17. Fig. 1. 4.

„M. testa ovali, straminea, lineis rubris numerosis cincta; spira pene celata, apice fascia rubro circulari cincta; apertura antice et postice emarginata; columella alba in medio tumida, antice callosa, plicis quaduor ad quinque inaequalibus; labio externo albo, intus crenulato, in medio subangulato, extus tenuiter reflexo." (Sowerby).

Long. 12, diam. maj. 8, apert. 11 Mm.

Marginella multilineata Sowerby Proc. zool. Soc. 1846 p. 96 idem Thes.
                                Conch. t. 5 f. 192. 193. Reeve Conch. Ic. t. 14
                                f. 64. Petit Cat. Journ. de C. II p. 55.

Persicula   —   H. et A. Adams Gen. of shells p. 193. Jous-
                                seaume Monogr. p. 96.

Schale abgestumpft-eiförmig, schmutzig gelblich mit zahlreichen rothen Linien umzogen. Spira eingesunken, von einer rothen Binde ringsum eingefasst; Mündung eng, innen weiss, nach beiden Seiten rinnenförmig auslaufend; Spindel oben und unten mit weissem Kallus belegt, in der Mitte mit abgestumpfter Kante, unter dieser stehen 4 bis 5 ungleiche Fältchen; Basalsinus eng und tief; Mundrand wenig verdickt, weiss, innen gekerbt, aussen dünn umgeschlagen, oben eng ausgerandet.

Vaterland: Bai von Honduras, Bilder nach Sowerby.

121. Marginella translucida Sowerby.

Taf. 17. Fig. 2. 3.

„M. testa subelongata, alba, translucida; spira producta, apertura elongata, columella quadriplicata, labio externo intus in medio incurvo, antice reflexo, extus valide reflexo, antice varicem validum formante" (Sowerby).

Long. 8, diam. maj. 4, apert. 6 Mm.

Marginella translucida Sowerby Thes. Conch. f. 376 t. 2 f. 62. 63. Petit Cat. in Journ. de Conch. II p. 52. Jousseaume Monogr. p. 28.

Schale ziemlich verlängert-eiförmig, durchscheinend weiss. — die Abbildung zeigt Bernsteinfarbe — Spira ausgezogen, besteht aus 4 ziemlich ebenen Umgängen und stumpflichem Apex; Mündung lang, nicht sehr eng; Spindel oben convex, unten mit 4 Falten; Basalsinus weit und flach; Mundrand innen glatt, in der Mitte eingebogen, innen und aussen umgeschlagen, aussen verdickt und gerandet, die Verdickung setzt sich nach unten fort und umzieht in starkem Wulst die Basalbucht, oben weit, doch flach ausgerandet.

Vaterland: Australien, Bilder nach Sowerby copirt.

Scheint von Reeve für eine junge Schale der M. muscaria angesehen worden zu sein, was viel für sich hat, indessen mag ich aus Mangel an authentischen Exemplaren eine bestimmte Meinung nicht aussprechen.

122. Marginella pygmaea Sowerby.

Taf. 17. Fig. 5. 8.

Testa „coniformis" ovato-oblonga, laevigata, nitida, diaphane-fulva, spira brevi conica, anfractibus subplanis, ultimo superne tumido-rotundato, apex mamillatus; apertura latiuscula, intus translucida; columella superne convexa, medio inferneque quadriplicata, plicis flavidulis; sinus basalis latus, parum profundus; labrum intus extusque reflexum, incrassatum, intus glabrum, medio incurvatum, superne late emarginatum, extus inferneque marginatum.

Long. 9, diam. maj. 4, apert. 7,4 Mm.

Marginella pygmaea Sowerby Thes. Conch. p. 386 t. 2 f. 78. 79. Petit
              Cat. in Journ. de Conch. p. 54. Reeve Conch. Ic.
              t. 23 f. 125.
Prunum pygmaea   H. et A. Adams Gen. of shells p. 191.
Egouena   —   Jousseaume Monogr. p. 32.

Schale verlängert-eiförmig, glatt, glänzend, flaschengelb etwas ins bernstein-
gelbe; Spira kurz-kegelförmig, mit fast ebenen Umgängen und stumpfem Apex,
Hauptumgang oben stumpf abgerundet; Mündung lang und nicht eng, innen durchscheinend; Spindel oben convex, in der Mitte etwas eingezogen, von hier bis zur
Basis stehen 4 gelbe Fältchen, die etwas entfernt von einander sind; Basalsinus
breit und flach; Mundrand innen und aussen umgeschlagen, verdickt, innen glatt
und in der Mitte einwärts gebogen, aussen und an der Basis gerandet, oben flach
ausgeschnitten.

Vaterland unbekannt.

Ist der M. australis höcht ähnlich, etwas schlanker und nur die Spindelseite
der Mündung gelb, statt der ganzen Mündung.

Kann weder Prunum noch Egouena sein, da sie einen Basalausschnitt besitzt, gehört also zu Marginella s. st. in die Gruppe der M. haematita sect. 2
ohne Lippenkerben.

123. Marginella pyrulata Redfield.

Taf. 17. Fig. 6. 7.

„M. testa labiatae simillima, sed magis elongata, spira magis producta.“
(Redfield).

Long. 30, diam. maj. 15, apert. longa 26, lata 2 Mm.
        Marginella pyrulata Redfield Ann. Lyc. nat. hist. New-York 1828. Petit
                l. c. p. 52. H. et A. Adams Gen. of shells p. 190.
        Egouena   —   Jousseaume Monogr. p. 30.
        Marginella obesa   Sowerby Thes. Conch. p. 397 t. 3 f. 91. 92 non Redf.

Obgleich ich keine ganz auf die hier reproducirten Bilder Sowerby's passende
Exemplare vor Augen habe, so liegen mir doch solche vor, die dahin die Uebergänge bilden, ich bin darum nicht im Stande, diese Art aufrecht zu halten, muss
sie vielmehr für eine Varietät der M. labiata erklären. Der Fundort ist der
gleiche.

124. Marginella fauna Sowerby.

Taf. 17. Fig. 9. 12.

„Testa ovali, subcylindrica, pallide carnea, spira brevi, columella oblique quadriplicata, labio prope medium incurvo, extus subincrassata. (Sowerby).

Long. 14, diam. maj. 6, apert. 12 Mm.

Marginella fauna Sowerby Thes. Conch. t. 3 f. 126. 127. Petit Cat. Journ.
de Conch. II p. 54.
Volvarina — H. et A. Adams Gen. of shells p. 195. Jousseaume
Monogr. p. 66.

Schale oval, fast cylindrisch, blass fleischfarbig; Spira kurz; Spindel
mit 4 schiefen Falten, Mundrand in der Mitte umgebogen, aussen fast verdickt.
Vaterland: Curacao. Copie nach Sowerby.

Diese mir unbekannte Art weiss ich nicht zu deuten, sie fehlt auch bei Reeve.
Die in der Figur so deutlichen rothen Längsstreifen sind wohl nur Anwachslinien,
und in der dürftigen Beschreibung gar nicht erwähnt, also Fantasie des Zeichners.
Ist wohl eine junge Schale irgend einer andern Art. Wäre die Beschreibung nach
einem fertigen Exemplar entworfen, so müsste das Schneckchen zu Volvaria nicht
Volvarina gezählt werden.

125. Marginella blanda Hinds.

Taf. 17. Fig. 10. 11.

„M. testa ovata, tenui, sardonychia, obsolete fasciata; spira vix occulta, pallida;
labro subincrassato subreflexo, intus laevi, columella albida, sexplicata, plicis superioribus evanidis, axis 9 lin.“ (Hinds).
Marginella blanda Hinds Proc. zool. Soc. 1844 p. 76 idem Voyage Sulphur t. 10 f. 14. 15. Sowerby Thes. Conch. t. 4 f. 167.
168. Petit Cat. Journ. de Conch. II p. 55.
Cryptospira blanda H. et A. Adams Gen. of shells p. 192.
Persicula — Jousseaume Monogr. p. 99.

Schale eiförmig, dünn, gelb, nach unten dunkler, undeutlich gebändert; Spira
fast unsichtbar, blassgelb; Kolumella weisslich mit 6 Falten, wovon die obere
undeutlich; Mundrand wenig umgeschlagen und nicht sehr verdickt, innen glatt.
Vaterland: Cap blanc — Westafrica —. (Hinds).

Sieht sehr einer jungen Schale der M. bullata ähnlich, doch steht dem der
Fundort und die 6 Falten entgegen. Jedenfalls muss die mir unbekannte Art in
die Nähe der M. bullata gestellt werden, wie schon Petit gethan und nicht zu
Cryptospira wie Adams und gar Persicula wie Jousseaume will. Fehlt bei
Reeve und dies macht die Species verdächtig.

126. Marginella fusiformis Hinds.

Taf. 17. Fig. 13. 16.

„M. testa fusiformi, albida vel pallide cornea; spira elata obtusa, anfractu ultimo
gradatim attenuato, labro paullulum incrassato et reflexo, intus laevi; apertura lineari,
columella quadriplicata, axis 3 lin.“ (Hinds).

Marginella fusiformis Hinds Proc. zool. Soc. 1844 p. 75 idem Voyage
Sulphur t. 13 f. 20. 21. Sowerby Thes. Conch.
t. 2 f. 76. 77. Petit. Cat. Journ. de Conch. II
p. 54. Reeve Conch. Ic. t. 17. f. 79. Jousseaume
Monogr. p. 12.
—   unilineata Jousseaume Monogr. p. 12.

Schale spindelförmig mit von oben nach unten successive abnehmenden Seiten, weisslich oder blass hornbraun, zuweilen mit einer dunkleren Linie am untern
Theil des Hauptumgangs, glänzend; Spira hoch mit stumpfem Apex, besteht aus
4 etwas convexen Umgängen; Mündung eng, innen durchscheinend; Spindel
leicht callös, trägt im engsten Theil 4 kleine Fältchen; Basalsinus flach; Mundrand sehr wenig verdickt und umgeschlagen, innen glatt, oben flach ausgeschnitten.
Vaterland: Strasse von Macassar (Hinds) Bilder nach Sowerby.

Herr Jousseaume trennt die Reeve'sche Art von der Hinds'schen und tauft sie
in M. unilineata um, er hat aber das Wörtchen „interdum" in der Reeve'schen
Diagnose übersehen, man könnte also höchstens von einer Varietät unilineata reden.
Wenn eine so kleinliche Auffassung des Begriffes Species noch mit unrichtigem
Lesen der Diagnosen gepaart ist, dann versteht man erst diese unmotivirte Ver-
grösserung der Artenzahl.

127. Marginella sulcata D'Orbigny.

Taf. 17. Fig. 14. 15.

„M. testa ovata, antice posticeque acuminata, albida, zonis binis fulvis cincta, longitudinaliter costata; spira elevata conica, apice obtuso; apertura angustata, recta; labro
incrassato, intus dentato; columella quadriplicata." (D'Orbigny).
Long. 3, diam. maj. 1,5.
Marginella sulcata D'Orbigny Moll. Cuba p. 102 t. 21 f. 14. 16. Jousseaume Monogr. p. 26.
—   striata Sowerby Thes. Conch. t. 2 f. 81. 82. Petit Cat. in
Journ. de Conch. II p. 54. Reeve Conch. Ic. t. 27 f. 155.
Glabella striata H. et A. Adams Gen. of shells p. 191.

Schale eiförmig, oben und unten ausgespitzt, weisslich mit gelben Zonen
spiral umzogen, zuweilen auch einfarbig, der Länge nach gerippt; Spira ausgezogen mit stumpfem Apex und ·gerippten Umgängen; Mündung eng, gerade; Spindel fast gerade mit 4 weissen Fältchen geziert; Basalsinus flach; Mundrand
innen gezähnelt, oben leicht eingeschnitten, aussen verdickt und gerandet, oben
etwas kantig vortretend.
Vaterland: Antillen — Martinique — (D'Orbigny) Küste der Veinigten Staaten
(Petit).

128. Marginella Chaperi Jousseaume.

Taf. 18. Fig. 1. 4.

„M. testa fusiformi, polita, nitida, vitreo-alba; spira elongato-conica, apice obtuso; apertura ovato-oblonga, labro rotundato, subincrassato, albo, intus quinque dentato, columella arcuata, plicis 4 elevatis et obliquis armata." (Jousseaume).
Long. 7, lata 3, apert. 4 Mm.;
Marginella Chaperi Jousseaume Monogr. p. 14 t. 7 f. 1.

Schale ei-spindelförmig, glatt und glänzend, grünlich-weiss; Spira verlängert-kegelförmig, mit stumpfer Spitze, 4 leicht gerundete Umgänge sind von feiner, leichter milchweiss gesäumter Naht umgeben, der Hauptumgang hat mehr als ³/₄ der Länge der Schale und ist in der Mitte etwas aufgetrieben; Mündung verlängert-oval, verschmälert sich nach beiden Enden; Spindel einwärts gebogen, trägt in der untern Hälfte 4 schiefe Falten, wovon der unterste sich nach aussen verlängert und die Basis der Mündung umgibt; Mundrand innen gezähnt, mit 5 entfernt stehenden Zähnen, wovon die an den Enden stehenden am stärksten sind, aussen ist kaum ein verdickter Varix gebildet, nur eine leichte milchweisse Verdickung ist an seiner Stelle. Oberer Einschnitt nicht vorhanden.

Vaterland unbekannt. Copie nach Jousseaume.

129. Marginella scalaris Jousseaume.

Taf. 18. Fig. 2. 3.

„M. testa parva, ovata, vitreo-alba, nitida; spira turbinata, scalata, anfractibus 4¹/₂ superne angulatis, longitudinaliter striatis; apertura ovato-elongata, dimidiam spiram aequante, labro incrassato, intus quaduor vel quinque dentato, columella quadriplicata." (Jousseaume).
Long. 5, diam. maj. 2,5, apert. 2,5 Mm.
Marginella scalaris Jousseaume Monogr. p. 26 t. 7. f. 9.

Schale klein, eiförmig, grünlich-weiss, glänzend; Spira kreiselförmig, mit abgesetzten Umgängen, deren Anzahl 4¹/₂ beträgt, sie sind kantig und der Länge nach sehr fein und unregelmässig gefurcht, an den Kanten etwas stärker; Mündung eng, unten unmerklich weiter und in eine fast eben so weite Rinne auslaufend; Spindel trägt 4 ziemlich starke Falten, die nach unten mehr und mehr schief stehen, die unterste bildet mit dem Rand der Rinne eine enge Kurve und ist ziemlich weit von dem Rand entfernt; Basalausschnitt sehr schwach; Mundrand aussen leicht umgeschlagen und verdickt, trägt innen 4—5 deutliche und entfernt stehende Zähnchen.

Vaterland: Brasilien, Copie nach Jousseaume.
Mit M. sulcata D'Orbigny verwandt.

130. Marginella Nevilli Jousseaume.

Taf. 18. Fig. 5. 8.

„M. testa parva, fusiformi-obliqua, opaca, nitente alba; spira conico-exserta, obtusa, anfr. 4; suturis obliteratis; apertura parva, lineari, basin vix dilatata, spiram dimidiam aequante; labro laevigato, intus inflexo, columella quadriplicata, plicis duabus anticis obliquis." (Jousseaume).

Long. 4, diam. maj. 2, apert. 2 Mm.

Marginella inconspicua Nevill. Journ. asiatic. Soc. 1874 p. 23 idem 1875 p. 95 t. 8 f. 10. 11 non Sowerby.

— Nevilli Jousseaume Monogr. 28.
— Lantzi Jousseaume Monogr. p. 15 t. 7 f. 5.

Schale sehr klein, schief-spindelförmig, glänzend, milchweiss; Spira kegel-förmig ausgezogen mit 2—3 Umgängen und verdeckten, doch durchscheinenden Nähten, stumpfem Apex; Hauptumgang etwas verschoben, fast halbmondförmig; Mündung oben eng, dann weiter werdend endigt unten in eine Rinne, die aussen einem schwach ausgebildeten Basalsinus entspricht — Jousseaume's Vergleich mit umgekehrtem Komma ist unverständlich —; Spindel mit 4 Falten, wovon die beiden oberen klein sind und sehr quer stehen, die untern, stärkern sind da-gegen sehr schief, sie vereinigen sich aussen und bilden den linken Rand der Rinne; Mundrand kaum verdickt, etwas nach innen umgeschlagen.

Vaterland: Insel Réunion (Jousseaume), Mauritius und Bombay (Nevill), Copie nach Jousseaume.

Ich habe nicht den mindesten Zweifel an der völligen Identität der beiden hier vereinigten Arten. Jousseaume kannte nur die knappe Beschreibung Nevill's, nicht dessen Abbildung und so mag er die Identität nicht erkannt haben. Die Art müsste also M. inconspicua Nevill heissen, der Name ist aber bereits von So-werby verbraucht, darum auch von Jousseaume mit Recht in M. Nevilli umge-wandelt worden. Seine M. Lantzi muss aber die Synonymie wandern.

131. Marginella Manceli Jousseaume.

Taf. 18. Fig. 6. 7.

„Testa ovata, laevi, opaca, carneola, zonis latis pallide rufis tribus cincta; spira occulta. Apertura alba, spiram superante; labro incurvato, intus albo, vix laevigato an-tice minutissime dentato, extus varicoso, aurantio; columella antice quadriplicata." (Jousseaume).

Long. 15, diam. maj. 10, apert. long. 16, lata 2 Mm.

Closia Manceli Jousseaume Monogr. t. 8 f. 4.
Marginella Manceli Liénard Cat. p. 23.

Schale eiförmig, stark, glatt, matt; fleischfarbig oder blass rosenroth mit 3 Spiralbinden, die ungleich breit und schön rosenroth-lila gefärbt sind; Spira unsichtbar; Mündung ziemlich und fast gleich weit, innen weiss mit durchscheinenden Binden; Spindel gebogen, trägt unten 4 Falten, wovon die zwei untern kantig und schief gestellt sind und sich fortsetzen. Keine Basalbucht; Mundrand verdickt, aussen umgeschlagen und gerandet, orange gelb gefärbt, innen weiss, glatt, mit schwer erkennbaren Anlagen zur Crenulirung, die nur unter Vergrösserung sichtbar wird, Randverdickung steht oben stark über die Spiragegend hervor und bedeckt dieselbe ganz.

Vaterland: Mauritius, Copie nach Jousseaume.

Es liegt mir eine ganz weisse Abänderung von den Chagos-Inseln vor; diese Art ist kaum haltbar und wird bei Vergleich grösserer Mengen mit M. sarda mit dieser vereinigt werden müssen.

132. Marginella Wallacei Jousseaume.

Taf. 18. Fig. 9. 12.

„Testa oblongo-ovata, laevi, fasciis latis aurantiacis zona alba interruptis. Spira brevissima, anfr. 4, apice obtuso, anfractu ultimo prope marginem postice calloso, apertura elongata, angusta, antice et postice caniculata, labro albo, intus minutissime et irregulariter dentato, inflexo, extus incrassato; columella callosa, oblique quadriplicata.“ (Jousseaume).

Long. 12, diam. maj. 7, apert. 11 Mm.

Egouena Wallacei Jousseaume (corrigirt in Wallacii) Monogr. p. 40 t. 8 f. 7.

Schale verlängert-oval, ziemlich stark, glatt und glänzend, blass gelb-orange mit zwei weissen Zonen, wovon die obere minder deutlich ist; Spira klein und stumpf, besteht aus 4 glatten Umgängen mit fadenförmigen Nähten, die von weisser Zone begrenzt werden; Mündung eng und schief, unten erweitert, oben canalartig gegen die Spira umgewendet; Spindel oben weit, mit Callus belegt, unten stehen vier ziemlich getrennte Falten, die beiden untern sind mehr genähert und schiefer. Kein Basalsinus; Mundrand verdickt, in der Mitte eingeschnürt, oben breit abstehend, an der Spira angewachsen, aussen mit doppeltem Varix, innen unregelmässig und schwach gekerbt.

Vaterland nicht sicher bekannt, wahrscheinlich Antillen, Copie nach Jousseaume.

Es ist dies eine M. carnea Storer im Kleinen, kaum mehr als eine Var. minor derselben.

133. Marginella gibbosa Jousseaume.

Taf. 18. Fig. 10. 11.

„Testa ovato-depressa, crassa, nitente alba, spira pusilla mammillata; apertura angusta antice dilatata; labris crassis varicibus usque ad apicem adnatis; labio externo

crasso, marginato, intus laevi propter medium inflexo; columella late incrassato versus medium gibbosa, sex aut septemplicata." (Jousseaume).
Long. 12, lata 8, crass. 6, apert. 9 Mm.
Egouena gibbosa Jousseaume Monogr. p. 50 t. 8 f. 6.

Schale eiförmig, zusammengedrückt, aufgetrieben, stark, glatt und glänzend, porcellanweiss, auf dem Rücken mit einem leichten Anflug eines sehr blassen Gelb, das an der Spira etwas intensiver wird; Spira von den oben zusammenstossenden Verdickungen der Ränder der Spindel und des Mundes ganz verdeckt, so dass nur der zizenförmige Apex hervorsteht, der weisslich-bernsteingelb gefärbt ist; Mündung eng, nur unten erweitert, innen gelblich; Spindel oben dick mit Callus belegt, der an der Seite von verdicktem Rand begrenzt wird, sich oben an der Spira mit dem Wulst des Mundrandes vereinigt und auf dem Rücken ein rundes convexes Feld, gleichsam einen isolirten Rücken bildet, wie bei M. cincta, Storeri u. A. Dieser Buckel setzt sich vorn bis zur Spindel fort und verliert sich ins Innere der Mündung. Unter ihm stehen 6 bis 7 schiefe Falten, die von oben nach unten successive stärker werden. Kein Basalausschnitt; Mundrand stark verdickt, nach innen und aussen umgeschlagen, aussen gerandet, oben mit dem Spindelwulst an der Spira angewachsen und hier fein, doch deutlich eingeschnitten.
Vaterland nicht bekannt. Copie nach Jousseaume.
Die Verwandtschaft mit M. cincta, Storeri u. A. liegt auf der Hand, doch scheint die Art durch ihre zahlreichen Falten gut charakterisirt. Sie ist die einzige Art in der Gruppe Prunum H. et A. Adams — Egouena Jouss. — die mehr als vier Falten besitzt.

134. Marginella Baylei Jousseaume.
Taf. 18. Fig. 13. 16.

„Testa cylindraceo-oblonga, bullaeformis, laevis, nitida, opaca, pallide luteo-alba; spira occulta, ultimo anfractu superne tumido, rotundato; antice attenuato, labro albo, intus laevi, extus late incrassato; columella contracta, antice triplicata." (Jousseaume).
Long. 12, lata 5,5, crass. 4,5 Mm.
Balanetta Baylii Jousseaume Monogr. p. 106 t. 8 f. 5.

Schale verlängert-cylindrisch, bullaförmig, an beiden Enden abgerundet, solid, glatt und glänzend — opaca? — weisslich-strohgelb; Spira unsichtbar; Mündung oben gebogen, dann grade, eng, nur unten durch Zurücktreten der Spindel bei den Falten etwas erweitert: Spindel gebogen, oben nach aussen, unten nach innen, woselbst die 3 schiefen Falten stehen, wovon die beiden untern sich fortsetzen, zu helfen, um die Schwiele bilden zu helfen, die die Basis der Rückseite bildet. Kein Basalausschnitt; Mundrand verdickt, innen ohne Kerben, aussen weit umgeschlagen und schwach gerandet, legt sich oben über die Spira hinüber und macht sie unsichtbar. Ausschnitt schwach.

Vaterland nicht bekannt. Copie nach Jousseaume.

Es ist ganz unverständlich, was dieser Art zu dem Recht ein neues Genus zu bilden verhilft, etwa die 3 Falten? Man vergleiche M. cylindrica Sowerby.

135. Marginella Osteri Jousseaume.

Taf. 18. Fig. 14. 15.

„Testa minuta, ventricoso-ovata, laevi, vitreo-alba, nitida; spira conica, anfractibus 4 distinctis, apice obtuso, apertura elongata, angustissima, labio albo, intus inflexa et minutissima crenato, extus longitudinaliter incrassato, columella antice quadriplicata." (Jousseaume).

Long. 3,8, diam. maj. 2, minor 1,8 Mm.

Serrata Osteri Jousseaume Monogr. p. 69 t. 7 f. 7.

Schale klein, eiförmig-bauchig, Erato ähnlich, ziemlich dünn, durchscheinend, glatt und glänzend, weisslich-bernsteinfarbig; Spira kegelförmig, besteht aus 4 gerundeten Umgängen und dem stumpfen Apex, der Hauptumgang nimmt mehr als $^3/_4$ der ganzen Schale in Anspruch, Nähte oberflächlich, aussen von weisser Linie begrenzt; Mündung sehr eng und verlängert, unten etwas erweitert, endigt in eine verhältnissmässig breite Rinne; Spindel gebogen, trägt unten 4 schiefe Falten, wovon die beiden untern sich fortsetzen; Basalausschnitt schwach; Mundrand gebogen, aussen und innen umgeschlagen, innen sehr fein gekerbt, aussen verdickt und gerandet, oben flach ausgeschnitten.

Vaterland? Copie nach Jousseaume.

136. Marginella taeniata Sowerby.

Taf. 19. Fig. 1. 4.

Testa ovato-cylindracea, nitida, pallide fulva, fasciis tribus fuscis spiraliter ornata; spira brevis, anfractibus 4 convexiusculis, apice acuto; apertura elongata, angusta, inferne latior, intus citrina; columella superne convexiuscula, inferna quadriplicata, plicis 2 inferioribus majoribus; sinus basalis nullus; labrum intus laeve, extus late reflexum, incrassatum, marginatum, superne anguste emarginatum.

Long. 14, diam. maj. 6. apert. 12 Mm.

Marginella taeniata Sowerby Proc. zool. Soc. 1876 p. 96 idem Thes. Conch. t. 3 f. 128. 129. Petit Cat. Journ. de Conch. II p. 54. Reeve Conch. Ic. t. 17 f. 85.

Volvarina   —   H. et A. Adams Gen. of shells p. 195. Jousseaume Monogr. p. 56.

Schale lang-eiförmig oder cylindrisch, glänzend-glatt, blassgelb mit drei dunkler gelb oder braunen Spiralbinden, die auch über den Lippenwulst hinweg

gehen; Spira kurz, mit Kallus bedeckt, daher schwer zählbaren (wohl 4) Umgängen und spitzem Apex; Mündung lang und eng, innen citronengelb; Spindel
oben leicht convex, unten mit 4 weissen Fältchen, wovon die beiden untersten
am stärksten sind. Keine Basalbucht; Mundrand innen glatt, aussen breit umgeschlagen und verdickt, gerandet, oben eng ausgeschnitten.

Vaterland: Westafrica (Loebbecke'sche Sammlung).

Ich habe mich vergeblich bemüht, einen erheblichen Unterschied zwischen
dieser Art und M. triticea aufzufinden, muss sie daher für eine schlecht begrün-
dete Species ansehen.

25. Marginella apicina Menke.

Taf. 19. Fig. 2. 3.

Diese beiden Figuren sind Copien der Fig. 93. 94 im Thesaurus, die Jousseaume von M. conoidalis Sowerby als gute Art abgetrennt und M. virginea
genannt hat. Die Unterschiede die Jousseaume anführt und zur Trennung veranlasst, sind sehr unerheblicher Art und können nur einem Autor genügen, der den
Begriff Species in dem allerengsten, kleinlichsten Sinne auffasst, das einzige, mehr
werthvolle Merkmal, das farblose Embryonalende, im Gegensatz zu dem orangegelben der Hauptform und der Varietäten = conoidalis Kien. und flavida
Redfield ist trügerisch. Man braucht nur grössere Mengen von Exemplaren zu
vergleichen, um zu finden, dass es auch unter diesen solche gibt, bei denen die
Färbung bis zum blassesten gelb und selbst völliger Farblosigkeit herabsinkt, ebenso
gibt es bei den mehr kugeligen, etwas abgeplatteten ganz weissen Exemplaren
(= virginea) solche mit dem intensivsten goldgelben Ende.

137. Marginella Lefebrei Bernardi.

Taf. 19. Fig. 5. 8.

„M. testa obovata, polita, fulvescente-albida; spira retuso-convexa; columella quadriplicata, plicis subtransversis, subplanis; labro incrassato, interne albo, laevigato;
apertura angusta et arcuata, long. 13 Mill., lata 9 Mill." (Bernardi).

Marginella Lefebrei Bernardi Journ. de Conch. IV p. 360 t. 12 f. 11. 12.
Persicula — Jousseaume Monogr. p. 110.

Schale eiförmig, glatt und glänzend, gelblich-weiss; Spira eingesunken;
Mündung eng und gebogen; Spindel convex, trägt unten 4 etwas schiefe und
platte Falten; Basalsinus deutlich, nicht sehr tief; Mundrand verdickt, innen
weiss und glatt, oben kaum ausgerandet.

Vaterland? Copie nach Bernardi.

Wohl kaum eine Persicula.

13 *

138. Marginella Odoricyi Bernardi.

Taf. 19. Fig. 6. 7.

„M. testa ovata, albido-bifasciata, lineis undulatis, interruptis, rufescentibusque longitudinaliter ornata; spira brevi-conica, apice aurantio, ferrugineo; columella quinque plicata; apertura angusta, intus aurantiaca; labro albicante, incrassato, laevi. Long. 18 Mill., diam. 11 Mill." (Bernardi).

Marginella Odoricyi Bernardi Journ. de Conch. III p. 59 t. 2 f. 6. 7.
Egouena   —   Jousseaume Monogr. p. 35.

Schale eiförmig, weiss mit drei gelben Zonen, die aus undulirten, unterbrochenen und rothgelben Längslinien bestehen, die die weisse Grundfarbe ebenfalls als aus zwei bunten Zonen erscheinen lassen; Spira kurz-kegelförmig mit gold- oder rostgelbem Apex; Mündung eng, innen orangegelb; Spindel oben leicht convex, von der Mitte an nach unten stehen 5 weisse Falten, wovon die beiden untern so nahe bei einander stehen, dass sie verwachsen zu sein scheinen. Kein Basalsinus; Mundrand weisslich verdickt, innen ohne Kerben.

Vaterland nicht bekannt.

Diese Art, von Bernardi selbst als schlecht erhalten, aufgeführt, dürfte zu den zweifelhaften gehören.

139. Marginella suavis Souverbie.

Taf. 19. Fig. 10.

„Testa oblonga, laevi, nitidissima, opalino-alba, fulvo inaequi-trifasciata, spira elongato-conica, apice obtuso; labro medio incrassato, extus late varicoso; apertura alba, intus medio late fulvo fasciata, columella inaequi-quadri plicata. Long. 4, 5, lat. 2, apert. 3 Mm." (Souverbie).

Marginella suavis Souverbie Journ. de Conch. VII p. 376. VIII p. 126 t. 2 f. 13. Jousseaume Monogr. p. 14.

Schale sehr klein, länglich, glatt und sehr glänzend, opalweiss, von drei ungleich breiten, gelbbraunen Binden umzogen, wovon die mittelste am breitesten ist; Spira lang kegelförmig mit stumpfer Spitze, besteht aus 4½—5 kaum deutbaren Umgängen; Mündung eng, weiss, innen die breite Binde durchscheinend; Spindel trägt 4 Falten, die von oben nach unten an Grösse successive zunehmen; Mundrand in der Mitte und aussen verdickt, innen ohne Kerben, oben flach ausgeschnitten.

Vaterland: Insel Art — Neucaledonien — (Copie nach dem Journ. de Conch.).

106. Marginella Terveriana Petit.

Taf. 19. Fig. 11.

Diese Copie der Pétit'schen Originalfigur ist irrthümlich für M. Guillaini gezeichnet worden. Der Fehler aber hat auch sein Gutes, weil die nach meinen Exemplaren von Dahlack gezeichnete Fig. 9 der Taf. 15 schlecht gerathen ist, an deren Stelle man diese Fig. 11 stellen mag.

140. Marginella Sauliae Sowerby.

Taf. 19. Fig. 9.

„M. testa conico-subovali, laevi, pallidissime fulva, lineis rubris binis cincta; spira brevi; apertura elongata, columella quadriplicata, plica ultima subincrassata, labio externo intus laevi, medio paululum incurva, extus minime varicosa." (Sowerby).

Long. 8, diam. maj. 5, apert. 7 Mm.

    Marginella Sauliae Sowerby Thes. Conch. p. 386 t. 2 f. 68.
    Egouena   —   Jousseaume Monogr. p. 33.

Schale fast oval-kegelförmig, glatt, sehr blass gelb von zwei rothen Spirallinien umzogen; Spira kurz; Mündung lang und eng, unten erweitert, innen gelblich; Spindel oben convex, unten mit 4 weissen Falten, wovon die unterste etwas verdickt ist; Basalsinus weit und flach; Mundrand nach innen umgeschlagen, besonders stark in der Mitte, aussen wenig verdickt, oben flach ausgeschnitten.

Vaterland: Cap Verd'sche Inseln (Jousseaume). Copie nach Sowerby.

Wird wohl eine etwas lebhafter gefärbte und noch nicht völlig ausgebildete Varietät der M. evanida Sow., aus diesem Grund auch bei Reeve fehlen und verdächtig sein.

141. Marginella evanida Sowerby.

Taf. 19. Fig. 12.

Testa elongato-ovalis, laevigata, alba aut sordide alba, pallidissime bifasciata; spira brevis, apice subobtuso, anfr. 4 convexiusculis, ultimo superne gibboso; apertura angusta; columella quadriplicata, plicis inferioribus tumidis; labrum incrassatum, in medio incurvatum, intus glabrum, superne minute emarginatum.

Long. 8, diam. maj. 5, apert. 7 Mm.

    Marginella evanida Sowerby Thes. Conch. p. 388 t. 2 f. 69. Petit Cat.
                     Journ. de Conch. II p. 53. Reeve Conch. Ic. t. 25
                     f. 142.
    Prunum   —   H. et A. Adams Gen. of shells p. 191.
    Egouena   —   Jousseaume Monogr. p. 33.

Schale verlängert-oval, glatt, weiss oder schmutzig weiss mit zwei sehr blassen Spiralbinden; Spira kurz mit stumpflicher Spitze und leicht gewölbten Umgängen, der Hauptumfang ist oben aufgetrieben; Mündung eng; Spindel mit 4 Falten, wovon die beiden letzten stumpf sind; Mundrand verdickt, in der Mitte einwärts gebogen, innen ohne Kerben, oben klein ausgebuchtet.

Vaterland Benguela — Westafrica (Jousseaume).

Reeve sagt „eine sehr unbefriedigende und zweifelhafte Species," das Original — gleichfalls auch das Sowerby'sche — sei von schlechter Beschaffenheit „in bad condition," es ist darum auch wohl zweifelhaft, ob das was Jousseaume von Benguela (Calamel) hat, wirklich hiehergehört.

Diese und die vorhergehende Art dürften also wohl zu cassiren sein.

142. Marginella inconspicua Sowerby.

Taf. 19. Fig. 13.

„M. testa elongato-ovali, laevi, pallidissime fulva; spira brevi, apertura elongata; columella minute quadriplicata, labro externo laevi, extus vix varicosa." (Sowerby).
Long. 6, diam. maj. 3, apert. 5,5 Mm.

Marginella inconspicua Sowerby Thes. Conch. p. 387 t. 2 f. 80. Petit Cat. Journ. de Conch. II p. 53. Reeve Conch. Ic. t. 25 f. 141.

Prunum — H. et A. Adams Gen. of shells p. 191.
Egouena -- Jousseaume Monogr. p. 33.

Schale verlängert-oval, glatt und glänzend, weiss oder sehr blass gelb; Spira klein und kurz; Mündung verlängert, ziemlich eng; Spindel mit 4 kleinen Fältchen; Mundrand innen ohne Kerben, aussen schwach verdickt.

Vaterland? Copie aus dem Thesaurus.

Dies ist meiner Meinung nach nichts anderes als M. capensis in einem gewissen Altersstadium und entspricht der Krauss'schen Abbildung weit besser, als die Reeve'sche dieser Art, die dem mehr vorgerückten Alterszustand entspricht. Müsste ebenfalls cassirt werden.

143. Marginella albolineata D'Orbigny.

Taf. 19. Fig. 16.

„M. testa oblongo-elongata, subcylindracea, fulvo rubra lineis albis tribus cincta, spira obtusa, labro non depressa, columella quadriplicata. Long. 5, lat. 2 Mm." (D'Orbigny).

Marginella albolineata D'Orbigny Moll. Cuba p. 90 t. 20 f. 27—29.
— varia Sowerby pars Thes. t. 3 f. 141.
— gracilis C. B. Adams Contr. p. 130.
Marginella bibalteata Reeve conch. Ic. t. 20 f. 99. Marrat Quart. Journ. I p. 137.
Volvarina albolineata Jousseaume Monogr. p. 56.

Schale sehr schlank, zwischen cylindrisch und spindelförmig, gelbroth mit drei weissen Spirallinien, oder umgekehrt weiss mit 3 goldgelb-braunen Binden, wovon die oberste nahe der Spira steht, die mittelste oft undeutlich, schimmernd und glatt ist; Spira mittelhoch, im Profil gebogen mit 4 wenig convexen Umgängen und undeutlichen Nähten; Apex stumpflich; Mündung lang und eng; Spindel mit 4 sehr schiefen Fältchen; Mundrand etwas eingebogen, schwach verdickt, oben bis zum vorletzten Umgang reichend und angewachsen.

Vaterland: Cuba (D'Orb.) Jamaica (C. B. Adams). Copie nach Sowerby.

144. Marginella laeta Jousseaume.

Taf. 19. Fig. 14. 15.

„Testa ovato-oblonga, polita nitidissima, carnea, rubro interdum lineari cincta; spira brevi-conica; anfractibus quinis, inferioribus superne ad suturam albicantibus. Apertura elongata, pallide rosea, labro albo, incrassato, laevi; columella quadriplicata, plicis postice parvis fere rectis, anterioribus fortis et obliquis." (Jousseaume).

Long. 12, diam. maj. 7, minor 5; apert. 10 Mm.

Egouena laeta Jousseaume Monogr. p. 44 t. 8 f. 2.

Schale sehr verlängert-eiförmig, unten abgerundet und oben spitz auslaufend, solid, glatt und sehr glänzend, zart fleischfarbig, von einer schön rosenrothen Spiralbinde umzogen, etwas oberhalb der Mitte; Spira kurz-kegelförmig, besteht aus 5 Umläufen, wovon der Hauptumgang beinahe die ganze Länge einnimmt; die übrigen sind sehr blass rosenroth, die überzogenen Nähte weiss gesäumt; Mündung eine lange Spalte bildend, nur unten etwas erweitert, innen fast rosenroth, die Binde schimmert durch; Spira fast grade, trägt 4 ziemlich weit getrennte Falten, die beiden obern sind klein, grade und endigen plötzlich, die beiden andern sind stärker und schief, sie setzen sich fort, die letzte wendet sich um und hilft die Schwiele der Rückseite bilden; Basalausschnitt fehlt ganz; Mundrand weiss, innen ohne Kerben, aussen mit doppeltem Varix, oben bis an die Naht des dritten Umgangs angewachsen. Oberer Einschnitt deutlich, doch klein.

Vaterland: Senegal, Copie nach Jousseaume.

Kaum etwas anderes als eine frisch und lebhaft gefärbte Varietät von kleiner Statur der M. olivaeformis Kiener.

145. Marginella pulvis Jousseaume.

Taf. 20. Fig. 1. 4.

„Testa ovato-oblonga, nitida, vitreo-alba, minutissime circum striata; spira occulta; apertura angusta, antice dilatata, labro incrassato, opaco, albo, intus minutissima striato, columella callosa, dentibus et plicis duabus antice armata." (Jousseaume).
Long. 1, 3; diam. maj. 0,8; minor 0,7 Mm.
Granula pulvis Jousseaume Monogr. p. 86. t. 7 f. 2.

Schale sehr klein, eiförmig, glasartig weiss, glänzend, von sehr feinen Linien umzogen; Spira unsichtbar; Mündung eng, unten erweitert; Spindel mit Schmelz belegt, äusserst fein gesägt und unten mit 2 Falten bewaffnet, wovon die unterste sich fortsetzt, Mundrand verdickt, matt weiss, innen sehr fein gestreift.
Vaterland: Réunion. Copie nach Jousseaume.
Die ganze Darstellung ergibt, dass man es mit der Embryonalschale einer grössern Art zu thun hat, welche dies ist, lässt sich jedoch nicht ersehen.

146. Marginella Bazini Jousseaume.

Taf. 20. Fig. 2. 3.

„Testa ovato-oblonga, antice et postice obtusa, solidula, nitida, subpellucida, vitreo-alba, linea fusco superne annulata; spira brevis et obtuso conica. anfr. 4, suturis distinctis, albis fusco marginatis; apertura elongato-angustata, antice dilatata, labro opaco, albo, intus laevi, inflexo, extus incrassato, columella recta, antice fortiter et oblique quadriplicata." (Jousseaume).
Long. 5, lata 2,5, crass. 2, long. apert. 4,5 Mm.
Volvarina Bazini Jousseaume Monogr. p. 61 t. 7 f. 3.

Schale klein, verlängert-eiförmig, an beiden Enden stumpf, ziemlich stark, glatt und glänzend, etwas durchscheinend, glasartig weiss, oben an der Naht mit brauner Linie umringt; Spira kurz und stumpf, besteht aus 4 Umgängen, die durch deutliche, weisse braun gesäumte Nähte getrennt sind; Mündung lang und eng, nur unten erweitert; Spindel gerade, trägt unten 4 starke und schiefe Falten; Basalsinus nicht erkennbar; Mundrand innen glatt und umgeschlagen, aussen verdickt, mattweiss.
Vaterland nicht angegeben. Copie nach Jousseaume.
Ist der M. annulata Reeve wohl verwandt.

147. Marginella heterozona Jousseaume.

Taf. 20. Fig. 5. 8.

„Testa elongato-cylindracea, laevi, nitidissima, vitreo-alba, obsolete rubro-fasciata; spira parva, obtusa, suturis lineato-rubro marginatis; apertura angusta, labro dextro sub-inflexo, intus laevi, extus albo varicoso in medium rubro-maculato; columella oblique quadriplicata". (Jousseaume).

Long. 5, lata 2, crass. 1,8 Mm.

Volvarina heterozona Jousseaume Monogr. p. 62 t. 7 f. 4.

Schale klein, verlängert-cylindrisch, in der Art, dass die rechte Seite fast gradlinig, die linke gebogen ist, glatt und stark glänzend, dabei dünn, zerbrechlich und durchscheinend, blass bernsteinfarbig, etwa in der Mitte von einer breiten, gelben Binde spiral umzogen, die auch auf den Varix übergeht, an der Naht zieht sich ein gleichgefärbter Faden hin; Spira klein und stumpf, wenig vortretend, besteht aus 3 Umgängen, die durch eine verdeckte Naht, deren Verlauf nur durch die feine gelbe Linie, die sie begrenzt, erkennbar ist, geschieden. Mündung eng und lang, nur unten erweitert und abgeschlossen; Spindel oben auswärts-, unten einwärts gebogen, hier stehen 4 nach unten deutlichere Falten; Mundrand innen glatt, aussen verdickt und breit umgeschlagen, fast verdoppelt.

Vaterland: ? Copie nach Jousseaume.

148. Marginella inflexa Sowerby.

Taf. 20. Fig. 7.

„Testa elongata, prope medium subangulata, laevi, fusca, versus basin subangusta; spira producta; apice obtuso, sutura alba; anfractu ultimo fascia rubra prope suturam cincta; apertura angusta, columella quadriplicata, antice spiraliter alba; labio externo incurvo, crasso, angulato, antice sub-dilatato". (Sowerby).

Long. 8, diam. maj. 3,5, apert. 5,7 Mm.

Marginella inflexa Sowerby Thes. Conch. p. 339 t. 3 f. 132.

Egouena   —   Jousseaume Monogr. p. 45.

Schale schlank, gegen die Mitte etwas kantig, glatt, braun, Spira verlängert mit stumpfem Apex und weissen Nähten, Hauptumgang unten etwas eng, oben mit rother Spiralbinde nächst der Sutur gezeichnet; Mündung eng, Spindel mit 4 Falten, wovon die unterste sich spiral fortsetzt und weiss gefärbt ist; Mundrand nach innen umgeschlagen, verdickt, kantig, unten etwas erweitert.

Vaterland: ? Copie nach Sowerby.

Ist diese mir unbekannte Art, die auch bei Reeve fehlt, von M. fusiformis Sow. verschieden?

V. 4.   14

149. Marginella asellina Jousseaume.

Taf. 20. Fig. 9. 12.

„Testa pyriformi-oblonga, solida, nitidissima, alba aurantio pallidissime trifasciata; spira parva, mammillata, ad basin aurantio tincta; apertura elongata, angusta, antice vix dilatata, labro extus crassiusculo, albo, intus leviter crenulato; columella callosa octo-vel decim dentibus armata". (Jousseaume).

Long. 5, lata 2,7, crass. 2, apert. longa 4,5 Mm.

Gibberula asellina Jousseaume Monogr. p. 80 t. 7 f. 6.

Schale verlängert-birnförmig, solid, glatt und sehr glänzend, porzellanweiss mit drei breiten, blass-goldgelben Spiralbinden geziert, die sich schnell verlieren, wenn die Schale am Strand liegt; Spira klein, zitzenförmig, platt, von einem gelben Ring umgeben, Nähte verdeckt; Mündung verlängert, eng, nur unten etwas erweitert, innen blassgelb; Spindel gebogen, mit Schmelz belegt, trägt 8 bis 10 Fältchen, welche von oben nach unten successive deutlicher und stärker werden; der unterste setzt sich fort. Basalausschnitt abgerundet und tief; Mundrand verdickt, innen sehr fein gezähnelt, aussen breit umgeschlagen und kaum gerandet.

Vaterland: Mauritius. Copie nach Jousseaume.

150. Marginella olivellaeformis Jousseaume.

Taf. 20. Fig. 10. 11.

„Testa parva, elongato-ovata, acuminata, nitida, vitreo-alba, spira elongato-conica, apice obtuso; anfractibus 4, sutura canaliculata; apertura lineari, antice dilatata, labro intus minutissime sulcata; columella quadriplicata, plicis obliquis, angulatis". (Jousseaume).

Long. 4, diam. maj. 1,66, minor 1,5 Mill.

Canalispira olivellaeformis Jousseaume Monogr. p. 107 t. 7 f. 6.

Schale klein, verlängert-oval, schlank, glänzend-glatt, glasartig-weiss, durchscheinend, doch ziemlich solid; Spira kegelförmig, mit stumpfer Spitze, besteht aus 4 durch eine kanalartig vertiefte Naht getrennten Umgängen, wie bei den meisten Oliven. Mündung gestreckt, oben sehr eng, unten etwas erweitert; Spindel leicht bedeckt, trägt unten 4 schiefe Falten; Basalausschnitt fehlt; Mundrand nicht verdickt, innen fein gefaltet, nach dem Innern der Mündung vertiefen sich deren Furchen.

Vaterland nicht bekannt. Copie nach Jousseaume.

Der Autor vergleicht diese sonderbare Art mit Olivella eburnea, was sich wohl nur auf den äussern Aspect und die Spira bezieht, jedenfalls müsste dies ein früher Anfangszustand der Olivella sein. Die starken Falten der Spindel und die gefalte Innenseite des Mundrandes verweisen dem Schneckchen den Platz im Genus Marginella, wofür indess ein Subgenus Canalispira am Platz ist.

151. Marginella benguelensis Jousseaume.

Taf. 20. Fig. 13. 16.

„Testa ovato-oblonga, opaca, laevi, nitida, pallidissime fulva, duabus lineis fulvis cincta, spira obtusa nucleola vix prominula, laevigata, nitente aurantia tincta; apertura oblongo-angusta, labro laevi, extus vix incrassato, columella callosa, quadriplicata". (Jousseaume).

Long. 7, diam. maj. 3,5, apert. 6 Mm.

Gibberula Benguelensis Jousseaume Monogr. p. 82 t. 8 f. 8.

Schale länglich-oval, ziemlich stark, glatt, matt glänzend, sehr hellgelb mit zwei braungelben Spirallinien, wovon die untere stets intensiver gefärbt ist als die obere, die oft ganz blass wird und bei gerollten Stücken fehlt; Spira kaum sichtbar mit knopfförmigem glatt und glänzendem Apex, der von einer oranggelben Zone, die glasartig callös und die Naht des vorhergehenden Umgangs bedeckt, umgeben ist. Mündung eng und lang, unten in eine kanalartige Rinne auslaufend; Spindel callös mit 4 Falten, wovon die zweite immer die deutlichste und die vierte sehr schwach, oft fehlend ist. Basalbucht deutlich und tief; Mundrand grade, innen glatt, aussen weit umgeschlagen, weiss und wenig verdickt.

Vaterland: Benguela — Unterguinea — (Calamel). Copie nach Jousseaume.

152. Marginella mexicana Jousseaume.

Taf. 20. Fig. 14. 15.

„Testa ovato-oblonga, laevi, nitidissima, solidula, opaco-alba, obscurissime quadrifasciata, spira brevi, conica, obtusa, livida, suturis albis; apertura elongata postice angustata, antice dilatata, labro albo immaculato, intus laevi versus medium inflexo, extus late varicoso, columella quadriplicata". (Jousseaume).

Long. 7, diam. max. 3, minor 2,5, apert. 7 Mm.

Volvarina mexicana Jousseaume Monogr. p. 60 t. 8 f. 9.

Schale verlängert-oval, solid, glatt und stark glänzend, milchweiss mit 4 sehr undeutlichen Spiralbinden; Spira kurz-kegelförmig, stumpf, livid mit weissen Nähten; Mündung lang, oben eng, unten erweitert; Spindel vierfaltig; Basalbucht fehlt; Mundrand weiss ohne Flecken, innen glatt, in der Mitte eingebogen, aussen weit umgeschlagen und kaum verdickt.

Vaterland: Mexico (Jousseaume, nach dessen Bildern copirt).

Ist wohl noch in die Varietätenreihe der M. lactea Kiener zu stellen?

153. Marginella fusca Sowerby.

Taf. 21. Fig. 1. 4.

„M. elongata, subovali, postice subangulata, antice late marginata, in medio paululum contracta, fusca vel pallide purpurea, fusco-trifasciata; spira breviuscula, apice obtuso;

14 *

apertura angustata, columella rectiuscula, plicis quaduor. quorum duabus anticis albis, prominentibus, spiraliter elongatis; labro externo albo, intus iu medio incurvo, extus fusco, late reflexo². (Sowerby).

Long. 14, diam. maj. 6, apert. 12 Mm.

Marginella fusca Sowerby Thes. Conch. p. 392 t. 3 f. 122. 123. Petit Cat. Journ. de Conch. II. p. 54. Reeve Conch. Ic. t. 17 f. 82.

Volvarina Simeri Var. Jousseaume Monogr. p. 53.

Schale verlängert-oval, oben etwas kantig, unten breit gerandet, in der Mitte etwas zusammengedrückt, braun oder blass purpurbraun, mit 3 dunklen Spiralbinden geziert; Spira wenig erhoben mit stumpfem Ende; Mündung eng und lang, innen blassbraun; Spindel fast gerade, trägt unten 4 Falten, wovon die beiden untersten am stärksten sind und sich weiter fortsetzen. Kein Basalausschnitt. Mundrand weit umgeschlagen, innen glatt und weiss, in der Mitte etwas einwärtsgebogen, aussen braun.

Vaterland: Antillen (Cuming).

Jousseaume setzt diese Art als Varietät der M. triticea Lam., während der Autor sie mit Recht mit M. nitida vergleicht und neben seine M. triticea setzt. Merkwürdigerweise citirt dann Jousseaume zwei der Sowerby'schen Figuren von triticea zu Serrata Lienardi Jouss. und eine zu S. Delessertiana, also beides Arten mit innen gekerbtem Rand, wovon bei Sowerby keine Rede ist, der ausserdem seiner M. triticea das M.M. zum Fundort gibt, während Jousseaume die beiden Arten von Bourbon und Mauritius hat. Dies sind Ungenauigkeiten, die nicht ohne Rüge bleiben können.

154. Marginella vexillum Redfield.

Taf. 21. Fig. 2.

„Testa ovata, straminea, fasciis inaequalibus purpureo-fuscis albo concinne catenatis ornata; anfractibus 4—5, spira mediocri, conica; labio crasso purpureo-punctato, intus denticulato; columella albo-callosa, 4-plicata; apertura angustata". (Redfield).

Long. 19 Mill., lata 11 Mill.

Marginella vexillum Redfield Ann. Lyc. nat. hist. 1852. Reeve Conch. Ic. t. 19 f. 98. Jousseaume Monogr. p. 9.

Schale eiförmig, strohgelb mit ungleichen Spiralbinden, die purpur-braun, fein weiss gegliedert sind, gezeichnet, zuweilen weisslich mit violett-braunen gefleckten Binden; Spira mässig hoch, kegelförmig, besteht aus 4—5 oben stumpf aufgetriebenen Umgängen; Mündung eng; Spindel mit weissem Schmelz belegt, trägt 4 Falten; Mundrand verdickt, umgeschlagen und gerandet, überall purpurbraun gefleckt, innen gekerbt.

Vaterland: Cap Palmas an der Westküste von Africa. Bild copirt nach Reeve.

155. Marginella tribalteata Reeve.

Taf. 21. Fig. 3.

„M. testa conico-cylindracea, opaco-alba, nitente, fasciis tribus aurantio-fuscis cingulata, spira parva, anfractibus superne tumidiusculis, inferne attenuatis, labro modice flexuoso, columella quadriplicata". (Reeve).

Long. 9, diam. maj. 4,25, apert. 8,5 Mm.

Marginella tribalteata Reeve Conch. Ic. t. 20 f. 102.
Volvarina — Jousseaume Monogr. p. 55.

Schale cylindrisch-kegelförmig, dem Bild nach cylindrisch mit kegelförmiger Spira, mattweiss, glänzend mit 3 goldbraunen Spiralbinden; Spira klein, besteht aus oben stumpflichen Umgängen, der Hauptumgang unten verengert; Mundrand mässig umgeschlagen; Spindel mit 4 Falten.

Vaterland: ? Copie nach Reeve.

Eine gänzlich unhaltbare Art, ohne jedes bestimmte Kennzeichen. Kann zu ½ Dutzend Arten als leichte Abänderung gehören.

156. Marginella rubella Sowerby.

Taf. 21. Fig. 5.

„M. elongato-ovali, pallidissime rosea, spira brevi; columella oblique quadriplicata; labio externo in medio incurvo extus vix incrassato". (Sowerby).

Marginella rubella —? Sowerby Thes. Conch. p. 391 t. 3 f. 133.
Volvarina rubella Jousseaume Monogr. p. 64.

Schale länglich-oval, sehr blass rosenroth; Spira kurz; Columelle mit 4 schiefen Falten; Mundrand in der Mitte eingebogen, aussen kaum verdickt.

Vaterland: ? Copie nach Sowerby.

Ebenfalls eine gänzlich obsolete Species, von der man nicht weiss, wer sie zuerst beschrieben, aus welcher Sammlung sie stammt. Fehlt bei Reeve.

157. Marginella obscura Reeve.

Taf. 21. Fig. 6.

Testa elongata, cylindraceo-ovata, albido-rufescente, subpellucida, nitida, lineis quinis, pallide rufis vel fuscis, regularibus, spiraliter cincta, interdum obsoletis; spira parva, acutiuscula, anfractibus convexiusculis; apertura recta, angusta, inferne paululum dilatata, intus translucida, fasciata; columella superne convexiuscula inferne quadriplicata, plicis obliquis aequidistantibus; sinus basalis nullus; labrum acutum, intus glabrum, extus valde incrassatum, quinque maculatum.

Long. 10, diam. maj. 5, apert. 8,5 Mm.

Marginella obscura Reeve Conch. Ic. t. 24 f. 132.
Volvarina — Jousseaume Monogr. p. 63.

Schale länglich, eiförmig-cylindrisch, sehr glänzend-glatt, weisslich ins röthliche übergehend, halbdurchsichtig, mit 5 blassrothen oder braunen, in regelmässiger Entfernung stehenden Spirallinien geziert, die aussen bis zum Umschlag des Mundsaumes sich fortsetzen und hier etwas intensiver gefärbte Flecken bilden, die zuweilen, wenn die Linien auf dem Rücken fehlen oder obsolet werden, allein vorhanden sind. Spira klein, spitzlich aus leicht gewölbten, kaum unterschiedenen Umgängen bestehend; Mündung gestreckt, eng, nur unten wenig erweitert, innen scheinen die Linien durch; Spindel oben etwas convex, unten mit 4 regelmässig, doch etwas schief gestellten Falten. Mundrand scharf, innen glatt, aussen umgeschlagen und stark verdickt mit 5 den Spirallinien entsprechenden Flecken.
Vaterland: ?

158. Marginella Trailli Reeve.

Taf. 21. Fig. 7.

„M. testa oblongo-cylindracea utrique subquadrata, flavescente-alba, spira parva, anfractibus superne obtuso angulatis, labro crasse reflexo, columella quinqueplicata". (Reeve).
Long. 13, diam. maj. 6,5, apert. 12 Mm.
Marginella Trailli Reeve Conch. Ic. t. 21 f. 114.
Cryptospira — Jousseaume Monogr. p. 74.

Schale länglich-cylindrisch, zuweilen fast quadratisch, gelblich ins weisse fallend; Spira kurz-kegelförmig, klein; Hauptumgang oben abgestumpft-kantig; Mündung lang; in der Mitte verengt; Spindel fünffaltig; Basalsinus deutlich; Mundrand innen glatt, aussen weit umgeschlagen, verdickt und gerandet.
Vaterland: Malakka (Reeve).
Dies ist ohne Zweifel der Jugendzustand der M. Loebbeckeana Wk. oder Cryptospira Marchi Jouss., doch ohne Exemplare nicht sicher zu entscheiden.

159. Marginella Bensoni Reeve.

Taf. 21. Fig. 8.

„M. testa subtrigono-oblonga, solidiuscula, nitente-alba spira parva, anfractibus superne tumidiusculis, labro modice reflexo, columella triplicata". (Reeve).
Long. 2,5, diam. maj. 1,3, apert. 2,3 Mm.
Marginella Bensoni Reeve Conch. Ic. t. 27 f. 158.
Granula — Jousseaume Monogr. p. 83.

Schale sehr klein, länglich, fast dreieckig, ziemlich starkschalig, glänzend weiss; Spira klein, stumpf kegelförmig, Hauptumgang oben abgestumpft; Mündung ziemlich weit, in der Mitte am engsten; Spindel leicht gebogen, unten mit 3 Falten versehen, Basalsinus deutlich und tief; Mundrand nach aussen mässig weit umgeschlagen und verdickt.

Vaterland: Grün Punkt — Cap der guten Hoffnung — (Benson). Copie nach Reeve.

Mir unbekannt.

160. Marginella pyriformis Harper Pease.

Taf. 24. Fig. 13. Taf. 21. Fig. 9.

„Testa oblongo-pyriformis, laevigata, nitida; spira brevis; labro extus incrassato, intus denticulato; apertura angusta, linearis; alba, fasciis tribus luteis ornata, ad suturam medio et ad basim". (Harper Pease).

Long. 6, diam. 3 Mill.

Marginella pyriformis Harper Pease in Americ. Il. of Conch. 1867 Nr. 4 p. 281 t. 23 f. 21.

— Sandwicensis Reeve Conch. Ic. t. 27 fig. 157. Jousseaume Monogr. p. 84 non Pease.

Schale klein, verlängert-birnförmig, glatt und stark glänzend, durchscheinend weiss mit oder ohne 3 blassgelben Spiralbinden, die an der Basis, an der Naht und in der Mitte gelegen, selten auf der Vorderseite sichtbar sind; Spira kurz oder sehr kurz; Mündung eng; Basalsinus wohl ausgebildet; Spindel unten matt weiss, trägt 4 Fältchen, wovon das unterste sehr lang und senkrecht ist; Mundrand innen gezähnt, aussen umgeschlagen und verdickt.

Vaterland: Paumotus-Inseln (Pease). Meine Sammlung von Pease selbst erhalten.

Ist der M. miliaria L. von den Mittelmeerküsten sehr ähnlich, variirt auch in den Binden und in der wechselnden Höhe der Spira wie diese.

Ich habe die Marg. Sandwicensis Reeve hierhergezogen, sie kann die Species gleichen Namens oder M. Sandwichensis Pease nicht sein.

161. Marginella infelix Jousseaume sp.

Taf. 21. Fig. 10.

„M. testa ovata, flavescente-alba, solidiuscula, nitente, spira parva, anfractibus tumidiusculis, labro incrassato, subflexuoso, columella quadriplicata". (Reeve).

Long. 8, diam. maj. 4,8, apert. 7 Mm.

Marginella simplex Reeve Conch. Ic. t. 22 f. 115 non Fred. Edwards.

Cryptospira infelix Jousseaume Monogr. p. 75.

Schale eiförmig, gelblich ins weisse fallend, ziemlich solid, glänzend; Spira klein, kurz kegelförmig mit oben abgestumpften Umgängen, was jedoch nur am Hauptumgang zu erkennen ist. Mündung gestreckt und ziemlich eng; Spindel vierfaltig; Mundrand verdickt, etwas ausgebreitet und gerandet; Basalsinus flach.

Vaterland: Australien (Strange). Copie nach Reeve.

162. Marginella pyrulum Reeve.

Taf. 21. Fig. 11.

„M. testa obtuse pyriformi, solida, flavescente-alba, opaca, spira parva, anfractibus ad basin constrictis; labro intus denticulata, columella quadriplicata". (Reeve).
Long. 9, diam. maj. 5,5, apert. 8,8 Mm.

Marginella pyrulum Reeve Conch. Ic. t. 22 f. 117.
Gibberula — Jousseaume Monogr. p. 79.

Schale stumpf-birnförmig, starkschalig, gelblich-weiss, matt; Spira klein, kaum vortretend, nur der stumpfe Apex steht hervor, Hauptumgang an der Basis eingeschnürt; Mündung eng, gebogen; Spindel vierfaltig; Basalausschnitt klein und tief; Mundrand innen gezähnt, aussen umgeschlagen, leicht verdickt und schwach gerandet.

Vaterland: Westindien — St. Thomas — (Reeve).

Von Jousseaume wurde diese Art in die Gruppe Gibberula gestellt, es scheint mir eine grössere Verwandtschaft mit M. clandestina vorzuherrschen, die Carpenter von den Antillen erwähnt, also eher etwa M. alba C. B. Adams vorzuliegen.

163. Marginella Lavalleana D'Orbigny.

Taf. 21. Fig. 12.

M. testa ovato-oblonga, albida, laevigata, antice attenuata, postice dilatata; spira obtusa, conica, apertura angustata, subrecta; labro laevigato; columella quadriplicata.
Long. 2,5, lata 1,5". (D'Orbigny).

Marginella Lavalleana D'Orbigny Moll. Cuba p. 101 t. 20 f. 36—38.
Reeve Conch. Ic. t. 27 f. 153.
— minima Guilding Thes. Conch. t. 5 f. 220.
Granula Lavalleana Jousseaume Monogr. p. 85.

Schale länglich-eiförmig, weisslich, glatt und glänzend, unten eng, oben breitschulterig; Spira stumpf-konisch; Mündung eng, beinahe gerade; Spindel mit 4 Falten versehen; Basalsinus deutlich, nicht sehr flach; Mundrand innen glatt, aussen umgeschlagen und wenig verdickt.

Hab. Jamaica, Martinique (D'Orbigny), St. Vincent (Guilding).

Hidalgo sieht in der D'Orbigny'schen Art die Marg. secalina Philippi, die er anderwärts auf M. exilis Gmelin bezieht, also gleich der M. triticea Lamarck's setzt. Ich kann nur eine Verwandtschaft, vielleicht Identität mit M. minuta Pfeiffer erkennen, die auch von andern Autoren angenommen wird, wie die Nebeneinanderstellung beweist.

164. Marginella bulbosa Reeve.

Taf. 21. Fig. 13.

„M. testa tumido-ovata, opaco-alba, spira minuta, partim immersa, anfractibus superne solide obtusis, labro modice incrassato, columella quadriplicata". (Reeve).
Long. 5, diam. maj. 3 Mm.
    Marginella bulbosa Reeve Conch. Ic. t. 25 f. 144.
    Granula   —   Jousseaume Monogr. p. 84.

Schale abgestumpft-eiförmig, mattweiss, glatt; Spira klein, zum Theil eingehüllt mit stumpfem Apex, Umgänge stark abgestumpft, was sich jedoch nur am
Hauptumgang erkennen lässt. Mündung gebogen, oben eng, unten erweitert;
Spindel mit 4 von oben nach unten successive stärker werdenden Falten; die
unterste steht sehr schief; Mundrand innen gekerbt, aussen umgeschlagen und
mässig verdickt.
    Vaterland: Borneo (Reeve). Copie nach demselben.
    Worin unterscheidet sich diese Art von M. granum Philippi, die noch nie-
mals abgebildet worden ist?

165. Marginella lachryma Reeve.

Taf. 21. Fig. 14.

„M. testa subpyriformi-ovata, vitreo-alba; spira immersa, anfractibus superne obtuse
rotundatis, labro parum incrassato, apertura subcurvata, columella multiplicata". (Reeve).
Long. et apert. 4, diam. maj. 2,2 Mm.
    Marginella lachryma Reeve Conch. Ic. t. 27 f. 159.
    Gibberula   —   Jousseaume Monogr. p. 81.

Schale eiförmig, beinahe birnförmig, glasartig-weiss, glänzend, glatt; Spira
eingehüllt, Hauptumgang oben stumpf abgerundet; Mündung leicht gebogen, eng;
Spindel vielfaltig; Basalbucht eng und tief; Mundrand wenig verdickt.
    Vaterland: Borneo (Reeve, dessen Bild copirt ist).

166. Marginella minor C. B. Adams.

Taf. 21. Fig. 15.

Testa oblongo-pyriformis, nitidissima, vitreo-alba, spira minuta, anfractibus 4—5,
suturis callo tectis; ultimo superne modice lato, rotundato; apertura angusta; columella
quadri-vel quinqueplicata, plicis inferioribus 2 eminentioribus, prima interdum obsoleta;
labrum intus glabrum, extus crasse reflexum; sinus basalis distinctus.
    Long. 4, diam. maj. 2,2, apert. 3,8 Mm.

Marginella minor C. B. Adams Panama shells Nr. 40. Reeve Conch. Ic.
t 27 fig. 152. Carpenter Mazatl. shells p. 461. idem
Rep. p. 389.
Gibberula — H. et A. Adams Gen. of shells p. 193.
Granula — Jousseaume Monogr. p. 83.

Schale länglich–birnförmig, äusserst glänzend, glasartig–weiss durchscheinend;
Spira klein, doch deutlich vortretend, besteht aus 4—5 etwas convexen Umgängen,
deren Nähte jedoch von Schmelz bedeckt sind, der letzte ist oben mässig breit und
abgerundet; Spindel trägt meistens 4 Falten, wovon die zwei untern am stärksten
sind, zuweilen tritt oben noch eine fünfte hinzu, die aber immer schwach entwickelt
ist: Basalsinus deutlich ausgebildet; Mundrand innen ohne Zähne, aussen umgeschlagen und verdickt.
Vaterland: Panama und Mazatlan; meistens auf Chama, Spondylus und Modiola
lebend. (Carpenter).
Die Species war von C. B. Adams als Vertreter der westindischen M. Lavalleana D'Orbigny angesehen worden, ist aber nach Carpenter, der über 200 Exemplare zur Hand hatte, durch minder breite Schulter, überhaupt grössere Schlankheit
und deutlicher vortretende Spira leicht zu unterscheiden.

167. Marginella ros Reeve.

Taf. 21. Fig. 16.

„M. testa obtuse conica, subpyriformi, spira partim immersa, vitreo-alba, labro mo-
dice incrassato columella calloso-tumida, minutissime plicata". (Reeve).
Long. 3,5, diam. maj. 2,1. apert. 3,5 Mm.
Marginella ros Reeve Conch. Ic. t. 20 f. 147.
Granula — Jousseaume Monogr. p. 84.

Schale abgestumpft-kegelförmig, fast birnförmig, durchscheinend weiss, glatt
und glänzend; Spira eingesunken, nur der glasglänzende Apex steht vor; Mündung oben eng, unten erweitert; Spindel gebogen, callös, mit 4—5 sehr kleinen
Fältchen geziert; Basalsinus ziemlich weit; Mundrand umgeschlagen und mässig
verdickt.
Vaterland unbekannt. Copie nach Reeve.
Kommt sehr auf M. pyriformis heraus, die aber eine gekerbte Lippe besitzt.

168. Marginella cinerea Jousseaume.

Taf. 22. Fig. 1.

„M. testa subpyriformi-ovata, sordide alba, spira minuta, fere immersa, anfractibus
superne tumido-rotundatis, labro incrassato, columella callosa, minute quadriplicata". (Reeve).
Long. 3, diam. maj. 1,8, apert. 2,5 Mm.

整理

Marginella semen Reeve Conch. Ic. t. 26 f. 145 non Lea.
Granula cinerea Jousseaume Monogr. p. 85.

Schale beinahe birnförmig-oval, schmutzig-weiss; Spira klein, fast eingesenkt mit oben stumpf abgerundeten Umgängen; Mündung eng, wenig gebogen;
Spindel callös, trägt unten 4 kleine Fältchen; Mundrand umgeschlagen und
verdickt.
Vaterland nicht bekannt. Copie nach Reeve.
Jousseaume hat den Namen geändert, weil Lea eine Art gleichen Namens
früher aufgestellt.

169. Marginella Jewetti Carpenter.

Taf. 22. Fig. 2.

„M. testa parva, alba, ovoidea, spira depressa; sutura colata, antice angustiore,
postice tumidiore; labro vix incrassato, medio inflexo, supra callosa, callositate suturam
et anfr. penult. tegente; labio IV plicata et supra dentato". (Carpenter).
Long. 5, diam. maj. 3, apert. 4,6 Mm.
Marginella Jewetti Carpenter Proc. zool. Soc. 1856 p. 207. Reeve Conch.
Ic. t. 26 f. 146.
Gibberula   —   Jousseaume Mongr. p. 81.

Schale klein, beinahe ciförmig, unten eng, oben breit, weiss, durchscheinend,
glänzend glatt; Spira niedergedrückt mit unsichtbaren Nähten; Mündung oben
ziemlich-, unten recht weit; Spindel callös, unten abgestumpft, trägt 4 Falten und
oben einige Zähnchen; Basalausschnitt flach; Mundrand wenig verdickt, in
der Mitte einwärts gebogen, oben callös, der Callus bedeckt Naht und den vorletzten Umgang.
Vaterland: Santa Barbara in Untercalifornien (Jewett).

170. Marginella Guillaini Petit.

Taf. 22. Fig. 3.

„Testa ovata, crassa, longitudinaliter regulariterque plicata, albido violascens, punctis
quadratis, fuscis per series spiralibus dense dispositis ornata; anfractibus 5—6; spira
conico-depressa apice obtuso; apertura angusta, sublineari, columella quadriplicata; labro
marginato, incrassato; intus crenulato externe punctis maculato". (Petit).
Long. 18, lata 11, apert. 15 Mm.
Marginella Guillaini Petit Journ. de Conch. II. p. 50 t. 1 f. 13. idem
l. c. p. 51. Jousseaume Monogr. p. 24.

Schale eiförmig, stark, der Länge nach regelmässig gerippt, weisslich ins
violette mit kleinen, fast quadratischen braunen Fleckchen geziert, die in Spiral-

reihen geordnet sind; Spira kegelförmig, etwas gedrückt, mit stumpfem Apex, besteht aus 5 bis 6 gerippten Umgängen; Mündung eng, beinahe gerade, innen bleifarbig; Spindel fast gerade, trägt 5 scharf geschnittene Falten, wovon die unterste kleinste fast senkrecht steht. Mundrand umgeschlagen, aussen verdickt und gerandet, innen gekerbt, oben eng ausgeschnitten; Basalsinus eng und tief.

Vaterland: Abd-el-Goury an der Somaliküste (Guillain). Copie nach Petit.

171. Marginella dens Reeve.

Taf. 22. Fig. 4.

M. testa pyriformi solidiuscula, nitente-alba, spira immersa, anfractibus superne gibboso-tumidis, inferne constrictis; columella calloso-tumida, minute quadriplicata". (Reeve).
Long. 6,5, diam. maj. 4,3, apert. 6,5 Mm.
Marginella dens Reeve Conch. Ic. t. 22 f. 120.
Bullata — Jousseaume Monogr. p. 90.

Schale birnförmig, klein, ziemlich solid, glänzend-weiss; Spira unsichtbar, Hauptumgang oben buckelig aufgetrieben, unten stark eingezogen; Mündung gebogen, eng; Spindel callös aufgetrieben, trägt 4 kleine Fältchen; Basalsinus eng und klein; Mundrand mässig verdickt.

Vaterland: Borneo (Reeve, dessen Bild copirt ist).

172. Marginella ovulum Sowerby.

Taf. 22. Fig. 5.

„M. testa ovali, laevi, alba, spira celata; apertura spiram superante; columella antice quadriplicata, labio externo integro-laevi, extus late et tenuiter reflexo". (Sowerby).
Long. 8, diam. maj. 5, apert. 8 Mm.
Marginella ovulum Sowerby Thes. Conch. p. 401 t. 5 f. 188. Reeve Conch.
Ic. t. 23 f. 129.
Bullata — Jousseaume Monogr. p. 89.

Schale oval, unten verengt, oben aufgetrieben, glatt, weisslich; Spira verborgen; Mündung länger als die Spira, gebogen, oben eng, unten erweitert; Spindel gebogen, oben leicht callös, unten mit 4 Falten; Basalsinus klein und flach; Mundrand innen ganz und glatt, aussen weit und dünn umgeschlagen, oben callös und hoch, über die Spira hinausgreifend und diese bedeckend.

Vaterland unbekannt. Copie aus dem Thesaurus.

Ist der M. occulta Monterosato, die weit kleiner ist, zum Verwechseln ähnlich.

173. Marginella pisum Reeve.

Taf. 22. Fig. 6. 7.

„M. testa globosa, ovuliformi, nitente-alba; spira immersa, anfractibus modice inflatis; labro tenue reflexo, apertura curvata, columella quadriplicata“. (Reeve).
Long. 4, diam. maj. 2,5, apert. 4 Mm.

    Marginella pisum Reeve Conch. Ic. t. 27 f. 156 a. b.
    Bullata   —   Jousseaume Monogr. p. 90.

Schale aufgetrieben, wohl gerundet, eiförmig, einer Ovula ovum in der Gestalt ähnlich, glänzend weiss; Spira bedeckt; Mündung gebogen, ziemlich weit; Spindel gebogen, trägt unten 4 feine Fältchen; Basalausschnitt nicht vorhanden; Mundrand innen glatt, aussen dünn umgeschlagen, kaum gerandet, oben über die Spira hinausgreifend.

Vaterland: Australien (Strange). Copie nach Reeve.
Gehört in die Verwandschaft der M. sarda Kiener.

174. Marginella compressa Reeve.

Taf. 22. Fig. 8.

„M. testa cylindracco-oblonga, subangulata, medio compressa nitente alba, vitrea, spira parva, obtusa, labro subincrassato, opaco, columella quadriplicata“. (Reeve).
Long. 8, diam. maj. 3,5, apert. 7 Mm.

    Marginella compressa Reeve Conch. Ic. t. 24 f. 130.
    Volvaria   —   Jousseaume Monogr. p. 106.

Schale länglich-cylindrisch, etwas kantig, in der Mitte eingedrückt, glänzend weiss, glasartig; Spira klein mit stumpfem Apex; Mündung oben ziemlich, unten recht weit ohne untere Bucht; Spindel oben convex, unten concav, trägt hier 4 Fältchen; Mundrand wenig verdickt und umgeschlagen, Varix weiss.

Vaterland unbekannt. Copie nach Reeve.
Ist kaum etwas anderes als unerwachsene M. pallida L.

175. Marginella borbonica Jousseaume.

Taf. 22. Fig. 9.

„Testa fusiformi, pallida; spira elevata, apice obtusiuscula, anfr. 5 convexiusculis, ultimo antice attenuato, postice paulum ascendente *); columella quadriplicata; apertura angusta; labro incrassato intus dentato“. (H. Adams).
Long. 5, diam. maj. 2,5, apert. 4 Mm.

---

*) Dem Bilde nach ist der Abfall des obern Theils der Hauptwindung stark, es scheint hier ein Schreibfehler vorzuliegen.

Marginella borbonica Jousseaume Monogr. p. 13.
Volvaria (Volvarina) pusilla H. Adams Proc. zool. Soc. 1867 p. 303
t. 19 f. 1.

Schale spindelförmig, dem Bild nach ei-spindelförmig, glänzend-glatt, stroh-gelb; Spira erhoben mit stumpfer Spitze, besteht aus 5 leicht convexen Umgängen, wovon der Hauptumgang unten verengert, oben stark abfallend ist; Mündung eng, innen rothgelb; Spindel oben gebogen, unten mit 4 ziemlich gleichgrossen Falten; Basalausschnitt flach; Mundrand verdickt, innen gekerbt.

Vaterland: Port-Louis auf Mauritius (H. Nevill), Réunion (Jousseaume). Bild nach H. Adams.

Soll nach Adams der M. neglecta Sowerby ähnlich, doch durch den ge-kerbten Mundrand verschieden sein. Trägt auch keine Binden.

176. Marginella carneola Petit.

Taf. 22. Fig. 12.

„Testa ovato-oblonga, nitida, pallide carneola, duabus fasciis cincta; anfractibus 4, sutura vix perspicua; spira obtusa, aurantio tincta; apertura oblonga, angustata; colu-mella callosa, plicata; plicis obtusis; labro intus laevi, extus vix incrassato". (Petit).
Long. 8,5, diam. maj. 6, apert. 8 Mm.

Marginella carneola Petit Journ. de Conch. II. p. 50 t. 1 f. 14. idem
l. c. p. 55.
Gibberula   —   Jousseaume Monogr. p. 81.

Schale länglich-oval, stark glänzend, blass carneolfarbig, von zwei dunkleren Spiralbinden umgeben; Spira stumpf, goldgelb, besteht aus 4 von kaum sichtbaren Nähten umgebenen Umgängen; Mündung verlängert, eng; Spindel callös, oben con-vex, unten concav, hier mit 4 stumpfen Falten geziert; Basalsinus eng und tief; Mundrand innen ohne Kerben, aussen flach und dünn umgeschlagen, kaum verdickt.

Vaterland unbekannt. Copie nach Petit.

177. Marginella Lifouana Crosse.

Taf. 22. Fig. 10. 11.

„Testa cylindraceo-ovata, solidula, nitidissima, lactea, lineis longitudinaliter fulgu-ratis, exilibus, subdistantibus, pallide-castaneis elegantissime ornata; spira paululum emersa, planata, apice prominulo; sutura lineari, conspicua; anfractus 3½ planati, ulti-mus magnus, subinflatus, basi attenuatus; apertura angusta, elongata, testae longitudinem subaequans, lactea; peristoma simplex, margine columellari quinqueplicato (plicis 2 primis vix conspicuis) intus et extus lacteo, externo crassiuscula, medio subinflexo, lacteo". (H. Crosse).
Diam. maj. 4½, minor 2¾ Mm.

Marginella Lifouana Crosse Journ. deConch. XIX. p. 205. XX. p. 63 t. 2 f. 2.
Gibberula   —   Jousseaume Monogr. p. 79.

Schale eiförmig-cylindrisch, oben aufgetrieben, unten verengt, solid, stark glänzend, milchweiss mit aus- und einspringenden Längslinien, die fein, ziemlich entferntstehend und blass kastanienbraun gefärbt sind; Spira sehr wenig heraustretend, oben mit vortretendem Apex, dessen Sutur linienfein, doch erkennbar ist, ausserdem ist noch' ein ebener Umgang sichtbar; Mündung lang, eng, fast so lang als die gesammte Schale, innen weiss; Spindel gebogen, nackt, trägt unten 5 weisse Falten, wovon die 2 obern sehr schwach sind; Basalsinus flach; Mundrand wenig verdickt, in der Mitte schwach eingebogen, aussen milchweiss.

Vaterland: Insel Lifou — Neucaledonien — (Marie).

Ich stelle dieses Schneckchen zu der Section und Gruppe Persicula entgegen Jousseaume, der es zu Gibberula in der gleichen Section stellt, weil mir die Verwandtschaft mit M. pacifica Pease und M. chrysomelina grösser scheint als mit irgend einer Gibberula-Art, die auch alle ohne Zeichnung sind.

130. Marginella Nevilli Jousseaume.

Taf. 22. Fig. 13. 16.

Ich gebe hier noch die Copieen der Nevill'schen Originalbilder, um darzuthun, dass ich nicht ohne Ueberlegung mit dieser Art die M. Lantzi Jousseaume, die auf Taf. 18 Fig. 5, 8 copirt ist, vereinigt habe. Ein Vergleich der beiden Bilder wird dies Jedem einleuchtend machen.

178. Marginella picturata Nevill.

Taf. 22. Fig. 14. 15.

Testa minuta, biconica, subfusiformis, laevigata, nitida, pallide castanea, zonis duabus albis castaneo maculatis picta, spira conica, exserta, anfractibus 6 planiusculis, maculatis, apice obtuso immaculato; apertura recta, angusta, intus castanea; columella recta, quadriplicata, plicis albis, regularibus; sinus basalis parum distinctus; labrum reflexum, incrassatum, trimaculatum.

Long. 3,5, diam. 1,75, apert. 1,75 Mm.

Marginella picturata Nevill (Glabella) in Journ. asiat. soc. 1874 p. 23. idem 1875 p. 96 t. 8 f. 8. 9. Jousseaume Monogr. p. 28.

Schale klein, einem doppelten Kegel ähnlich, beinahe spindelförmig, glatt und glänzend, blass kastanienbraun mit zwei weissen braun gefleckten Spiralzonen geziert, wovon die eine an der Basis undeutlich wird; Spira ausgezogen, kegelförmig, besteht aus 4 fast ebenen, gefleckten Umgängen und dem stumpfen, ungefleckten Embryonalende; Mündung etwas schief zur Axe, gerade, eng, innen kastanienbraun; Spindel gestreckt, mit 4 regelmässigen weissen Falten; Basalsinus flach; Mundrand umgeschlagen, verdickt, innen ohne Kerben, vorn mit drei braunen Flecken gezeichnet.

Vaterland: Mauritius (Nevill).

179. Marginella miliaria Linné spec.
Taf. 23. Fig. 1. 2.

Testa minuta, obovata, alba aut fulva, unicolor vel bi-vel trifasciata, nitidissima; spira vix distincta, conico-convexa, rarius exserta, saepe planiuscula; apertura angusta; linearis, columella rectiuscula quadri-vel quinqueplicata, plica prima obsoleta, ultima elongata, fere verticali; sinus basalis distinctus; labrum intus crenulatum, extus incrassatum.

Long. 7, diam. maj. 4,3, apert. 6—6,5 Mm.

    Voluta miliaria Linné Syst. nat. ed. XII. p. 1189 (Hanley Ipsa Linnei
          Conch. p. 217). Savigny descr. de l'Egypte t. 8 f. 18.
    Volvaria miliaria Scacchi Cat. p. 10. Deshayes-Lamarck 2. Ed. p. 461 nota.
    Marginella miliaria Hoernes Foss. Moll. des Wien. Beckens I. p. 84
          t. 9 f. 1. Weinkauff Mittelmeer-Conch. II. p. 20.
          Kobelt Conch.b. t. 27 f. 18. non Reeve nec Sowerby.
    Volvaria miliacea Lamarck hist. nat. VII. p. 364. Philippi En. Moll.
          Sic. I. p. 232.
    Marginella miliacea Kiener Coq. viv. p. 19 t. 6 f. 26. Philippi l. c. II.
          p. 197.
    —   epigrus Reeve Conch. Ic. t. 26 f. 151.
    —   caelata Monterosato Journ. de Conch. XXV. t. 2 f. 3.

Schale klein, eiförmig, weiss, milchweiss oder gelblich, meist mit gelber Spira, einfarbig oder mit zwei oder drei gelben Binden geziert. Spira mehr oder weniger klein, zuweilen kaum erkennbar, zuweilen ausgezogen, konisch-convex auch eben, doch mag dies Folge der Erhaltung sein; Mündung eng, liniengerade nach Philippi, ich sage aber leicht gebogen; Spindel leicht gebogen, unten mit 4 bis 5 Fältchen, wovon das oberste meistens obsolet und das letzte am grössten, sich fast vertical bis ans Ende der Spindel lamellenartig fortsetzt; Basalsinus deutlich; Mundrand innen fein gekerbt, aussen umgeschlagen und verdickt.

Vaterland: Das ganze Mittelmeer, auch die Küsten von Portugal, Marokko, Madeira und Canaren. (Loebbecke'sche Sammlung). Local oft ungemein häufig.

Ich habe zu bemerken, dass die beiden Figuren 1. 2 der Taf. 23 schlecht gerathen sind, das Schneckchen ist an der Kante nicht eckig, sondern wohl abgerundet, an der Basis auch nicht so eng, überhaupt nicht so lang, wie auf den Bildern.

180. Marginella cylindrica Sowerby.
Taf. 23. Fig. 3. 4.

Testa ovato-cylindracea, tenuis, subtranslucide alba, pallide aurantio indistincte bi-vel multifasciata, fasciis irregularibus; spira parva, apice tumido; apertura superne angusta, inferne dilatata; columella superne convexiuscula, nuda, inferne concava, triplicata; sinus basalis nullus; labrum subflexuosum vix incrassatum.

Long. 7, diam. maj. 3,5, apert. 6 Mm.

Marginella cylindrica Sowerby Thes. Conch. t. 3 f. 134. Reeve Conch. Ic. t. 20 f. 105.

Volvarina — H. et A. Adams Gen. of shells p. 195. Jousseaume Monogr. p. 63.

Schale länglich-eiförmig, beinahe cylindrisch, dünn und zerbrechlich, stark glänzend, fast durchsichtig-weiss, mit einem Stich ins Gelbe, blass goldgelb unbestimmt und regellos gebändert; 3 bis 5 Binden oder Linien und Binden sind die häufigsten. Spira klein mit stumpfem Apex; Mündung oben eng, unten erweitert; Spindel oben convex — doch nicht so stark wie auf Fig. 4 —, nackt, unten concav und hier mit 3 Falten versehen, die schief, dünn und fein sind; Mundrand wenig umgeschlagen und kaum verdickt.

Vaterland: Cap der guten Hoffnung, woher ich sie selbst erhalten. Loebbecke'sche Sammlung.

Ich halte dafür, dass dies schöne Schneckchen besser bei Volvaria untergebracht sei als bei Volvarina; die zerbrechliche Schale, das Fehlen des Varix erinnern an V. pallida, mit der es jedoch nicht vereinigt werden darf.

182. Marginella nitida Hinds.

Taf. 23. Fig. 5. 6.

„Marg. testa elongata ovata, fusca, polita, nitida concolore *), spira conica, obtusa; labro tenui, acuto inflexo, pallido; columella quadriplicata". Axis 4 lin." (Hinds).

Marginella nitida Hinds Proc. zool. Soc. 1844 p. 57. Sowerby Thes. Conch. t. 3 f. 131. Reeve Conch. Ic. t. 17 f. 80.

Volvarina — H. et A. Adams Gen. p. 196. Jousseaume Monogr. p. 58.

Schale verlängert-eiförmig, fast cylindrisch, äusserst glänzend wie polirt, braungelb durchscheinend, Andeutung einer etwas dunkleren Spiralbinde und dunklere Stellen sind vorhanden und mögen zu der Bezeichnung „concolor" in der Diagnose Anlass gegeben haben; Spira breit kegelförmig, mit stumpflichem Ende, 5 Umgänge sind durch weisse Linien statt der callösen Naht zu unterscheiden; Mündung oben eng, nach unten weiter werdend; Spindel oben convex, nach unten zurücktretend und 4faltig, die Falten sind weiss und schief; kein Basalsinus; Mundrand nach innen in der Mitte umgebogen, vorn scharf mit einem kaum verdickten weissen oder hellgelben Umschlag nach hinten.

Vaterland nicht bekannt. Aus der Loebbecke'schen Sammlung.

*) Scheint Schreibfehler für unicolore.

183. Marginella Verdensis Edg. Smith.

Taf. 23. Fig. 7. 8.

„Testa elongata, cylindraceo-ovata, nitens, subpellucida, mediocriter tenuis, pallide flavescens (vel albescens) lineis transversis obliquis pluribus fuscis (interdum roseo-rufis) fasciata; anfr. 4; spira brevissima, marginibus convexis; apertura angusta, basi paululum dilatata, longitudinem totam testae fere aequans; columella superne convexa, inferne plicis obliquis quatuor, suprema minima, proxima sequente paululum majore, tertia maxima, perobliqua, ultima (quae columellae basim format) aliquanto minore tertiae que juncta, instructa; labrum medio leviter compressum, margine incurvatum, extra valde incrassatum fasciarumque finibus bene notarum. Long. 10,5, diam. 5 Mill." (E. Smith).

Marginella (Volvarina) Verdensis Edg. Smith in Ann. and Mag. nat. 1875 B. XVI. p. 200.

Schale verlängert-eiförmig, fast cylindrisch, sehr glänzend-glatt, fast durchsichtig, mässig dünn, blass strohgelb oder weisslich mit schiefen Spirallinien, von brauner oder rother ins rosenrothe fallender Farbe und wechselnder Zahl der Art umzogen, dass einzelne Linien sich vereinigen und zu Binden werden, die dann wieder in Flecken sich auflösen; Spira sehr kurz mit convexen Seiten, besteht aus 4 Umgängen; Mündung eng mit kleiner Erweiterung an der Basis, etwa gleichlang als das ganze Gehäuse; Spindel oben convex, unten mit 4 Falten geziert, wovon die beiden obersten am kleinsten, die 3. am stärksten und die letzte, die die Basis der Spindel bildet, kleiner als die 3. sind; kein Basalausschnitt; Mundrand nach innen umgebogen, in der Mitte leicht eingezogen, aussen verdickt mit den Merkmalen der Enden der Binden und Linien wohl gezeichnet.

Vaterland: Cap Verd (Smith). Loebbecke's Sammlung.

Smith war zuerst geneigt, diese Art als eine Varietät der M. obscura Reeve anzusehen; der eingezogene Mundrand, die mehr spitzige Spira und die eigenthümliche Zeichnung schienen ihm aber schliesslich doch wichtig genug, um dem schönen Schneckchen eine selbständige Stellung einzuräumen. Beide sind kaum etwas anderes als Abänderungen von M. triticea Lamarck.

184. Marginella mediocincta Edg. Smith.

Taf. 23. Fig. 9. 10.

„Testa ovato-cylindracea, nitens, saturate rufo-fusca, circa medium fascia lata alba cincta, atque ad columellae basim alba; anfr. 4, sutura alba sejuncti; spira perbrevis; apertura angusta, ad basim leviter dilatata, longitudinem testae fere aequans; columella superne convexiuscula, inferne plicis quatuor, duabus superioribus quam inferioribus minoribus munita; labrum margine albo, extra late incrassatum, incrassatione linea alba limbata.

Long. 6,5, diam. 3 Mm." (E. Smith).

Marginella (Volvarina) mediocincta Edg. Smith in Ann. and Mag. nat. hist. B. XVI. 75 p. 200.

Schale länglich-eiförmig, beinahe cylindrisch, stark glänzend-glatt, intensiv rothbraun, etwa in der Mitte von einer breiten weissen Binde spiral umzogen, ausserdem findet sich eine weisse Zone an der Basis der Spindel; Spira ziemlich kurz, besteht aus 4 Umgängen, die von einer weissen Naht umzogen sind; Mündung eng, gegen die Basis leicht erweitert, beinahe von der Länge der ganzen Schale; Spindel oben convex, unten mit 4 Falten geziert, wovon die beiden oberen kleiner als die untern sind. Kein Basalausschnitt; Mundrand weiss, in der Mitte leicht nach innen umgebogen, aussen verdickt und weiss gesäumt.

Vaterland: Cap Verd'sche Inseln (Smith). Loebbecke's Sammlung.

185. Marginella pellicula Marrat.

Taf. 23. Fig. 11. 12.

Testa elongato-ovata, marginibus bene rotundatis, translucide alba, nitens; spira immersa, apertura latiuscula, leviter arcuata, columella arcuata, ad basim concava, quadriplicata, plicis obliquis, prima minima, sequentibus successive crescentibus; labrum acutum, extus nitidissime callosum, callositate lactea.

Long. 9, diam. 4, apert. 9 Mm.

Marginella pellicula Marrat teste Sowerby in litt.

Schale verlängert-eiförmig, mit wohlgerundeten Seiten, durchscheinend weiss, glänzend; Spira unsichtbar; Mündung breit *), leicht gebogen; Spindel gebogen, an der Basis zurücktretend, hier mit 4 von oben nach unten allmählig grösser werdenden, feinen, schiefen Falten versehen; kein Basalausschnitt; Mundrand scharf, in der Mitte unmerklich umgebogen, aussen nur mit einer dem Rand parallelen, leicht callösen, stark glänzenden, michweissen Zone, statt des Varix, ausgestattet, der Rand greift oben über die Stelle hinweg, an der die Spira sich befinden sollte.

Vaterland: Natalküste (Sowerby).

Dies Schneckchen muss, wenn es überhaupt ausgewachsen ist, neben M. pallida Linné in die Section Volvaria gestellt werden.

186. Marginella minuta Pfeiffer.

Taf. 23. Fig. 13. 14.

„Testa minuta, obovata, alba. spira breviconica, apertura latior in ratione testae. Labro non labiato intus denticulato, denticuli minores. Columella recta quadriplicata". (Philippi).

Long. 2,5, lata 1,5, apert. long. 2,2 Mm.

Marginella minuta Pfeiffer in Wiegmann's Archiv 1840 f. 239. Philippi En. Moll. Sic. II. p. 197 t. 27 f. 23. Weinkauff Mittelmeer-Conch. II. p. 21.

---

*) Auf dem Bild Fig. 11 erscheint sie eng, was daher rührt, dass es nicht in der richtigen Lage gezeichnet ist.

Die kleine Schale ist eiförmig, breiter als die vorige (M. miliaris), weiss mit kurzer conischer Spira. Mündung breit im Verhältniss zur Schale und breiter als bei voriger Art (M. miliaris). Aussenrand nicht gelippt, innen mit kleinen Zähnen besetzt. Spindel gerade, vierfaltig.

Findet sich an den Küsten der Provence (Petit), Piemont (Jeffreys), Toscana (Appelius), Corsica (Requien), Sicilien (Philippi), Syrien (Philippi), Egypten (Schneider). Im atlantischen Ocean an den Küsten der Insel Cuba (L. Pfeiffer etc.). Loebbecke'sche Sammlung eine Philippi'sche Gabe.

Die Bilder sind schlecht ausgefallen und ganz unbrauchbar, besser passt die Fig. 8 der Taf. 21 (M. Lavalleana), die wahrscheinlich mit minuta identisch ist.

187. Marginella occulta Monterosato.

Taf. 23. Fig. 15. 16.

Testa minima, ovato-oblonga, piriformis, translucida, laevigata, glauca, plusminusve albescens; spira occulta, deposito mamelliformi obtecta; apertura linearis, augusta. columella arcuata, inferno quadriplicata, plicis regulariter crescentibus; sinus basalis distinctus; labrum subincrassatum, intus labiatum, denticulis parvis munitum.

Long. et apert. 2,33, diam. 1,33 Mm.

Marginella occulta Monterosato Test. nuovi dei Mari di Sicilia p. 18 fig. 10.
idem Nuove rivista p. 45. Weinkauff suppl. p. 2.
Bullata occulta Jousseaume Monogr. p. 91.

Schale sehr klein, verlängert–eiförmig, birnförmig, gewissen Ovula–Arten ähnlich, durchscheinend, glatt und glänzend, perlgrau, mehr oder minder ins weisse fallend; Spira unsichtbar, mit knopfförmigem Depot bedeckt oder wenig sichtbar, nur das Embryonalende zeigend, zuweilen so, dass man 3 Umgänge vermuthen kann; Mündung gestreckt, bei dicken Exemplaren leicht gebogen, eng; Spindel convex, trägt unten 4 Fältchen, die von oben nach unten regelmässig zunehmen, Basalsinus deutlich, obgleich Spindel und Mundrand hinten durch einen Kallus verbunden sind; Mundrand etwas verdickt, innen gelippt und fein gezähnt, greift oben über die Spiralparthie hinaus.

Vaterland: Die Küste der Umgebung von Palermo (Monterosato). Aus meiner Sammlung.

Der Autor sagt, das Schneckchen stehe zwischen M. minuta und clandestina in der Mitte, zeichne sich aber durch die Spira und die gestreckte Mündung aus. Eine weit grössere Aehnlichkeit und Verwandtschaft besteht zwischen ihr und der M. ovulum Sowerby unbekannten Fundorts, die so gross ist, dass man versucht sein möchte, sie für eine Zwergform dieser Sowerby'schen Art anzusehen. Das abgebildete Exemplar meiner Sammlung stellt eine aufgeblasene Form vor, der Monterosato'sche Type ist genau das Miniaturbild der M. ovulum Sowerby's, wie mir erst neuerdings zugegangene Exemplare zeigen. Wahrscheinlich ist diese Species mit M. Guancha D'Orbigny von Tenerifa identisch.

188. Marginella lactea Kiener.

Taf. 24. Fig. 1. 2.

Testa minuta, elongato-ovata, anguste-cylindracea, alba aut pallidissime fulva, nitens, translucida; spira brevis, apice obtuso; apertura elongato-angusta; columella recta. basi quadriplicata, plicis obliquis, duabus anticis prominentibus; sinus basalis nullus; labrum simplex, medio leviter inflexum extus lacteum, superne anfractu penultimo adnatum.

Long. 9, diam. maj. 3,4, apert. 8 Mill.

Marginella lactea Kiener Coq. viv. p. 42 t. 13 f. 3. ? Deshayes Lamarck
2. ed. X. p. 454. Sowerby Thes. Conch. t. 76 f. 143—147.
Reeve Conch. Ic. t. 17 f. 81 t. 21 f. 135.
Marginella subplicata D'Orbigny Moll. Cuba p. 99 t. 20 f. 30—32.
— affinis Reeve Conch. Ic. t. 24 f. 136.
— abbreviata C. B. Adams Contr. p. 56.
Volvarina lactea Jousseaume Monogr. p. 59.
— subplicata idem p. 58.
— abbreviata idem p. 59.
— affinis idem p. 60.

Schale klein, verlängert-eiförmig, mehr oder weniger eng cylindrisch, weiss oder sehr blass gelb, glänzend, durchscheinend; Spira kurz mit stumpfem Apex; Mündung lang und eng; Spindel gerade, an der Basis kaum zurücktretend, hier mit 4 schiefen Falten, wovon die beiden letzten viel ansehnlicher sind (geminalis bei Deshayes deutet auf eine andere Species aus der nähern Verwandtschaft der M. triticea Lam.); Basalausschnitt fehlt; Mundrand einfach, in der Mitte leicht umgebogen, aussen nicht verdickt, doch durch matte weisse Färbung die Lage des fehlenden Varix andeutend, oben greift er bis zum vorletzten Umgang hinauf und ist an diesen angewachsen.

Vaterland: Westindien und zwar: Insel Guadeloupe (Beau), Sau Jan (Lappe), St. Barthelemy, St. Thomas (D'Orbigny), Jamaica (C. B. Adams).

Die Veränderlichkeit dieser Art ist ungemein gross, man könnte leicht noch eine Anzahl Arten dazuziehen. Für Urn. Jousseaume sind natürlich die eingezogenen und im Synonymenregister aufgeführten alle gute Species, nur affinis Reeve entspräche dem Kiener'schen Typus u. s. w. Meine Figuren sind leider schlecht gerathen, besonders die Fig. 1, und haben nebst andern Fehlern die Entlassung des Lithographen veranlasst, die freilich schon früher hätte geschehen sollen.

189. Marginella sordida Reeve.

Taf. 24. Fig. 3. 4.

Testa ovato-oblonga, anguste cylindracea, superne latior, sordide alba, nitens; spira exserta, anfractibus 4 convexiusculis, apice obtusiusculo; apertura angusta, recta, columella recta, inferne tri-vel quadriplicata, plicis parum obliquis, lamelliformibus; labrum intus extusque flexuosum, incrassatum, varice lato, lacteo, superne subdistans, emarginatum.

Long. 7, diam. maj. 3,25, apert. 5,5 Mm.

Marginella sordida Reeve Conch. Ic. t. 24 f. 137.
Volvarina — Jousseaume Monogr. p. 66.

Schale verlängert-eiförmig, eng cylindrisch, nur an der Kante etwas schulterig erweitert, schmutzig weiss, glänzend und glatt; Spira ausgezogen, doch klein, besteht aus 4 fast ebenen Umgängen und dem stumpflichen Apex; Mündung gestreckt, eng; Spindel gerade, unten mit 3, seltener 4 Fältchen, die wenig schief und lamellenartig fein geschnitten sind; Basalsinus fehlt; Mundrand innen und aussen umgeschlagen, aussen mit breitem weissen Varix, oben abstehend und ausgerandet.

Vaterland nicht bekannt. Aus der Loebbecke'schen Sammlung.

Könnte eben so gut neben M. gracilis, Delessertiana stehen, wie bei den ächten Volvarinen.

190. Marginella attenuata Reeve.

Taf. 24. Fig. 5. 6.

„M. testa conico-ovata, subfusiformi, pellucido-carnea, spira subexserta, anfractibus superne tumidiusculis, versus basin attenuatis, labro flexuoso, columella oblique quadriplicata".

Long. { 6, diam. maj. 3,25, apert. 5 Mm.
{ 6, — — 2,50, — 5 —.

Marginella attenuata Reeve Conch. Ic. t. 22 f. 116 a. b.
Egouena — Jousseaume Monogr. p. 45.

Schale eiförmig-konisch, fast spindelförmig, durchscheinend-fleischfarbig; Spira etwas ausgezogen, breit kegelförmig, besteht aus 4 leicht gewölbten Umgängen, wovon der Hauptumgang an der Kante stumflich ist, ebenso der Apex; Mündung oben eng, unten erweitert; Spindel oben convex, unten concav, hier mit 4 schiefen Fältchen versehen; Basalsinus flach; Mundrand umgeschlagen, innen glatt, aussen mit flachem breiten weissen Umschlag statt des Varix.

Vaterland: Sydney — Neuholland — (Reeve). Loebbecke'sche Sammlung.

Gehört nicht in die Gruppe Egouena Jouss., sondern in jene der M. s. str. Sect. Eratoidea. Das abgebildete Exemplar entspricht nicht dem Reeve'schen Type, der mir auch vorliegt, sondern einer kurzen Varietät derselben, die ich absichtlich gewählt habe, um die Verwandtschaft mit den zahlreichen Arten von Neuholland darzuthun, die in der erwähnten Gruppe ihren Platz finden.

191. Marginella Delessertiana Recluz.

Taf. 24. Fig. 7. 8.

„Testa ovata, subcylindracea, nitidissima pallide aurantia vel carneolata, transversim albo-bifasciata; spira vix exserta, breve, conica, obtusa; apertura lineari basi dilatata;

columella inferne dentibus exiguis horizontalibus quaternis; labro tenuissime crenato, vix externe incrassato, margine inflexo". (Recluz).

Long. 6—7 Mill., lata 3 Mill.

Marginella Delessertiana Recluz in Revue zool. 1841 p. 183. Petit Cat. Journ. de Conch. II. p. 54.

Serrata Delessertiana Jousseaume Monogr. p. 68.

Schale länglich-eiförmig, cylindrisch, sehr glänzend, blass orange- oder fleischfarbig mit zwei weissen Spiralzonen, eine breite in der Mitte und eine schmale an der Basis; ich würde umgekehrt sagen, weiss mit zwei gelben Zonen; Spira wenig ausgezogen, kurz-kegelförmig (relativ), besteht aus 4 Umgängen und dem glatten Apex; Mündung gestreckt, oben eng, unten erweitert; Spindel fast gerade, trägt unten 4 feine, fast horizontale Fältchen; Mundrand innen sehr fein crenulirt, oft nur bei auffallendem Lichte sichtbar, aussen kaum verdickt mit umgeschlagenem Rand.

Vaterland: Reunion und Mauritius (Jousseaume); Guadeloupe (Beau nach Petit), woher das abgebildete Exemplar der Loebbecke'schen Sammlung stammt.

192. Marginella gracilis C. B. Adams.

Taf. 24. Fig. 11. 12.

„Testa fusiformi-cylindracea, elongata, glaber albo fasciis tribus spiraliter cincta; spira moderate elevata, apice subacuto, anfractibus 4 subconvexis, suturis indistinctis, ultimus elongatus; apertura elongato, angusta, intus alba, columella quadriplicata, plicis obliquis; labrum subincrassatum, leviter curvatum, aperturae longa parum superans". (C. B. Adams ex angl.).

Long. 0,26, lata 0,09, long. apert. 0,175 Lin.

Marginella gracilis C. B. Adams Contr. of Conch. p. 130.

— bibalteata Reeve Conch. Ic. t. 20 f. 99. Marrat in Quart. Journ. of Conch. 1876 p. 137.

Volvarina albolineata Jousseaume Monogr. p. 57 ex parte.

Schale spindelförmig-cylindrisch, schlank, glatt und glänzend, weiss, mit 3 gelben Spiralbinden geziert; Spira mässig erhoben mit stumpflichem Apex, besteht aus 4 leicht gewölbten, von unbestimmten Nähten umgebenen Umgängen, Hauptumgang lang gestreckt; Mündung gestreckt und eng, innen weiss; Spindel gerade, trägt unten 4 schiefe Fältchen; Mundrand etwas verdickt, leicht ausgebogen, die Länge der Mündung wenig überragend.

Vaterland: Antillen — Jamaica — (C. B. Adams), wohl noch an andern Inseln.

193. Marginella Paumotensis Harper Pease.

Taf. 24. Fig. 9. 10.

„Testa oblonga, subcylindrica, polita, laevigata, alba luteo trifasciata; spira brevissima; labro medio inflexo, intus laevigato; columella ad basim laminato callosa, triplicata". (H. Pease).

Long. 5, diam. 3,25 Mm.

Marginella Paumotensis Harper Pease in Americ. Journ. of Conch. 1867 Nr. 4 p. 281 t. 23 f. 24.

Schale länglich, beinahe cylindrisch, stark glänzend, glatt, weiss mit drei gelben, leicht verblassenden Binden; Spira sehr klein, doch deutlich erhoben und 3—4 Umgänge sind zu zählen; Mündung eng und gestreckt; Spindel trägt an der Basis 3 Fältchen, die auf callöser Erhöhung lamellenartig liegen, die letzte namentlich ist sehr dünn und lang; Mundrand in der Mitte einwärts gebogen, innen glatt, aussen kaum verdickt, oben am vorletzten Umgang angewachsen; kein Basalsinus.

Vaterland: Insel Paumotus (Pease). Aus meiner Sammlung; vom Autor selbst erhalten.

Ich finde, dass dieses zerbrechliche Ding der M. cylindrica Sowerby näher steht, als die Art, die Pease darauf gedeutet hatte und die von Reeve M. Peasi genannt wurde. Nur die Regelmässigkeit der Binden, die viel feinern Fältchen verbieten eine Identification.

194. Marginella deformis Nevill.

Taf. 24. Fig. 15.

Testa subfusiformis, deformis, lateribus inaequalibus, laevigata, albida, spiraliter castaneo bifasciata; spira exserta, apice obtuso, anfr. 4 unifasciatis, fascia suturalis; apertura elongato-ovata, columella quadriplicata, plicis 2 superioribus transversis, inferioribus fere verticalibus; sinus basalis indistinctus; labrum subincrassatum, reflexum.

Long. 4,5, diam. 2,25, apert. 2 Mm.

Marginella (Volvarina) deformis Nevill Journ. As. soc. Beng. 1874 p. 23.
—   —   idem 1875 p. 95 t. 8 f. 12.
—   —   Jousseaume Monogr. p. 29.

Schale beinahe spindelförmig, durch ungleiche Seiten verschoben, die linke Seite wölbt sich normal, während die rechte sich stark neigt, als wäre sie eingedrückt, dadurch erhalten Spindel und Mundrand eine ungewöhnliche Lage, glatt, weisslich mit zwei ungleich breiten kastanienbraunen Binden gezeichnet, wovon die eine auf die Spira übertritt und da unmittelbar unterhalb der Naht verläuft. Spira ausgezogen mit stumpfem Apex, besteht ausser diesem aus 3 gebänderten Umgängen. Mündung verlängert-eiförmig, verschoben, innen gelblich; Spindel in der Mitte etwas concav, trägt 4 weisse Falten, wovon die zwei oberen und kleineren quer, die unteren grösseren fast vertical stehen; Basalsinus undeutlich; Mundrand umgeschlagen, verdickt.

Vaterland: Insel Ceylon selten. (Nevill).

195. Marginella Angasi Brazier.

Taf. 24. Fig. 14.

„Testa minima, subovata, laevigata, tenuicula, translucida, nitidissima, hyalino-
lactea; spira sat conspicua, subplanata; anfr. 3 sutura parum distincta discreti, ultimus
magnus, testam subaequans, basi attenuatus; apertura elongata, angusta, margo columel-
laris basi parum conspicue plicatus, externus incrassatus, lacteus". (H. Crosse).
Long. 1³/₄, diam. maj. vix 1 Mm.

Marginella Angasi Brazier Ms. Crosse J. de Conch. XXVIII. p. 304.
idem XIX. p. 324 t. 12 f. 3.

Schale klein, beinahe eiförmig, kurz keulenförmig, glatt, dünnschalig, durchscheinend, stark glänzend, glasartig-milchweiss; Spira sichtbar, doch platt, mit 3
Umgängen, die durch eine wenig deutliche Naht getrennt sind; Hauptumgang unten
genähert, gross, fast die ganze Schale ausmachend; Mündung lang und eng;
Columelle leicht gebogen, trägt an der Basis, kaum bemerkbar, einige Falten;
Basalausschnitt wenig deutlich; Mundrand aussen verdickt und weiss, innen
glatt. Der Mollusk ist schwarz mit schön rothem Fuss.

Vaterland: Port Jackson — Osten von Neu-Holland — woselbst das Schneckchen selten sein soll. (Brazier).

196. Marginella Mariei Crosse.

Taf. 24. Fig. 16. 17.

„Testa minima, globosa, inflata, nitida, subcaerulescente-alba; spira immersa; anfr.
non conspiciis; apertura angusta, elongata, arcuata, concolor; columella plicis 4 subobliquis
munita, quorum 2 basalis validae 2 superiores minimae, parum prominulae; margine externo crasso, reflexo". (H. Crosse).
Long. 1, diam. maj. ³/₄ Mm.
Animal luteum.

Marginella Mariei Crosse Journ. de Conch. 1867 t. 5 f. 2.
Granula   —   Jousseaume Monogr. p. 110.

Schale sehr klein, aufgetrieben, dick, glänzend bläulich-weiss; Spira verdeckt, daher Umgänge unsichtbar; Mündung eng, lang und gebogen, von Farbe
der Schale; Spindel trägt 4 etwas schiefe Falten, wovon die beiden obern klein,
kaum erkennbar, die beiden untern dagegen stark sind; Basalsinus schwach entwickelt; Mundrand umgeschlagen, verdickt.

Vaterland: Vorgebirge in der Nähe von Port de France — Neucaledonien —
(Marie).

Crosse sagt, nur M. pisum sei in Vergleich zu ziehen, dann wäre die Stellung bei Granula unrichtig und sie müsste neben M. pisum gestellt werden.

Von nachfolgenden Marginellen konnte ich keine Abbildungen geben, da ich
mir davon weder Exemplare verschaffen, noch auch Copien nehmen konnte. Die
meisten sind ohne Abbildung veröffentlicht, und wo dies geschehen, waren mir z. Z.
die betreffenden Zeitschriften nicht zugänglich.

197. Marginella mirabilis (Barcl. Ms.) H. Adams.

Testa trigono-ovata, solida. polita, longitudinaliter valde plicata, plicis subtus obsoletis, albida lilaceo nebulosa et fasciata, punctis lividis aspersis, fascia livita angusta
interrupta ad suturam et peripheriam ornata; spira parum elevata, apice obtuso, sutura
mediocri; anfr. 6 ultimo ascendente; apertura angusta, columella plicis 4 validis vix obliquis instructa, labro extus valde incrassato, albido, maculis et liris sanguineis notato, intus
crenulato. (H. Adams).
Long. 32, diam. 19, apert. 28 Mm.
Marginella (Glabella) mirabilis H. Adams Proc. zool. Soc. 1869 p. 273
t. 14 f. 6. 6a. Jousseaume Monogr. p. 16.

Hab.: ?

198. Marginella ochracea Angas.

„Testa subtriangularis, ovata, tenuicula, nitens, plus minusve intense flavida. saepius
aurantio effuso fasciata, fascia suturali; spira obtuse conica, apice obtuso, anfr. 4; apertura angustiuscula; columella quadriplicata, plica superiori suboblique ascendens; labrum
incrassatum, extus pallidior". (Angas ex angl.).
Long. ?, lata ? Mm.
Marginella ochracea Angas Proc. zool. Soc. 1871 p. 14 t. 1 f. 6.
Egouena — Jousseaume Monogr. p. 34.

Hab. Australien. (Angas).

Ist schwerlich eine Egouena, sondern, da Angas seine M. Metcalfei als ihr
ähnlich beschreibt, die ich ohne Bedenken als Status juvenis der M. australis
Sow. ansehe, eine Marginella s. st. der Sect. Eratoidea.

199. Marginella mustellina Angas.

Testa elongata, pallide fusca, griseo bifasciata fasciis fusco limbatis; spira brevis,
apice obtuso, anfractibus superioribus linea fusca marginatis; basi rotundata, apertura
angusta, columella subarcuata, quadriplicata, plicis aequidistantibus, prima transversa,
ceteris oblique ascendentibus; labrum incrassatum, leviter inflexum, extus planulatum,

flavidulo-lacteum, maculatum, intus exiliter crenulatum. Long. 2,5 lin., lata 1 lin." (Angas ex anglicum).

Hyalina (Volvarina) mustellina Angas Proc. zool. Soc. 1871 p. 14 t. 1 f. 5.

Volvarina — Jousseaume Monogr. p. 57.

Hab. Port Jackson — Neuholland.

200. Marginella granum Philippi.

„M. testa minima, obovata, alba, spira brevi-conica, columella recta quadriplicata; labro intus sulcato-striata". (Philippi).

Alt. $1^{1}/_{2}'''$ = 4 Mm.

Marginella granum Philippi Zeitschrift für Malacozool. 1849 p. 27.

Patria: M. rubrum ad Aden legit Th. Philippi.

Testa simillima M. minutae Pfeiffer sed paullo major et labro intus fortiter 8—10 sulcato etc. (Philippi).

201. Marginella scinctilla Jousseaume sp.

Testa subcylindracea, antice et postice attenuata, vitreo-alba, hyalina, nitidissima; spira brevi conica, obtusa, apertura lineari, basi vix dilatata, labio albo, tenuissime crenato, extus incrassato, columella antice triplicata, plicis elevatis, transversis. Long. 6, diam. 2,5, crassa 2, apert. 5 Mm." (Jousseaume).

Serrata scintilla Jousseaume Monogr. p. 68.

Hab.: ?

202. Marginella Guancha D'Orbigny.

„Marg. testa oblongo-ovata, laevigata, nitida, alba, spira non distincta; apertura lineari, columella quadriplicata, labro denticulato". (D'Orbigny).

Long. $1^{1}/_{2}$ Mill., lata 1 Mm.

Marginella Guancha D'Orbigny Moll. Can. p. 88 t. 6 f. 32. 33.

Bullata — Jousseaume Monogr. p. 90.

Vaterland: Tenerifa. (D'Orbigny).

Diese Art wird als ähnlich der M. clandestina bezeichnet. Ich möchte fragen, worin sie sich von M. occulta Mont. (Nr. 184) unterscheide?

203. Marginella ovuliformis D'Orbigny.

„Marg. testa ovato-gibbosula, albida, laevigata, antice attenuata, postice dilatata, spira nulla; apertura lineari arcuata, longitudine testae; labro crasso, intus denticulato; columella quadriplicata. Long. $1^{1}/_{2}$ Mill., lata 1 Mill." (D'Orbigny).

17 *

Marginella ovuliformis D'Orbigny Moll. Cuba p. 101 t. 20 f. 34. 35.
Bullata   —   Jousseaume Monogr. p. 90.

Vaterland: Antillen und zwar Martinique, Guadeloupe, St. Thomas. (D'Orbigny).
Dies ist die westindische Vertreterin der M. clandestina Brocchi.

204. Marginella glauca Jousseaume.

„Testa ovato-ventricosa, solida, albido-caerulescente immaculata, spira brevissima,
apice obtusiusculo, fusco; anfractibus quinis, suturis obliteratis; labro late incrassato,
longitudinaliter sulcato, extus lutescente intus albo et irregulariter crenato, columella
quadriplicata (in icone quinqueplicata) plicis anterioribus obliquis, posticis transversis".
(Jousseaume).
 Long. 24, lata 10, crass. 15, apert. 17,5 Mm.
  Cryptospira glauca Jousseaume Monogr. p. 71 t. 8 f. 1.
   —   Marchii   —   — p. 72 ex parte.
  Marginella Burchardi Reeve Conch. Ic. t. 2 f. 3 a. b ex parte.
   —   elegans Var. Sowerby Thes. Conch. t. 4 f. 149.

Vor Fertigstellung der Tafeln hätte ich von dieser schönen Art eine Copie
nach Jousseaume geben können, ich unterliess es aber, weil ich glaubte, die Art
mit M. Loebbeckeana identifiziren zu müssen. Seit dieser Zeit und nach Ab-
schluss der Tafeln erhielt ich noch eine Anzahl Exemplare aus dieser Gruppe, die
mich überzeugten, dass beide Arten nebeneinander bestehen bleiben können, und
die auch nach ganz anderer Richtung Aufschluss geben. Es ist bekannt, dass G. B.
Sowerby im Thesaurus alle diese Formen sowie M. undulata als Varietäten der
M. elegans ansah. Reeve trat nach dem Vorgang Deshayes dieser Ansicht entgegen, stellte M. undulata als Art wieder her und erklärte die Varietät ohne
Zeichnung Thes. f. 149 ebenfalls als gute Art, bezog sie aber unglücklicher Weise
auf M. Burchardi Dunker, die der Gruppe der M. prunum angehört, also eine
ganz verschiedene Art darstellt. Dies veranlasste Jousseaume, ihr einen neuen
Namen M. Marchi zu geben, während ich sie als Stat. imperfectus zu M. Loebbeckeana zog. Das mir jetzt vorliegende Material lässt erkennen, dass diese un-
gezeichneten Formen sich in zwei theilen lassen und zwar in solche vom Habitus
der M. elegans und solche der M. undulata, in schlanke und bauchige Ge-
stalten. Als Typus der Erstern in seiner Vollkommenheit stelle ich M. Loebbeckeana und der Zweiten die M. glauca Jousseaume voran; die zahlreichen
unausgebildeten Formen, wie sie den Figuren von Reeve und Sowerby entsprechen,
lassen sich leicht in die resp. Formenkreise dieser beiden Arten einreihen, die Citate
ex parte zu jeder der beiden, weil es zu erwarten ist, dass ihnen nicht blos die
abgebildeten Typen vorgelegen haben. Es geht nicht an, aus diesen Zwischenfor-
men besondere Arten zu machen, darum ist auch M. Marchi als Art unhaltbar, von
mir cassirt worden, damit auch natürlich M. Burchardi Reeve non Dunker, weil
sie alle unvollkommen ausgebildete Stadien der beiden erwähnten Arten sind.

205. Marginella Sandwichensis Pease.

Taf. 21. Fig. 9.

Testa minuta, subconica, tenuis, translucida, alba apice obtuso, apertura angusta; columella triplicata. Pease ex angl.
Long. 3, diam. maj. 1,65, apert. 3 Mm.
  Marginella Sandwichensis Pease in Proc. zool. Soc. 1866 p. 147. Martens Don. Bism. p. 20 non M. Sandwicensis Reeve.

Dies kann die Reeve'sche Art nicht sein, wie ich p. 133 bereits erwähnt habe. Die Pease'sche Art ist vom Habitus der M. clandestina, hat aber nur 3 Falten.

206. Marginella Keenei Marrat.

„Testa ovato-conica; spira brevi; anfractibus 4 rotundatis, apice obtusulo; aurantio fulva, subpellucida; columella plicis 4 acute erectis instructa; labro incrassato, intus laevi". (Marrat angl.).
Long. 13, lat. 7 Mm. (ex icone).
  Marginella Keenei Marrat Ann. Mag. Nat. Hist. IV. 7 p. 141 t. 11 f. 13.

Habitat ad Africam meridionalem.

207. Marginella elongata Harper Pease.

„Testa elongata, subcylindrica, laevigata alba, luteo pallide fasciata; spira brevissima; labro subincrassato, involuto; apertura angusta, lineari, infra subdilatata; columella quadriplicata ad basim laminato-callosa". (Pease).
Long. 9,5, diam. 3,5 Mm.
  Volutella elongata Harper Pease in Americ. Journ. of Conch. 1867 Nr. 4 p. 281 t. 23 f. 23.

Hab. Ins. Fanning. Pac. centr. (Pease).

208. Marginella alba C. B. Adams.

Testa obovata, lata, opaco-alba, glaber, spira inconspicua, callo excavato obtecta; apertura angusta, columella quadri-vel quinqueplicata, superioribus inconspicuis; labrum inflexum, incrassatum, superne excurvatum, productum ad apicem.
Long. 0,205", lata 0,13".
  Marginella alba C. B. Adams Contr. of Conch. p. 56.

Hab. Ins. Jamaica. (C. B. Adams).

209. Marginella pacifica Pease.

„Testa oblongo-ovata. polita, alba lineis luteis sagittatis transversis ornata; spira brevissima; labro extus vix incrassato, medio subinflexo, intus lirata; apertura vix curvata. columella quadriplicata". (Harper Pease).

Long. 5, diam. 3 Mm.

Marginella pacifica Pease Americ. Journ. of Conch. 1867 Nr. 4 p. 280 t. 23 f. 20. Ed. v. Martens Don. Bism. p. 20.

Hab. Paumotus. (Harper Pease).

Species M. sagittata Hinds similis sed distincta teste H. Pease.

210. Marginella polita Carpenter.

„M. testa", M. minore „simili, sed minore, regulariter ovata, antice vix producta; spira rotundata, haud exstante; callo parietali minore; plicis IV subaequalibus, conspicuis". (Carpenter).

Long. 0,034, lat. 0,022, spira 0,002 Inches.

Marginella polita Carpenter Mazatlan shells p. 462. idem Rep. p. 339.

Hab. Mazatlan auf Chama und Spondylus. (Carpenter).

211. Marginella margaritula Carpenter.

„Testa parva, alba polita, interdum striolis incrementi haud conspicuis; ovata, antice et postice haud angusta; spira testae juniore et adulta omnino celata; apertura elongata, angusta, spirae superante; labro testae juniore acuto, adulta ut in Cypraea incurvato, dentato; postice canaliculato, callositate parietali munita; plicis IV distinctis, posticis in adulta undatis. basalibus majoribus interdum denticulis parietalibus minimis; labro parietali nullo". (Carpenter).

Long. 0,073, lata 0,47 Inches.

Marginella margaritula Carpenter Mazatlan shells p. 462. idem Report p. 339.

Comp. Marginella ovuliformis D'Orbigny Voy. Ram. de la Sagra Cat. brit. Mus. p. 24.

Carpenter setzt noch hinzu, dass diese Art „extremely like" der „westindischen" M. clandestina sei.

212. Marginella regularis Phil. Carpenter.

„Testa M. Jewetti simili, sed multo minore, paullum angustiore, tenui, nitidissima, cristalina, omnino diaphana; labio magis callosa. Long. 0,13, long. spir. 0,01, lat. 0,09; div. 120°". (Carpenter).

Marginella regularis Phil. Carpenter in Ann. and Mag. Nat. hist. 1864 p. 397. idem in Smithsonian Misc. Coll. X. K. p. 9.

Hab. Sta. Barbara (Jewett); Küste von Californien südlich Montery in 20 Fath; Catalina Ins. 10—20 Fath. State Col. Nr. 398 a. (Cooper).

213. Marginella subtrigona Phil. Carpenter.

„Testa M. Jewetti simili, sed multo curtiore, latiore; antice valde angustata, postice valde tumente; labro postice minus prolongato; plisis 4 validioribus, parietali una. Long. 0,14, long. spir. 0,01. lat. 0,11; div. 130°“. (Phil. Carpenter).
Marginella subtrigona Phil. Carpenter in Ann. and Mag. Nat. hist. 1864 p. 397. idem Shmithsonian Misc. Coll. X. K. p. 9.

Hab. Sta. Barbara — Untercalifornien — (Jewett).

214. Marginella Tyermanni Marrat.

„Marg. testa subfusiformi-ovata, cinereo-alba lineis nigris conspicuis equidistantibus undique cingulata; spira brevi, anfractibus superne obtuse angulatis, ad angulum plicato-nodulatis; columella quadriplicata, labro late incrassato, intus denticulato. Variat labro intus glabro“. (Marrat).
Marginella Tyermanni Marrat in Quaterly Journ. of Conch. 1876 p. 136.

Hab. Cap Palmas, Cariscobai (die Varietät) Keen.

„Ist in Gesellschaft mit M. Belli Sow. gefunden worden und hat ungefähr die Grösse der Marg. vestiva Kiener“. Gehört wohl in die Nähe der M. musica Hinds.

215. Marginella perla Marrat.

„Marg. testa tumido-cylindracea, nitente, flavescente alba, subvitrea, spira subexserta, columella biplicata“. (Marrat).
Marginella perla Marrat in Quaterly Journ. of Conch. 1876 p. 136.

Hab. ?

Soll der Marg. triplicata Gask. ähnlich, doch 4 mal so gross, mehr durchscheinend, mehr aufgetrieben sein, auch eine viel weitere Mündung als diese haben.

216. Marginella praecallosa Higgins.

„Marg. testa cylindraceo-oblonga, cinereo-alba, griseo lineari-strigata, fasciis duabus distantibus; spira parva, anfractibus superne tumidiusculis, columella valde expanse callosa, quinqueplicata, labro valde calloso-reflexo, intus flexuose plicato". (Marrat).
Long. 25 Mm. Diam. 12 Mm.

Marginella praecallosa Higgins Marrat in Quart. Journ. of Conch. 1876 p. 136.

Hab. ?

Keine Verwandtschaft angegeben; man ist der ungenügenden Diagnose wegen kaum im Stand, die Art einzureihen.

217. Marginella Warreni Marrat.

„Marg. testa fusiformi-oblonga, lutescente lactea, fasciis duabus aurantio-fuscis latiusculis cingulata, spira producta, subobtusa conica, apice obtuso; labro subflexuoso; columella quadriplicata.
Long. 20 Mm. Diam. 8 Mm." (Marrat).

Marginella Warreni Marrat in Quaterly Journ. of Conch. 1876 p. 136.

Hab. in lat. 50,23,5 N. und long. 64,0,4 W. Dies kann nicht richtig sein, weil es einen Punkt auf dem Festland von Canada ergibt.

Dies ist nach Marrat eine grosse Form — ein Riese unter den Volvarinen — eines wohlbekannten Typus, wie ihn M. gracilis C. B. Adams = M. bibalteata Reeve und M. suavis Souv. Journ. de Conch. VIII. t. 2 f. 13 darstellten. Ich halte dafür, dass die beiden erwähnten Arten bei Volvarina schlecht untergebracht und zu Marginella s. st. zu zählen sind.

218. Marginella callosa Marrat.

„Marg. testa oblongo-ovata, superne tumida, callosa, albida aut spadicea, pallide fasciata, crassa, nitente, spira brevi valde callosa, columella quadriplicata, ad basin tumida, columella et apertura incrassata, fauce alba. (Marrat).

Marginella callosa Marrat Quaterly Journ. of Conch. 1876 p. 137.

Rothes Meer. (Keen).

Soll einigermassen der Oliva micans Sol. gleichen, die auch eine dicke callöse Spira besitzt.

219. Marginella Davisiana Marrat.

„Marg. testa M. Bellii Sow. simili, sed multo minore, crassiore. angustiore et pallidiore, lineis longitudinalibus distantibus; labro intus crenulato, extus valde incrassato,
columella quadriplicata". (Marrat).

Marginella (Glabella) Davisiana Marrat in Quaterly Journ. of Conch.
I. Hft. 11 p. 205. Kobelt Synopsis
p. 14.

Hab. Westafrica. (Marrat).

220. Marginella nana Marrat.

„M. testa obtuse conica, flavescente-alba, nitente lineis rubris tribus cincta. spira
parva; columella valde callosa, 5—6 plicata. labro incrassata, intus crenulato, superne et
inferne unimaculato. Long. 3, lat. 2'''." (Marrat).

Marginella (Gibberula) nana Marrat Quart. Journ. of Conch. I. Hft. 11
p. 205. Kobelt Synopsis p. 15.

Hab. ?

221. Marginella lucida Marrat.

„Marg. testa cylindraceo-oblonga, semipellucida, nitente, lutescente-alba, obscure
unifasciata, laevi, spira immersa, columella quadriplicata, labro flexuoso, tenui, incurvo.
Long. 9, lat. 4''." (Marrat).

Marginella (Gibberula) lucida Marrat Quart. Journ. of Conch. I. Hft. 11
p. 205. Kobelt Synopsis p. 14.

Hab. ?

Dieses könnte der Diagnose nach das sein, was ich p. 123 als M. pellicula
Marrat beschrieben habe, die unter diesem Namen durch Sowerby an Loebbecke
kam und deren Beschreibung ich nirgendwo finden kann.

222. Marginella Lienardi Jousseaume sp.

„Testa elongata, cylindracea, superne inferneque attenuata, tenuis, translucida,
vitreo-fulvescens spiraliter roseo unizonata; apertura linearis, angustissima;
columella ad basim quadri-vel quinque-plicata, plicis transversis; labrum intus denticulatum, extus incrassatum, varice opaco et lacteo, superne angulato. Long. 9,5,
diam. 4, crass. 3, apert. 8 Mm." (Jousseaume ex gall.).

Serrata Lienardi Jousseaume Monogr. p. 87.

Hab. Mauritius, Réunion (Lienard etc.).

Dr. Jousseaume gründet diese Art auf M. triticea Sowerby Thes. Conch.
t. 2 f. 119. 120, reproduzirt auch die Sowerby'sche Diagnose, worin u. A. zu

V. 4.   18

lesen ist „pallide fulva fasciis tribus latis fulvis cincta" und ferner „labio externo laevi, incurvo, extus varicosa", ausserdem gibt Sowerby seiner Art, nach Kiener, das Mittelmeer zum Aufenthalt. Nun vergleiche man die oben gesperrt gedruckten Worte und den Fundort. Kann man leichtsinniger identifiziren.

Verschollene Species.

Marginella contaminata Gaskoin.

„Testa oblongo-ovata, pallide floris lactis colore; extus tenuissime striata; apertura lata, labio crasso, columella sexplicata, plicis tribus anticis prominentioribus; margine lato planuloque, apice prominente, obtusissimo. Long. 1 inch., wide $^5/_{10}$ of an inch." (Gaskoin).

Marginella contaminata Gaskoin Proc. zool. Soc. 1840 p. 29. Jousseaume Monogr. p. 42. (Egouena).

Hab. ?

Marginella punctulata Petit.

„Testa ovato-oblonga, polita, nitidissima, pallide carneolata, lacteis guttulis obsita; spira conico-depressa, obtusa, suturis obliteratis; labro albo, extus lutescente, obsoletissime crenato, columella quadriplicata. Long. 15 Mill., lat. 8 Mill." (Petit).

Marginella punctulata Petit Revue zool. 1841 p. 185.

Hab. Senegal. (Petit).

Siehe das p. 63 bei der Beschreibung der M. nivosa Hinds Gesagte.

Marginella liturata Menke.

„Marg. testa ovato-oblonga luteocana seu ochroleuca, lineolis longitudinalibus angularis interruptis punctatis fuscis superius magis conspicuis picta; spira breve-conica, labri margine externo punctato, interno crenato; columella quadriplicata Long. 9, lat. 5 lin.

Hab. in litus occidentali Nova holandiae.

Marginella liturata Menke Moll. Nov. holl. p. 28. Jousseaume Monogr. p. 75 (? Cryptospira).

„Affinis M. limbatae Lam., quae magis ovata et lineis continuis est; affinis quoque M. helmatinae Rang, quae minor est et in ultimo medio anfractu fasciis interruptis insignis".

Marginella intermedia Menke sp.

„Volv. testa ovato-elliptica, solidiuscula, alba, subpellucida; spira sub-prominula; labro incrassato, medio retuso, columella quadriplicata. Long. 5 lin., lata 2½ lin." (Menke).
  Volvaria intermedia Menke Syn. Moll. p. 88 2. ed. p. 144. Jousseaume
              Monogr. p. 59.

Hab. ?

Marginella tenera Menke sp.

„Volv. testa ovata, tenui, pellucida, albida, lineis transversis quaternis, fuscis, interruptis seriebusque linearum longitudinalium cincta; spira vix conspicua, columella subarcuata, octoplicata.
  Long. 2 lin., lat. 1⅛ lin." (Menke).
    Volvaria tenera Menke Synopsis Moll. p. 88. idem 2. ed. p. 146.
    Gibberula — Jousseaume Monogr. p. 81.

Hab. Portorico.

Marginella pudica Gaskoin.

„M. testa oblongo-ovata, albida, fasciis sex vel septem, transversis, continuis, pallidissime viridi-fulvis; maculis distinctis pallidissime brunneis, interruptis; basi rotundata; apertura latiuscula; labro crasso, marginato, ultra apicem extenso; columella quinqueplicata, canali lato et profundo; margine interno labii minute denticulato; apice lato, obtuso.
  Long. $^{2}/_{100}$ of an inch.; lat. $^{18}/_{100}$ of an inch." (Gaskoin).
    Marginella pudica Gaskoin in Proc. zool. Soc. 1849 p. 18.
    Persicula pudica Jousseaume Monogr. p. 104.

Hab. America centralis.

Marginella pulcherima Gaskoin.

„M. testa oviformis, fulvescente, fasciis albis quinque, angustis, transversis, maculis linearibus nigris, in centros fasciarum conspicuis; interstitiis fascia prima ad secundam fasciam, tertiaque ad quartam, lineis plurimis tenuissimis fulvescentibus longitudinalibus notatis; apertura alba, latiuscula; columella quinqueplicata; labio tenue; apice distincto.
  Long. $^{20}/_{100}$ of an inch; lata $^{11}/_{100}$ of an inch." (Gaskoin).
    Marginella pulcherima Gaskoin in Proc. zool. Soc. 1849 p. 21.
      ?   —   sagittata pars Sowerby Thes. t. 5 f. 224. ? juvenis.
    Persicula pulcherrima Jousseaume Monogr. p. 103.

Hab. Antillen.

Nachträge und Berichtigungen.

Ich hatte sehr oft Gelegenheit, bei vielen Species dieser Monographie eine abweichende Meinung über die Einreihung in die Gruppen oder Subgenera auszudrücken, wie sie durch die Gebrüder Adams und Jousseaume aufgestellt waren. Der Grund liegt darin, dass ich bei meiner Eintheilung das Hauptgewicht auf das Vorhandensein oder Fehlen einer Basalbucht gelegt und die Anzahl der Spindelfalten und die deutlich ausgezogene oder versteckte Spira erst in zweiter Linie zur engern Eintheilung benutzt habe, während von den erwähnten Classificatoren mein Hauptkennzeichen gar nicht gewürdigt und meine Nebenkennzeichen zu ihren Hauptkennzeichen genommen wurden. Dadurch müssen natürlich im Grossen sehr erhebliche Verschiedenheiten hervortreten, die mich nöthigen, an dieser Stelle meine bereits in den Jahrbüchern der Mal. Gesellschaft Heft IV dieses Jahrgangs dargelegte Eintheilung mit Aufzählung sämmtlicher Arten hier in abgekürzter Form zu wiederholen.

Die Gebrüder Adams hatten folgende Abtheilungen gemacht:
1. Genus: Marginella s. str. mit Subg. *Glabella*, *Prunum*, *Volutella* und *Cryptospira*.
2. — Persicula mit Subg. Gibberula.
3. — Volvaria mit Subg. Volvarina.

Dr. Jousseaume fühlte das Bedürfniss, Angesichts der bedeutend vergrösserten Anzahl der Arten die Adams'sche Eintheilung als viel zu eng zu verlassen und das Genus Marginella Lam. in 13 Genera zu zerspalten. Man kann an der Eintheilung selbst nicht viel aussetzen, nur den Tadel darf man ihr nicht schenken, dass diesen an sich brauchbaren Gruppen ein generischer Werth beigelegt worden ist. Es sind · Marginella s. st., Egouena, Volvarina, Serrata, Cryptospira, Gibberula, Granula, Bullata, Closia, Persicula, Volvaria, Balanetta, Canalispira. Mit Ausnahme von Granula und Balanetta sind alle Gruppen brauchbar, doch war Jousseaume vielfach unglücklich in der Vertheilung der Arten in den einzelnen Gruppen, meistens, weil ihm die Verwendbarkeit meines Hauptkennzeichens entgangen und er zu viel Werth auf die Adams'sche Vertheilung gelegt. Ich hätte mich auf die Correctur solcher Fehler beschränken und die Eintheilung sonst acceptiren können, wenn nicht die Folge der Gruppen mir arg verfehlt erschienen und ich in der Benutzung der Basalbucht eine Handhabe gefunden hätte, dieses Auseinanderreissen verwandtes und Aneinanderreihen verschiedenes zu corrigiren. So ist die folgende noch weitere Eintheilung entstanden:

Genus Marginella.
I. Abtheilung. Arten mit einer Basalbucht, der auf der Mündungsseite ein schwacher Kanal entspricht.
   1. Section. Wahre Marginellen. (Marginella s. st. Jousseaume).
     Gruppe a. (Marginella s. str. H. et A. Adams) z. B. Marg. glabella Linné sp.
     — b. (Glabella H. et A. Adams) z. B. Marg. faba Linné,
       — muscaria Lam.
     — c. (Eratoidea Wk. = Marginella et Egouena Jouss. partim).
       α mit bewaffnetem Mundrand z. B. Marg. margarita Kiener.
       β — glattem — — ·— australis Hinds.
       γ (= *serrata* Jouss. ex parte — — serrata Gask.

141

2. *Section*. (Persicula Gray).
   Gruppe a. (Bullata partim Jouss.) z. B. M. cornea Lam., clandestina Brocc, ovulum Sow.
   — b. (Persicula Auct) z. B. Marg. persicula Linné, interrupta Lam., chrysomelina Redf.
   — c. Gibberula z. B. Marg. miliaria Linné.
     β (Granula Jouss.) z. B. Marg. minuta Pfr.
3. *Section*. Arten mit deutlicher, undeutlicher, selbst fehlender Basalbucht, d. h. Uebergangsformen von Abth. I zu II.
   Gruppe a. (Closia Gray) z. B. Marg. Largillierti Kiener und Sarda Kiener.
   — b. (Cryptospira Adams, Jouss. z. Th.) z. B. M. quinqueplicata Lam., elegans Gmelin.
   — c. (Volutella H. et A. Adams, Bullata partim Jouss.) z. B. M. bullata Born, dactylus Lam.
II. Abtheilung. Arten mit durchaus fehlender Basalbucht und geschlossener Mündung.
   1. *Section*. (Prunum Adams, Egouena Jouss. zum grössten Theil).
   Gruppe a. (Labiatae) z. B. M. labiata Kiener, oblonga Swainson.
   — b. (Guttatae) z. B. M. guttata Dillw., apicina Mke.
   — c. (Marginatae) z. B. M. marginata Born, prunum Gmelin.
   2. *Section*.
   Gruppe a. (Volvaria s. str. H. et A. Adams) z. B. M. pallida Linné.
   — b. (Canalispira Jousseaume) z. B. M. olivellaeformis Jouss.
   3. *Section*. (Volvarina H. et A. Adams inclusive Balanetta Jouss.) z. B. M. triticea Lam., zonata Kiener. cylindrica Sow., Baylei Jouss.

---

pag. 6 Zeile 20 von oben hinter 14 einzuschieben: (Voluta).
   Zeile 23 — — — 65 — (Voluta).
pag. 7. In der Synonymie der Marg. prunum muss das Citat Sowerby Thes. fig. 153. 154 aus der Zeile 19 von oben entfernt und in die Zeile 26 gebracht werden.
pag. 9. In die Synonymie der M. bifasciata ist aufzunehmen:
   M. obtusa Sowerby Thes. Conch. t. 1 f. 11. 12. Jouss. Monogr. p. 23.
   — arenaria Mörch Cat. Yoldi t. Jouss. Monogr. p. 23; diese letzte ist von mir Taf. 6 f. 7. 8 als gelbe Varietät abgebildet.
pag. 10. In die Synonymie der M. faba ist aufzunehmen:
   Var. = M. laevilabris Jouss. Monogr. p. 21.
pag. 15 Zeile 16 von oben hinter 10 hinzuzufügen: 11.
pag. 16 Zeile 2 — — statt 11. 12 zu setzen: 12—14.
pag. 18 Zeile 1 von oben statt 1842 zu setzen: 1840 p. 258.
   Zeile 19 von unten statt 326 zu setzen: 526.
pag. 19. In der Synonymie der M. cingulata Dillw. muss das Citat Sowerby Thes. f. 185. 186 aus Zeile 18 u. 19 entfernt und in Zeile 24 übertragen werden.
pag. 22. In die Synonymie der M. apicina ist aufzunehmen:
   M. carybaea D'Orb. Voy. Cuba t. 20 f. 24—26.
   Die Var. = M. virginea Jouss. Monogr. p. 31 ist p. 99 abgehandelt und hier ebenfalls hinzuzufügen.
pag. 22 Zeile 11 von unten hinter 1844 einzuschalten: non Reeve.
pag. 23 Zeile 12 — — statt Volvaria zu setzen: Volvarina.

pag. 24. In die Synonymie der M. bullata ist aufzunehmen:
    Var. = M. Cuvieri Desh. Coll. teste Jousseaume Monogr. 88.
    Dies ist die Varietät, die schon Sowerby im Thes. fig. 159 abgebildet hatte, als Abänderung mit undeutlichen Binden, wie sie beim Liegen am Strande durch ungleiche Ausbleichung entsteht.

pag. 25. In die Synonymie der M. angustata Sowerby ist aufzunehmen:
    M. Verreauxi Jouss. Monogr. t. 8 f. 3 als Var. minor.

pag. 26 Zeile 5 von unten hinter die Zahl 100 ist zuzufügen: non Hinds.

pag. 28. In die Synonymie der M. zonata Kiener ist, auf die Kiener'sche Varietät begründet, aufzunehmen:
    M. bilineata Jousseaume Monogr. p. 64 (Volvarina).
    Die Unterschiede, die Jousseaume anführt und die ihn zur Trennung veranlasst haben, beruhen auf ungenauer Beobachtung, und wo dies nicht ist, sind sie unwesentlich. Zu ersterem gehört das Verhältniss der beiden Linien zu der breiten Zone. Man kann bei einigermassen zahlreichen Exemplaren leicht beobachten, dass die Ränder der Zone dunkler sind als diese selbst und dass die Färbung der Letztern sehr schwankend ist von intensiv bis zum blassesten Gelb, von diesem bis zum gänzlichen Schwinden der Färbung ist ein viel kleinerer Schritt als der von intensivem Gelb bis zum blassen; es genügt eine kurze Zeit des Liegens am Strand, um das gänzliche Schwinden hervorzubringen und die M. bilineata zu machen, die übrigens auch ganz frisch vorkommt. Was sonst noch angeführt wird und von mir unwesentlich genannt ist, sind Unterschiede an der Spira und der Mündung, die gleicherweise bei der Stammform, wie bei der Varietät schwankend sind, was sich bei einer grössern Reihe gar leicht beobachten lässt.

pag. 29. In die Synonymie der M. secalina Philippi sind aufzunehmen:
    M. rufescens Reeve Conch. Ic. t. 21 f. 112. Jousseaume Monogr. p. 53.
    Var. bizonata = M. Calameli Jousseaume Rev. et Mag. zool. 1872 t. 18 f. 3. Monogr. p. 53 (Volvarina).
    M. rufescens entspricht dem Philippi'schen Typus, Calameli der Küster'schen Abbildung, dazwischen liegt noch die von Philippi erwähnte einzonige Abänderung.

pag. 31 Zeile 11 von oben statt 148 ist zu setzen: 147.

pag. 32 Zeile 20 — — 1433. 1434 zu setzen: 1423. 1424 und unmittelbar hinter die letzte Zahl (Voluta) einzuschalten.

pag. 32 Zeile 24 hinter die Zahl 67 einzuschalten: (Voluta).

pag. 35 Zeile 10 von unten statt Taf. 5 ist zu setzen: Taf. 6.

pag. 37 Zeile 12 — — Ginea ist zu setzen: Guinea.

pag. 38 Zeile 2 — oben — t. 73 zu setzen: p. 73; unmittelbar hinter diese Zahl Kiener Coq. viv. t. 10 f. 3 einzufügen.

pag. 39. Der Synonymie der M. oblonga Swainson ist hinzuzufügen:
    M. cannella Jousseaume Monogr. p. 79 (Egouena).
    Mr. Jousseaume trennt M. oblonga Sowerby Thes. 106. 107 von M. oblonga Swainson, der er M. amabilis Redf. und M. carnea Sowerby Thes. 102 und M. oblonga Reeve zugibt, dagegen citirt er zu M. carnea Storer Sowerby 103 und macht aus M. oblonga Sowerby Thes. 106. 107 eine neue Species unter obigem Namen. Ich kann dieser Manier zu urtheilen nicht folgen.

pag. 40. Aus der Synonymie der M. cincta Kiener ist das Citat M. crassilabrum Sowerby Proc. zool. Soc. 1846 p. 98. Thes. 3 f. 124. 124. Petit Cat.

p. 53 zu löschen. Das von M. crassilabrum Reeve 92 bleibt aber bestehen. Zuzufügen ist:

M. Sauleyana Reeve Conch. Ic. t. 18 f. 90 a. b. Weinkauff Conch.-Cab. t. 14 f. 14. 15 non Petit.

pag. 41. Ich habe zu M. Storeria Couthouy nachträglich zu bemerken, dass dieser Autor ein unfertiges Exemplar beschrieben hat; daraus erklärt sich die Verschiedenheit meiner Diagnose von der des Autors. Meine Exemplare stammen aus sicherer amerikanischer Quelle und dem Fundorte Aspinswall. Die M. Loroisi Bernardi Journ. de Conch. 1856 t. 8 f. 6. 7 stellt noch ein etwas grösseres Exemplar vor, als ich zur Abbildung gegeben hatte. Dieses Citat ist der Synonymie noch beizufügen.

pag. 42 Zeile 13 von oben statt 162—164 zu setzen: 160—162.

pag. 47 Zeile 13 von unten ist die Zahl 74 zu streichen.

pag. 50 Zeile 6 von oben statt Tarmanien zu lesen: Tasmanien.

pag. 51 Zeile 8 — — fig. 10 zu lesen: fig. 30.

pag. 55. In die Synonymie der M. catenata Montagu ist aufzunehmen:
Var. = M. fluctuata C. B. Adams Contr. p. 56 von Jamaica und Zeile 15 von oben hinter das Wort catenata einzuschieben:
Kiener Coq. viv. t. 9 f. 41.
Zeile 4 von unten hinter 112 einzuschieben:
Kiener Coq. viv. t. 12 f. 4.

pag. 57 Zeile 9 von oben statt f. 317 zu setzen: 217.

pag. 58 Zeile 6 — unten } statt irrotata zu lesen: irrorata.
pag. 59 Zeile 4 — oben }

pag. 60 Zeile 16 von oben statt Pettiti zu lesen: Petiti.
In die Synonymie der M. piperata Hinds ist noch aufzunehmen:
M. lineato-labrum Gaskoin Proc. zool. Soc. 1849 p. 20. Jousseaume Monogr. p. 19.

pag. 61 Zeile { 6 von unten statt 56 zu setzen: 36.
{ 13 — — — Taf. 16 zu lesen: Taf. 11.

pag. 63 Zeile 2 von oben statt Taf. 11 zu lesen: Taf. 12.
Der Synonymie der M. nivosa Hinds ist beizufügen:
M. nivea C. B. Adams Contr. p. 56 als Var. mit weisser Grundfarbe.
— Gundlachi Dunker in Coll. Dasselbe nur kleiner.

pag. 66 Zeile 21 von oben statt 38 zu lesen: 53.

pag. 71 Zeile 11 und 18 von oben statt corrusca zu lesen: corusca.
Zeile 19 hinter Volvarina zuzufügen: corrusca.

pag. 74 Zeile 10 von unten statt 49 zu setzen: 19.

pag. 76. In die Synonymie der M. Peasi Reeve ist aufzunehmen:
v. Martens Don. Bism. p. 20.
M. polita Pease Am. Journ. of Conch. III. 1867 23, 19.

pag. 77 Zeile 12 von unten statt Notmenclaur zu setzen: Nomenclatur.

pag. 79 Zeile 9 von oben statt 227 zu lesen: 127.

pag. 83 Zeile 19 von oben statt den zu lesen: der.
In die Synonymie der M. australis ist aufzunehmen:
Granula aquaegutta Jousseaume Monogr. p. 84. M. oryza Pease non Lamarck.
Stat. Juv. = M. Metcalvei Angas Proc. zool. Soc. London 1877 t. 26 f. 9.

pag. 90. In die Synonymie der M. translucida Sowerby ist aufzunehmen:
M. Strangei Angas Proc. zool. Soc. London 1877 t. 26 f. 8.

pag. 92 Zeile 20 von oben statt t. 10 zu setzen: t. 13.

pag. 97 Zeile 20 von oben statt Sroreri zu setzen: Storeria.

pag. 102. Aus der Synonymie der M. albolineata D'Orbigny sind die Citate: M. gracilis C. B. Adams und M. bibalteata Reeve auszustreichen. Sie sind p. 127 als besondere Art abgehandelt.

pag. 105 Zeile 10 von unten statt 330 zu setzen: 389 und hinter 132 das Citat: Reeve Conch. Ic. t. 20 f. 106.

    Zeile 2 von unten ist der Satz: die auch bei Reeve fehlt, zu streichen.

pag. 107 Zeile 4 von oben statt aurantia zu lesen: aurantio.

pag. 109 Zeile 14 von unten zuzusetzen: Wird im Catalog von Dr. Poulsen von den Antillen stammend aufgeführt.

pag. 118 Zeile 3 von oben hinter f. 1 zuzusetzen: non Fred. Edwards.

pag. 133 Zeile 2 - - — Taf. 21 Fig. 9 zu streichen.

pag. 135 Zeile 11 von unten statt Carisco zu lesen: Corisco.

    Zeile 8 — — — vestiva — — festiva.

    Die auf Taf. 20 Fig. 6 abgebildete

        223. Marginella fasciata Sowerby ist im Text zu beschreiben übersehen worden. Ihre Synonymie ist folgende:

    Marginella fasciata Sowerby Thes. Conch. p. 389 t. 4 f. 142.

    Volvarina rubrifasciata Jouss. Monogr. p. 58.

    Die Art fehlt bei Reeve, der Name wurde von Jousseaume unnöthiger Weise wegen Persicula fasciata Schum. geändert, der längst in der Synonymie der M. persicula Linné untergegangen ist.

Genus Erato Risso.

Thier im Wesentlichen wie Trivia und Marginella. Es hat einen dicken zwei Lappen bildenden Mantel, der mit kleinen Pusteln oder Wärzchen, meistens auf den Lappen deutlicher, besetzt ist und $1/2$ bis $2/3$ der Schale bedeckt, nur einen Rückenstreifen freilassend. Seine Pallialröhre ist cylindrisch, ziemlich lang und gekrümmt. Der Rüssel, ebenfalls cylindrisch, ist sehr lang, die Fühler sind divergirend und tragen die Augen unten auf starken Trägern. Fuss lang und dünn, vorn schwach gerundet mit hörnerartigen Kanten, hinten schwanzartig verschmälert auslaufend. Ruthe sehr lang, gekrümmt, dreischneidig. Zungenbewaffnung wie bei Cypraea.

Schale birnförmig, mehr oder weniger verkürzt, Hauptumgang dick, vorherrschend, Spira klein, zuweilen z. Th. eingehüllt. Mündung eng, oben stark einwärts gebogen, unten in einen Kanal auslaufend, der jedoch auf der Rückseite nur eine schwache Einbuchtung zeigt. Mundrand meistens verdickt und umgeschlagen (aussen und innen), aussen meistens schwach gerandet, innen gekerbt, Spindel gekerbt oder gezähnelt, meistens nicht so eng als die Lippe des Aussenrandes, unten zuweilen gefaltet durch Verlängerung der Kerben oder Zähnchen. Zuweilen sind die Spitzen der Spindel und des Mundrandes dem Embryonalende gleich gefärbt im Gegensatz zu der Schalenfärbung; Letztere ist meistens schwach und blass.

In der Einleitung zur Familienbeschreibung habe ich bereits erwähnt, dass die Autoren über das Verhältniss der Genera Cypraea und Erato zu Marginella verschiedener Meinung seien. Ich habe hier noch nachzutragen, dass die erwähnte Ansicht Gray's und Woodward's durch Troschel gestützt worden ist. Die Zungenbewaffnung der Marginellen würden darnach diesen ihren Platz in der Familie Volutidae anweisen, wogegen die Schalencharaktere, wenn man die eigentlichen Marginellen für sich ins Auge fasst, durchaus nicht sprechen würden, indessen muss doch abgewogen werden, ob dies eine, theilweise durch die Schalen verstärkte Merkmal höhern Werth hat als die übrigen, ebenfalls theilweise durch die Schalen verstärkten Merkmale am Thier. Es gibt übrigens unter den Marginellen s. str. eine Gruppe, die ich Eratoidea benannt habe, die in den Schalencharakteren so sehr mit Erato stimmt, dass Reeve und Sowerby eine Art derselben geradezu unter Erato gestellt hatten; aus einer andern Gruppe, die von Jousseaume Serrata genannt, hatte Sowerby ebenfalls eine Art unter Erato gebracht. Ob Troschel die Zungenbewaffnung einer Art dieser Gruppen untersucht hat, weiss ich nicht, möchte aber, falls es noch nicht geschehen ist, eine solche dringend befürworten. Für diese

Arbeit ist die Streitfrage indess nicht von grossem Belang, da der Plan derselben, die Einreihung von Marginella und Erato in die Familie Cypraeidea schon festgestellt war, bevor ich die Fortsetzung des Küster'schen Anfangs übernommen hatte, an der sich nichts mehr ändern liess.

1. Erato angulifera Reeve.

Taf. 25. Fig. 1. 4.

Testa ovata, obtuse-pyriformis, laevigata, nitida, sordide alba; spira obtuse conica, anfractibus 3—4 vix distinctis, ultimo superne tumido-angulato; apertura subrecta, angustissima; columella recta, callosa, exiliter denticulata; labrum incrassatum, intus denticulatum, extus varicosum, spiram superans.
Long. 5,2, diam. maj. 3,5, apert. 5 Mm.
Erato angulifera Reeve Conch. Ic. t. 2 f. 6 a. b. Sowerby Thes. Conch. f. 25. 26.

Schale eiförmig, stumpf birnförmig, glatt und glänzend, schmutzig weiss mit einem Stich ins Rosenrothe; Spira klein und stumpf kegelförmig, besteht aus 3—4 kaum unterscheidbaren Umgängen, von denen der Hauptumgang an der Kante abgestumpft ist; Mündung beinahe gerade, sehr eng — „perangusta" bei Reeve widerspricht seiner Zeichnung; Spindel gestreckt, oben überstehend, callös, in der ganzen Länge sehr fein gekerbt, unten kann man die Kerben als Falten ansprechen, wenigstens 3 derselben; Mundrand innen fein und dicht gekerbt, aussen umgeschlagen und stark verdickt, oben über die Spira hinausragend.
Vaterland: Borneo. Loebbecke'sche Sammlung.

2. Erato callosa Adams et Reeve.

Taf. 25. Fig. 2. 3.

Testa ovato-pyriformis, plus minusve obtuse-conica, laevigata, nitida, antice callosa, livido-alba vel carnea; spira parva, parum exserto, anfractibus indistinctis, albido limbatis; apertura leviter arcuata, latiuscula; columella callosa, indistincte serrata; labrum intus extusque flexuosum, intus denticulatum, extus incrassatum.
Long. 7, diam. maj. 3,8, apert. 6 Mm.
Erato callosa Adams et Reeve Voyage Samarang t. 8 f. 32 a. b. Reeve Conch. Ic. t. 1 f. 2. Lischke Moll. Japan. II. p. 3. Sowerby Thes. Conch. f. 35—37.

Schale ei-birnförmig, mehr oder weniger stumpf-konisch, glatt und glänzend, vorn stark callös verdickt, weisslich ins grauliche oder fleischfarbige; Spira klein, wenig ausgezogen, mit unbestimmt ausgebildeten Umgängen, die entweder weiss oder durch eine weisse Zone angedeutet sind; Mündung leicht gebogen, nicht eng; Spindel callös, undeutlich gesägt; Mundrand innen und aussen umgeschlagen, innen gekerbt, aussen stark verdickt.

Vaterland: China (Adams und Reeve), Japan und zwar Bucht von Jeddo (Lischke). Aus Loebbecke's Sammlung.

3. Erato laevis Donovan Sp.

Taf. 25. Fig. 5. 8.

Testa ovato-pyriformis, laevis, nitida, dorso flavescens vel rosea, caeterum lactea; spira prominula, obtusa, anfractibus quinque, suturis indistinctis; apertura elongata, angustiuscula, subarcuata; columella rectiuscula, glabra ad basin obsolete plicato-dentata; labrum intus reflexum, tenue denticulatum, extus incrassatum, marginatum.

Long. 9, diam. maj. 6, apert. 7,8 Mm.

Voluta laevis Donovan Brit. shells V. t. 145, ed. Chenu t. 45 f. 5—8. Dillwyn Cat. I. p. 527. Wood Ind. test. t. 19 f. 61.

Columbella laevis Brown Ill. Conch. t. 8 f. 15.

Marginella — Deshayes in Lamarck 2 Ed. X p. 452. Philippi En. Moll. Sic. II. p. 197. Jeffreys brit. Conch. IV. p. 400 t. 7 f. 3. V. t. 92 f. 1.

Erato — Sowerby Conch. Ill. f. 57. Reeve Conch. Syst. II. t. 285 f. 3. Sowerby Thes. Conch. f. 38—40. Forbes et Hanley brit. Moll. III. p. 502 t. 114 b f. 4. 5. Chenu Manuel II. p. 200 f. 1068. Searles Wood Crag Moll. t. 2 f. 10. Hoernes Foss. Moll. des W. B. I. t. 2 f. 10. Weinkauff Mittelmeer-Conch. II. p. 18. Reeve Conch. Ic. t. 1 f. 5 a. b.

Cypraea voluta Montagu Test. brit. t. 2 f. 4. ed. Chenu p. 38 t. 2 f. 11. Bronn Leth. geogn. II. t. 42 f. 8.

Voluta cypraeola Brocchi Conch. foss. subap. t. 4 f. 10.

Erato — Risso Eur. mer. IV. p. 240 f. 85. Philippi En. Moll. Sic. I. p. 233. Chenu Man. f. 1060.

Marginella cypraeola Basterot Mém. geol. p. 44. Grateloup Atlas t. 44 f. 33. 34.

— cipreola Scacchi Cat. p. 10.

— Donovani Payraudeau Moll. de Corse p. 167. Kiener Coq. viv. t. 8 f. 3.

Volvaria — Blainville Faune franç. p. 228 t. 8 b f. 3.

Schale ei-birnförmig, mehr oder weniger gestreckt, glatt, glänzend, weiss mit gelblichem oder röthlichem, oft auch nur milchweissem Rücken, zuweilen ist der Lippensaum, oder dessen Extremitäten intensiver gefärbt; Spira hervortretend, stumpf, meistens etwa den fünften Theil der Schale einnehmend, besteht aus 5 Umgängen mit schwach sichtbaren Nähten; Mündung lang, leicht gebogen, nicht sehr eng; Spindel oben leicht convex, glatt, meistens nur an der Basis mit 2—4 faltenartigen Zähnen besetzt, zuweilen gehen Zähnchen bis zur Mitte hinauf; Mundrand nach innen umgeschlagen, gekerbt, aussen verdickt und gerandet, oben wagerecht abstehend.

Vaterland: Das europäische Faunengebiet, local, die speziellen Fundorte, auch des fossilen Vorkommens mag man in meiner Schrift die Conch. des Mittelmeers, oder bei Jeffreys brit. Conch. nachlesen. Aus der Loebbecke'schen Sammlung.

19*

4. Erato vitellina Hinds.

Taf. 25. Fig. 6. 7.

Testa obtuse pyriformis, globosiuscula, laevigata, nitida, albida, dorso livida vel castanea, callo labri et columbellae pallidiore; spira brevis, tumida, anfractibus convexiusculis, suturis linearibus, albidis; apertura lata, intus livida; columella callosa rectiuscula.
dentata; labrum intus reflexum lacteum, crenatum, extus incrassatum, late calloso expansum, lividum, linea alba marginatum.

Long. 11. diam. maj. 8. apert. 9,8 Mm.

Erato vitellina Hinds Voy. Sulphur. t. 13 f. 22. 23. Reeve Conch. Ic. t. 1
f. 3 a. b. Carpenter Report p. 206. 328. Sowerby Thes.
Conch. f. 27. 28.

Schale abgestumpft-birnförmig, ziemlich aufgetrieben, glatt, glänzend, weisslich mit grünlichbraunem oder kastanienbraunem oder dottergelbem Rücken, Mundrand und Spindelcallus heller; Spira kurz, stumpf, besteht aus 4 etwas convexen Umgängen, die durch linienfeine, weisse Nähte getrennt sind; Mündung
weit, innen grünlichbraun; Spindel mit Callus belegt, ziemlich gestreckt, gezähnelt;
Mundrand innen umgeschlagen, milchweiss, gekerbt, aussen verdickt, weit callös
ausgedehnt, heller als der Rücken und mit weisser Linie gesäumt.

Vaterland: Californien.

5. Erato columbella Menke.

Taf. 25. Fig. 9 12.

Testa piriformis, laevigata, nitida, albida, dorso flavida vel carnea, plus minusve
intensis; spira brevis, anfractibus 4 convexis, apice obtuso, intense carneo; apertura sub-
obliqua, latiuscula, intus carnea; columella callosa, callo spirae adnato. leviter arcuata,
inferne tenuissime biplicata et denticulata; labrum intus reflexum, exillissime serratum,
extus modice sed latiusculo varicosum, varice albo, carneo limbato.

Long. 7, diam. maj. 4,3, apert. 6.2 Mm.

Erato columbella Menke Zeitschr. für Mal. 1847 p. 183. Reeve Conch.
Ic. t. 1 f. 1 a. b. Carpenter Mazatl. shells App. p. 537.
Report. p 329. Sowerby Thes. Conch. f. 31. 32.
— leucophaea Gould Otia p. 187. idem Mexican and Calif. shells
p. 13 t. 28. Carpenter Rep. p. 228. 230. 329.

Schale birnförmig, glatt und glänzend, weisslich mit strohgelbem oder fleisch-
farbigem, mehr oder weniger intensiv gefärbtem Rücken; Spira kurz, aus 4 convexen Umgängen und dem stumpfen, tief fleischfarbigen Embryonalende bestehend;
Mündung etwas schief zur Axe, nicht eng, innen fleischfarbig; Spindel mit
Callus überzogen, der bis an die Spira reicht und am vorletzten Umgang angewachsen ist, leicht gebogen, innen an der Basis mit zwei Fältchen und einigen
Zähnchen geziert; Mundrand innen umgeschlagen, äusserst fein crenulirt oder

gesägt, aussen mit mässig dickem, doch weitem Varix versehen, der weiss, fleischfarbig gesäumt ist.

Vaterland: Mazatlan (Melchers, Carpenter), Santa Barbara (Jewett). Loebbecke's Sammlung.

Wenn man die Diagnose Menke's mit der Gould's vergleicht, so sollte man
kaum glauben, dass eine Vereinigung beider möglich sei, und doch lassen sich
Exemplare beider Arten nicht trennen, weil die Verschiedenheiten nur in der Färbung bestehen.

6. Erato scabriuscula Gray

Taf. 25. Fig. 10. 11.

Testa elongato-ovata, subpiriformis, laevigata, nitida, granulato-scabiuscula, olivaceo-
plumbea vel livida; spira conica, anfractibus 4—5 convexiusculis, suturis distinctis; apertura curvata, latiuscula; columella superne convexiuscula, inferne constricta, denticulata,
denticulis inferioribus plicaeformibus; labrum intus extusque flexuosum, intus eburneum,
denticulatum, extus incrassatum, marginatum.

Long. 7,5, diam. maj. 4,3, apert. 6,4 Mm.

Erato scabriuscula Gray in Sowerby's Conch. Ill. f. 46. C. B. Adams
Pan. shells Nr. 13. Thes. Conch. f. 14—16. Carpenter
Report. p. 330. 267. 329.

Marginella cypraeola Sowerby in Proc. zool. Soc. 1832 p. 57 non Brocchi
Carpenter Report. p. 285.

—   granum Kiener Coq. viv. p. 17 t. 8 f. 33.

Schale länglich-oval, fast birnförmig, glatt und glänzend, doch durch feine
Knötchen rauh gemacht, grünlichgrau oder grünlichbraun; Spira kegelförmig, klein,
besteht aus 4—5 durch deutliche Nähte getrennten, etwas convexen Umgängen;
Mündung gebogen, etwas weit; Spindel oben leicht convex, unten eingezogen,
gezähnelt, die untersten Zähnchen sind faltenartig verlängert; Mundrand innen und
aussen umgeschlagen, innen elfenbeinweiss, gekerbt, aussen verdickt und gerandet,
etwas heller als der Rücken gefärbt.

Vaterland: St. Elena — Westcolumbien — (Cuming), Panama (C. B. Adams),
Acapulco (Sowerby), Santa Barbara (Jewett). Loebbecke's Sammlung.

War zuerst (1839) durch Sowerby als Marg. cypreola beschrieben, dann wegen
des Vorhandenseins der Marg. cypreola Brocchi mit der inzwischen von Gray M.
scabriuscula genannten Art von Sowerby selbst vereinigt worden. Mit der fossilen
Brocchi'schen Art hat diese M. cypreola nichts zu thun, die von Vielen als leichte
Abänderung der E. laevis gehalten wird, in deren Synonymie ich sie auch versetzt habe.

7. Erato gallinacea Hinds.

Taf. 25. Fig. 14. 15.

Testa trigono-pyriformis, laevigata, nitida, sordida alba, callosa; spira conica, anfractibus 5 convexiusculis, ultimo superne angulato, inferne constricto, rostrato; apertura elongata, angusta, curvata; columella superne convexiuscula, inferne concava, denticulata; labrum incrassatum, intus serratum extus marginatum, superne acute productum.

Long. 6, diam. maj. 3,6, apert. 5 Mm.

Erato gallinacea Hinds Proc. zool. Soc. 1844. (Ovulum). Reeve Conch.
Ic. t. 2 f. 7 a. b. Sowerby Thes. Conch. f. 33. 34.

Schale dreiseitig-birnförmig, glatt und glänzend, schmutzigweiss, callös; Spira kegelförmig, besteht aus 5 leicht convexen Umgängen, wovon der Hauptumgang oben kantig, unten eingezogen und schnabelartig ausgezogen ist; Mündung lang, eng, gebogen; Spindel oben etwas convex, unten concav, in ganzer Länge gezähnelt; Mundrand verdickt, innen fein und dicht crenulirt, aussen gerandet, oben seitwärts verlängert und mit scharfer Ecke endigend, hinten am vorletzten Umgang angewachsen.

Vaterland: Insel Mindoro — Philippinen — (Cuming), Neu-Guinea und Strasse von Macassar. (Hinds).

Eine scharf charakterisirte Art, die nicht leicht verwechselt werden kann.

8. Erato Maugeriae Gray.

Taf. 25. Fig. 13. 16.

Testa abbreviato-piriformis, laevigata, nitida, pallide livida; spira parva, anfractibus 4 convexis, ultimo superne depresso, lato, inferne constricto; apertura obliqua, latiuscula, columella rectiuscula, inferne biplicata et 2—3 denticulata; labrum albidum, intus extusque flexuosum, intus denticulatum, extus varicosum, superne late distans, spirae partim adnatum.

Long. 6, diam. maj. 4.7, apert. 5 Mm.

Erato Maugeriae Gray Sowerby Conch. III. f. 47. Petit Cat. in Journ. de Conch. II. p. 56. Carpenter Report. p. 328. Reeve Conch.
Ic. t. 2 f. 10 a. b. Mörch in Mal. Bl. XXII. Sowerby Thes. Conch. f. 7—9.

Schale abgestumpft-birnförmig, glatt und glänzend, blass grünlich-grau, die Bauchseite und Ränder heller; Spira sehr klein, besteht aus 4 convexen Umgängen, wovon der Hauptumgang oben breit und eingedrückt, unten eingezogen ist; Mündung schief zur Axe, etwas weit; Spindel ziemlich gestreckt, nur unten etwas concav, trägt hier zwei Fältchen und darüber 2—3 Zähnchen; Mundrand innen und aussen umgeschlagen, weisslich, innen gezähnelt, aussen verdickt, oben weit abstehend, der Spira zum Theil angewachsen.

Vaterland: Antillen und zwar nach Mörch an den Inseln St. Thomas, St. Croix,

Guadeloup, St. Martin, Curacao. Reeve gibt Panama an, was von Carpenter copirt worden ist. Loebbecke's Sammlung.

Nächstverwandt mit der europäischen Erato laevis. Sowerby gab ihr im Thesaurus auch das Mittelmeer zum Vaterland.

9. Erato minuta Reeve.

Taf. 26. Fig. 1. 2.

Testa „subglobosa" nitidissima, translucida, vitrea; spira parva, anfractibus callosis, ultimo rotundato-inflato; apertura arcuata, angusta; columella superne convexa, callosa, callo spirae adnato et spiram partim obtecto, inferne „contracta" plicato-dentata; labrum extus intusque reflexum, intus crenulatum, extus modice incrassatum, superne lateraliter productum.

Long. 3, diam. maj. 2, apert. 2.5 Mm.
Erato minuta Reeve Conch. Ic. t. 3 f. 11.

Schale aufgetrieben, sehr glänzend, durchscheinend, bernsteinfarbig; Spira klein, mit collösen Umgängen, wovon der Hauptumgang oben abgerundet und aufgetrieben ist; Mündung gebogen, eng; Spindel oben convex, callös, der Callus geht an der Spira weit hinauf und bedeckt diese zum Theil, unten zusammengedrückt, hier mit faltenartigen Zähnchen versehen; Mundrand aussen und innen umgeschlagen, innen fein crenulirt, aussen mässig verdickt, oben seitlich erweitert.

Vaterland: Insel Ticao — Philippinen — (Cuming). Aus der Loebbecke'schen Sammlung.

Das abgebildete von Sowerby erhaltene Exemplar ist nicht ganz so aufgetrieben als das Reeve'sche Bild, das er auch nur „subglobosa" nennt, die Fig. 1 ist ausserdem insoweit verzeichnet, als der Spindelbeleg nicht über die Spira hinausgreift, wie es das Original der Reeve'schen Darstellung entsprechend thut. Ich möchte diese Art als den Jugendzustand der folgenden aussprechen.

10. Erato angistoma Sowerby.

Taf. 26. Fig. 3. 4.

Testa ovato-gibbosa, piriformis, laevigata, nitida, livido-albescens (pallid nach Sowerby); spira brevis, anfractibus callo tectis, ultimo superne globoso, inferne constricto; apertura elongata leviter arcuata, angusta; columella inferne sex vel septem plicato-dentata, labrum intus minutissime crenulatum, extus varicosum, lacteum.

Long. 5, diam. maj. 3,5, apert. 4.3 Mm.
Erato angistoma Sowerby Conch. III. f. 51. Reeve Conch. Ic. t. 3 f. 13.
— angiostoma — Thes. Conch. f. 19. 20. 23.

Schale eiförmig-aufgetrieben, kurz birnförmig, glatt und glänzend, weisslich ins grünlich-graue, mit helleren Rändern; Spira klein und kurz, Umgänge von

Callus bedeckt; Mündung lang, leicht gebogen, eng; Spindel oben convex, unten eingezogen, hier mit 6—7 faltenartigen Zähnen besetzt; Mundrand milchweiss, innen sehr fein gekerbt, aussen weit umgeschlagen und verdickt.

Vaterland: Ostindien nach Reeve und Philippinen (Sowerby). Loebbecke's Sammlung.

11. Erato corrugata Hinds.

Taf. 26. Fig. 5. 6.

Testa ovata, piriformis, corrugata, tuberculis minimis, serratissimis, flavescens; spira obtuse conica, anfractibus 3—4 suturis indistinctis, corrugatis, apice glabro; apertura elongata, obliqua, angustiuscula; columella subrecta, exiliter denticulata, denticulis inferioribus pliciferis; labrum incrassatum, intus crenulatum, crenulis oblongis, horizontalibus, extus album, marginatum.

Long. 5, diam. maj. 2,7, apert. 4 Mm.

Erato corrugata Hinds in Proc. zool. Soc. 1844. Reeve Conch. Ic. t. 3 f. 12.
Sowerby Thes. Conch. f. 10. 11.

Schale eiförmig, mehr oder weniger kurz birnförmig, mit sehr feinen, dichtstehenden Knötchen besetzt, gelblich, eigentlich blass strohgelb; Spira kegelförmig mit stumpfem Ende, besteht aus 3—4 durch undeutliche Nähte getrennten Umgängen, die ebenfalls rauh sind, nur der Apex ist glatt; Mündung gestreckt, schief gegen die Axe gestellt, ziemlich eng; Spindel leicht gebogen, oben convex, unten eingezogen, in der ganzen Länge sehr fein gezähnelt, nur die untern 2—3 sind faltenartig verlängert; Mundrand verdickt, innen mit verlängerten, horizontalen Kerben bewaffnet, aussen weiss und gerandet, nicht sehr weit umgeschlagen.

Vaterland: Insel Mindoro — Philippinen — (Cuming).

12. Erato Schmeltziana Crosse.

Taf. 26. Fig. 7. 8.

„Testa oblonga, minutissime et obsolete granulata, nitida, pallide albido-viridula; spira parvula, obtusa; anfr. pauci, parum conspicui, ultimus ascescens, fere totam testae longitudinem formans, sulco dorsali angusto, laevi, longitudinaliter divisus, basi attenuatus et ex utroque latere violaceo bimaculatus; apert. elongata, subconstricta; marginibus albidis, denticulatis; basi plicatula. Long. 3,5, diam. 1,75 Mm." (Crosse).

Erato Schmeltziana Crosse Journ. de Conch. XV. p. 301 t. 11 f. 5. Mus.
Godefroy Cat. V. p. 136.

Schale länglich-eiförmig, sehr dünn und undeutlich granulirt, sonst glänzend; weisslich ins grünliche fallend mit zwei violetten Flecken auf dem untern Theil des Rückens und gelber Basis; Spira klein und stumpf, gelblich mit convexen kaum unterscheidbaren Umgängen; Hauptumgang, stark abfallend, bildet fast die ganze Höhe der Schale, Rückenfalte eng und glatt, der Länge nach getheilt — bei meinem Exemplar, das grösser und älter ist als das von Crosse abgebildete, ist von dieser Rückenfalte nichts mehr zu bemerken —; Mündung gebogen, lang, ziemlich eng; Spindel gebogen, unten eingezogen, gezähnelt, an der Basis falten-artig; Mundrand weiss, leicht verdickt, innen gekerbt, oben bis zum Apex der Spira verlängert und an der Spira angewachsen.

Vaterland: Insel Viti (Graeffe). Loebbecke's Sammlung.

Steht in der Mitte zwischen E. corrugata Hinds und nana Duclos.

13. Erato lachryma Gray.
Taf. 26. Fig. 9. 10.

Testa ovato-turbinata, piriformis, laevigata, nitidissima albida, rubro vel carneo-fus-cescente plus minusve regulariter trifasciata; spira breviuscula, anfractibus 4 albido mar-ginatis, suturis indistinctis, ultimo superne inflato, inferne constricto; apertura angusta; columella superne convexa, albido callosa, inferne concava, denticulata; labrum incrassa-tum, callosum, intus denticulatum, extus parum reflexum, superne lateraliter productum.

Long. 6, diam. maj. 3,7, apert. 5 Mm.

Erato lachryma Gray in Sowerby Conch. III. f. 48. idem Thes. Conch. p. 82 t. 219 f. 4—6. Reeve Conch. Ic. t. 2 f. 9 a. b.

Schale eiförmig, länglich-birnförmig, glatt und sehr-glänzend, weisslich mit drei röthlichen oder fleischfarbig ins braune fallenden, mehr oder weniger regel-mässigen Spiralzonen geziert; Spira ziemlich kurz und klein, besteht aus 4 weiss gesäumten Umgängen und undeutlichen Nähten, der Hauptumgang ist oben bauchig und abgerundet, unten eingezogen; Mündung leicht geschwungen, ziemlich eng; Spindel oben gewölbt und callös, unten concav und hier faltenartig gezähnt; Mundrand callös verdickt, innen gekerbt, aussen breit aber dünn umgeschlagen, oben seitlich abstehend, doch wohl gerundet und am vorletzten Umgang ange-wachsen.

Vaterland: New Sud Wales (Humphreys teste Conch. Ill.), Japan (Dr. Sibbald teste Thesaurus, Dr. v. Siebold teste Reeve). Loebbecke'sche Sammlung.

Es sind neuerdings Zweifel ausgesprochen worden, ob die Darstellung der Conch. Ill., auf einem Exemplar von Neu-Süd-Wales beruhend, mit der des The-saurus auf einem solchen von Japan eins sein könnte. Die Figuren passen in der That schlecht zusammen, dagegen lässt sich Reeve's Darstellung ganz wohl mit der des Conch. Ill. vereinigen, wenn man die Beschreibung berücksichtigt.

14. Erato sulcifera Gray.
Taf. 26. Fig. 11. 12.

Testa ovato-piriformis, laevigata, nitida, sordide alba, indistincte bifasciata; spira paullum exserta, anfractibus convexiusculis, apice tumidiusculo, anfr. ultimo superne subangulato; apertura angusta, leviter arcuata, columella basi truncata, subplicata, superne medioque denticulata, labrum tumidum, extus reflexum, intus serratim denticulatum.

Long. 5, diam. maj. 3,3, apert. 4,3 Mm.

Erato sulcifera Gray Ms. Sowerby Conch. Ill. f. 46. Reeve Conch. Ic. t. 3 f. 14 a. b. Sowerby Thes. f. 1. 2.

Schale ei-birnförmig, glatt und glänzend, schmutzig weiss mit zwei dunkleren undeutlichen Spiralzonen; Spira wenig ausgezogen, kurz-kegelförmig mit stumpflichem Ende, besteht aus 4 leicht gewölbten Umgängen, wovon der Hauptumgang oben abgestumpft-kantig ist; Mündung eng, selbst sehr eng, leicht gebogen; Spindel am Fuss abgestutzt, oben und in der Mitte undeutlich gezähnelt, unten sind die Zähnchen verlängert und beinahe Falten zu nennen; Mundrand dick, vorn stumpf, aussen umgeschlagen, innen dicht gezähnelt.

Vaterland: Philippinen (Cuming).

Ist von der vorigen und E. Sandwichensis Pease wenig verschieden.

15. Erato pellucida Reeve.

Taf. 26. Fig. 13.

„Erat. testa subgloboso-pyriformi, pellucido-alba, nitente, spira conica, anfractibus superne declivi-angulatis, labro tumido, varicoso, apertura angusta". (Reeve).

Long. 3, diam. maj. 2 Mm. ex icone.

Erato pellucida Reeve Conch. Ic. t. 3 f. 16.

Schale etwas aufgetrieben-birnförmig, durchsichtig weiss, glänzend; Spira kegelförmig mit schief-kantigen Umgängen; Mündung eng; Spindelaxe von aussen sichtbar; Mundrand stumpf, aussen mit Varix versehen.

Vaterland: Bombay (Reeve). Copie nach demselben.

Ist wohl nur der Jugendzustand einer anderen, wahrscheinlich der vorigen Art.

16. Erato Sandwichensis Pease.

Taf. 26. Fig. 14. 15.

Testa ovato-piriformis, laevigata, nitida, sordide alba, spiraliter bizonata, zonis latis indistinctis, fulvescentibus, ad basim roseo bimaculata; spira late conica, paullum exserta, apice tumido rosaceo, anfractibus 4 convexiusculis, ultimo superne obtuse angulato; apertura angusta, leviter arcuata, columella ad basim abbreviata, plicifera, medio superneque denticulato; labrum antice tumidum, extus reflexum, intus serratim denticulatum.

Long. 4,5, diam. maj. 2,9, apert. 3,8 Mm.

Erato Sandwichensis Pease Proc. zool. Soc. London 1860 p. 146. v. Martens Don. Bism. p. 20. Sowerby Thes. f. 21. 22.

— Sandwicensis Reeve Conch. Ic. t. 3 f. 17 a. b.

Schale ei-birnförmig, glatt und glänzend, schmutzig-weiss mit zwei breiten, doch nicht sehr deutlichen gelbbraunen Spiralzonen ohne scharfe Begränzung; an der Basis stehen zwei rosenrothe Flecken; Spira breit-konisch, wenig ausgezogen mit stumpfem rosenrothen Ende, besteht aus 4 etwas convexen Umgängen, wovon der Hauptumgang oben eine stumpfe abgerundete Kante besitzt; Mündung eng, leicht gebogen; Spindel am Fuss abgestutzt, oben und in der Mitte gezähnelt, unten werden die Zähnchen faltenartig; Mundrand vorn stumpf, aussen umgeschlagen und verdickt, innen engstehend gezähnelt.

Vaterland: Sandwich-Inseln (Pease).

Ist der E. sulcifera höchst ähnlich und unterscheidet sich nur durch etwas hellere Zonen und mehr gerundete Kanten des letzten Umganges.

17. Erato nana Duclos.

Taf. 26. Fig. 16.

„Erat. testa obtuse pyriformi, alba, spira conica, anfractibus superne longitudinaliter plicato-corrugatis, labro tumido". (Reeve).

Long. 3, diam. maj. 2, apert. 2,6 Mm. ex icone.

Erato nana Duclos ubi? Reeve Conch. Ic. t. 3 f. 18. Sowerby Thes. Conch. f. 12. 13.

Schale birnförmig, weiss; Spira kegelförmig, besteht aus 4 Umgängen, wovon der letzte der Länge nach körnig gefaltet sein soll; Mundrand stumpf und verdickt.

Vaterland unbekannt. Copie nach Reeve.

Man sollte diese auf ein verdorbenes Strandexemplar gegründete Art aus der Liste der Species streichen, zu erkennen ist sie nicht, denn es ist keine Angabe über die Beschaffenheit der Mündung und Spindelparthie gemacht und nur die Rückseite gezeichnet. Wäre die Rippung nicht Folge der schlechten Erhaltung, so könnte man an Marginella sulcata D'Orb. denken.

Erato marginata Mörch.

„Testa piriformis inflata, solidula; spira brevis; anfr. ultimus obtuse angulatus; labrum incurvatum incrassatum, externe marginatum, inferne denticulatum; columella serie nodulorum instructa; paries aperturalis callo tenui expanso obtectus. Long. 4 1/2, diam. 3 1/2 Mm." (Mörch).

Erato marginata Mörch Malakoz. Bl. VII. 1861 p. 85.

Hab. Insel Bocorones bei Panama in 100 Meter Tiefe; durch Oerstedt gefunden.

Mörch vergleicht die Art mit E. Maugeriae von Westindien, sie wird wohl mit E. columbella Menke zusammenfallen.

Sowerby hat noch eine Erato guttula Conch. III. fig. 50, Thesaurus fig. 29. 30, die ich der ausnahmsweise ziemlich vollständigen Beschreibung nach für eine *Marginella* halten muss, die höchst wahrscheinlich mit M. serrata oder Osteri zusammenfällt, deshalb hier nicht wieder dargestellt werden konnte. Es ist gesagt, die Spindel trage drei Falten, Kerbung wird nur von dem innern Mundrand erwähnt; das Schneckchen trägt also, da auch die Form blos aufgetrieben-eiförmig genannt wird, ganz die Merkmale der Marginellagruppe, für die Jousseaume den Namen *Serrata* vorgeschlagen hat, keineswegs aber den des Genus *Erato*.

Erklärung der Tafeln.

Tafel 9 Fig. 1. 4. Marginella muscaria Lam. p. 16. 49. — Fig. 2. 3. M. harpaeformis
    Beck p. 50. — Fig. 5. 8. M. formicula Lam. p. 49. — Fig. 6. 7. M. splendens
    Reeve p. 50. — Fig. 9. 12. M. haematita Kien. p. 17. 51. — Fig. 10. 11. M.
    Belli Sow. p. 51. — Fig. 13. 16. M. musica Hinds p. 52. — Fig. 14. 15. M.
    Beleheri Hinds p. 53.
Tafel 10 Fig. 1. 4. Marginella scripta Hinds p. 53. — Fig. 2. 3. M. imbricata Hinds
    p. 54. — Fig. 5. 8. M. catenata Mont. sp. p. 55. — Fig. 6. 7. M. Kienereana
    Pet. p. 55. — Fig. 9. 12. M. pulchella Kien. p. 56. - Fig. 10. 11. M. macu-
    losa Kien. p. 56. -- Fig. 13. 16. M. sagittata Hinds p. 57. — Fig. 14. 15 ungültig.
Tafel 11 Fig. 1. 4. Marginella festiva Kien. p. 58. — Fig. 2. 3. M. irrorata Menke p. 58.
    — Fig. 6. 7. M. mosaica Sow. p. 36. 59. — Fig. 5. 8. M. Petiti Duv. p. 60.
    — Fig. 9. 12. M. Petiti var. Newcombi p. 60. — Fig. 10. 11. M. piperata
    Hinds p. 60. — Fig. 13. 16. M. olivaeformis Kien. p. 61. — Fig. 14. 15. M.
    serpentina Jouss. p. 62.
Tafel 12 Fig. 1. 4. Marginella nivosa Hinds p. 63. — Fig. 2. 3. M. nodata Hinds p. 63.
    — Fig. 5. 8. M. quadrilineata Gask. p. 64. — Fig. 6. 7. M. ovum Rv. p. 65.
    -- Fig. 9. 12. M. porcellana Gmel. sp. p. 66. — Fig. 10. 11. M. fulminata
    Kien. p. 67. — Fig. 13. 16. M. frumentum Sow. p. 67. — Fig. 14. 15. M.
    Burghiae A. Ad. em. p. 68.
Tafel 13 Fig. 1. 4. Marginella infans Rv. p. 69. — Fig. 2. 3. M. rufula Gask. p. 69. --
    Fig. 5. 8. M. bullula Rv. p. 70. — Fig. 6. 7. M. encaustica Rv. p. 70. —
    Fig. 9. 12. M. corusca Rv. p. 71. — Fig. 10. 11. M. olivella Rv. p. 71. —
    Fig. 13. 16 M. volutaeformis Rv. em. p. 72. — Fig. 14. 15. M. paxillus
    Rv. p. 73.
Taf. 14 Fig. 1. 4. Marginella serrata Gask. p. 73. — Fig. 2. 3. M. vitrea Hinds p. 74. —
    Fig. 5. 8. M. triplicata Gask. p. 74. — Fig. 6. 7. M. annulata Rv. p. 75. —
    Fig. 9. 12. M. cantharus Rv. p. 75. — Fig. 10. 11. M. electrum Rv. p. 76. —
    Fig. 13. 16. M. Peasi Rv. p. 76. — Fig. 14. 15. M. cincta Var. = M. Saul-
    cyana Rv. non Petit p. 143.
Tafel 15 Fig. 1. 4. Marginella phrygia Sow. p. 77. — Fig. 2. 3. M calculus Redf. p. 77.
    — Fig. 5. 8. M. chrysomelina Redf. p. 78. — Fig. 6. 7. M. Haynesi Pet. p. 81.
    -- Fig. 9. 12. M. Terveriana Pet. p. 79. — Fig. 10. 11. M. monilis Linné sp.
    p. 79. -- Fig. 13. 16. M. margarita Kien. p. 82. — Fig. 14. 15. M. Leai
    Jouss. p. 82.
Tafel 16 Fig. 1. 4. Marginella australis Hinds p. 83. — Fig. 2. 3. M. alabaster Rv. p. 84.
    — Fig. 5. 8. M. neglecta Sow. p. 84. — Fig. 6. 7. M. sexplicata Dkr. p. 85.
    Fig. 9. 12. M. turbinata Sow. p. 86. — Fig. 10. 11. M. Burchardi Dkr. non Rv.
    p. 87. -- Fig. 13. 16. M. micans Pet. p. 87. — Fig. 14. M. Saulcyana Pet.
    p. 88. — Fig. 15. M. Poucheti Pet. p. 89.
Tafel 17 Fig. 1. 4. Marginella multilineata Sow. p. 89. — Fig. 2. 3. M. translucida Sow.
    p. 90. — Fig. 5. 8. M. pygmaea Sow. p. 90. — Fig. 6. 7. M. pyrulata Redf.
    p. 91. -- Fig. 9. 12. M. fauna Sow. p. 91. — Fig. 10. 11. M. blanda Hinds
    p. 92. — Fig. 13. 16. M. fusiformis Hinds p. 92. — Fig. 14. 15. M. sulcata
    D'Orb. p. 93.
Tafel 18 Fig. 1. 4. Marginella Chaperi Jouss. p. 94. — Fig. 2. 3. M. scalaris Jouss. p. 94.
    — Fig. 5. 8. M. Nevilli Jouss. p. 95. — Fig. 6. 7. M. Manceli Jouss. p. 95. --
    Fig. 9. 12. M. Wallacei Jouss. p. 96. — Fig. 10. 11. M. gibbosa Jouss. p. 96.
    — Fig. 13. 16. M. Baylei Jouss. p. 97. — Fig. 14. 15. M. Osteri Jouss. p. 98.
Tafel 19 Fig. 1. 4. Marginella taeniata Sow. p. 98. — Fig. 2. 3. M. apicina Var. virginea
    p. 99. — Fig. 5. 8. M. Lefebrei Bern. p. 99. — Fig. 6. 7. M. Odoricyi Bern.
    p. 100. — Fig. 9. M. Sauliae Sow. p. 101. — Fig. 10. M. suavis Souv.

Namenregister.

Nachtrag:

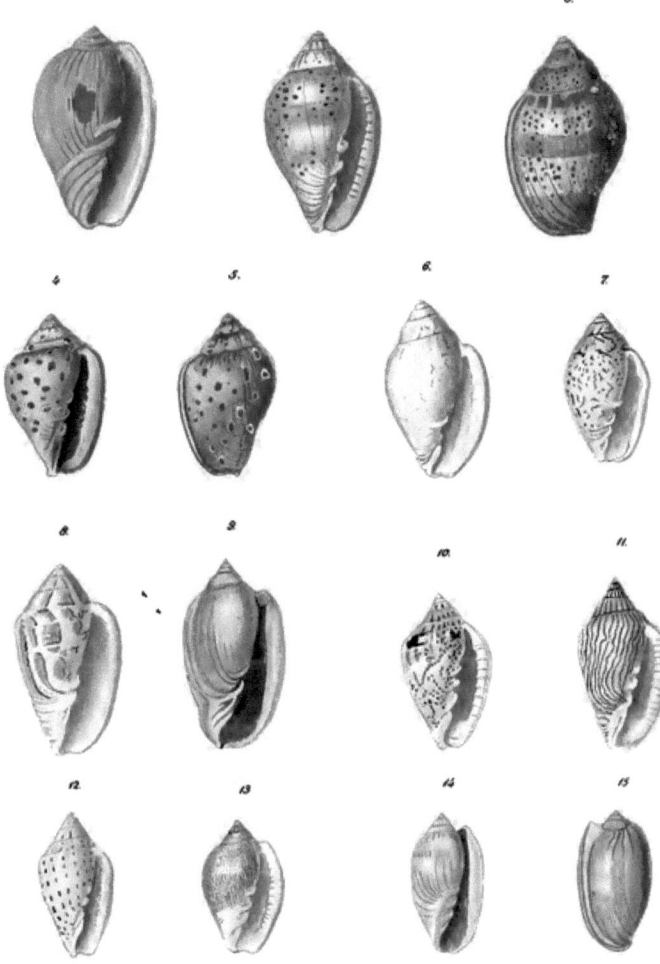

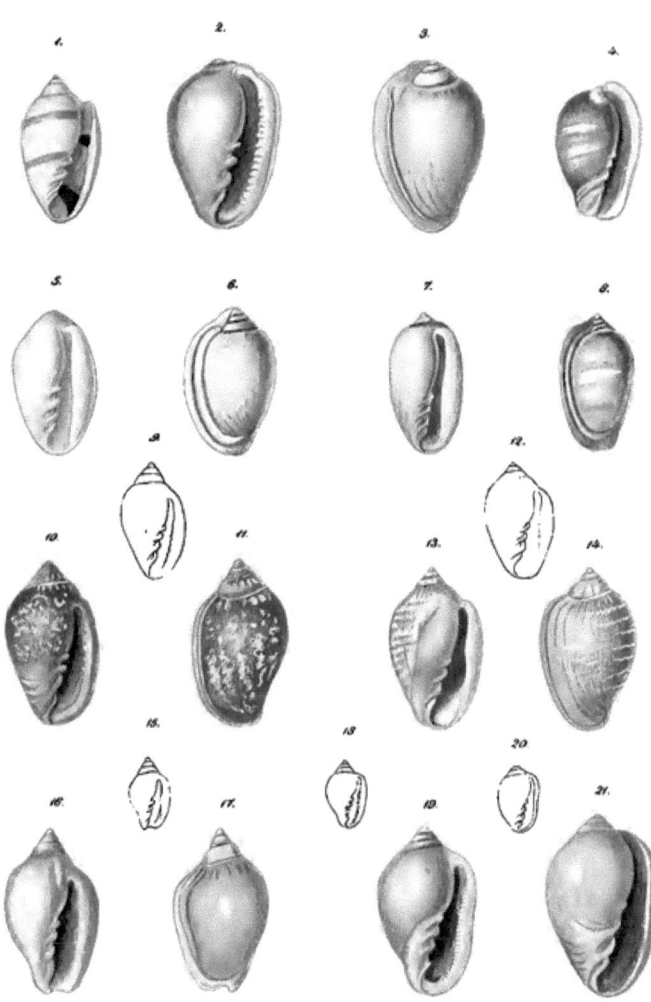

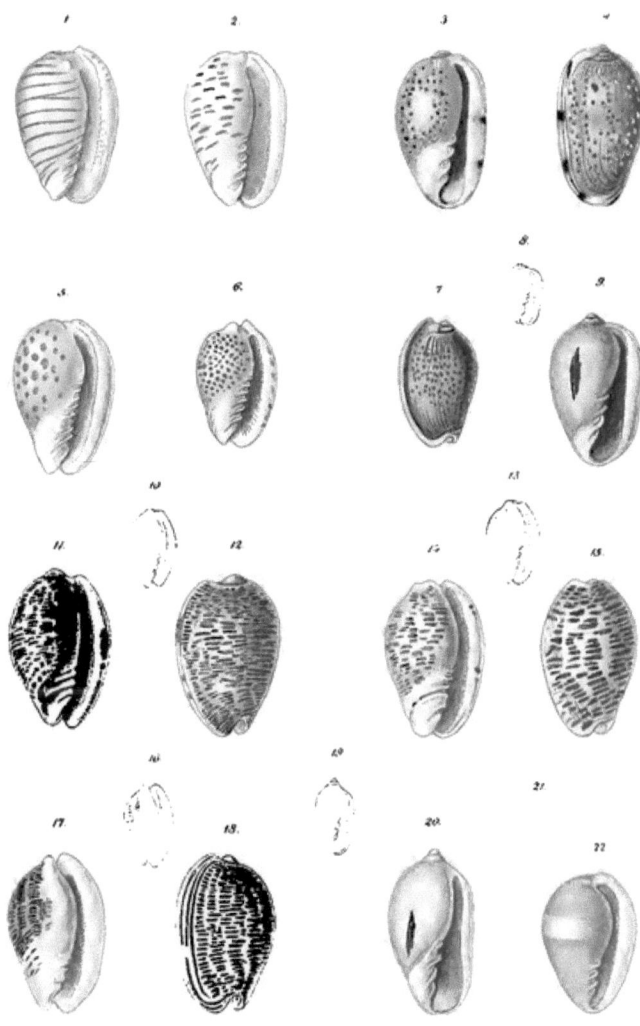

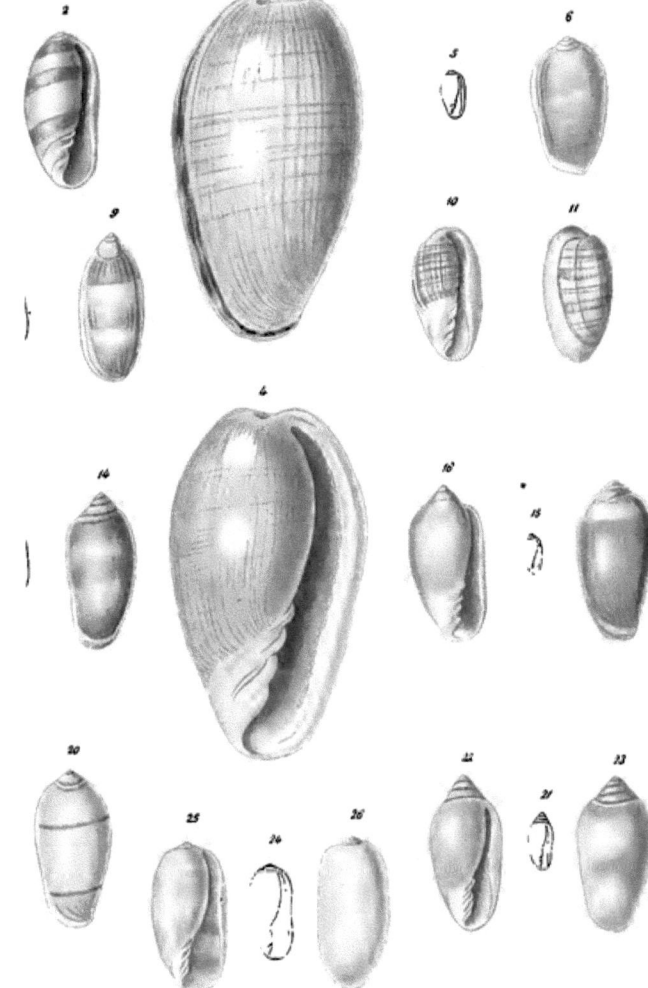

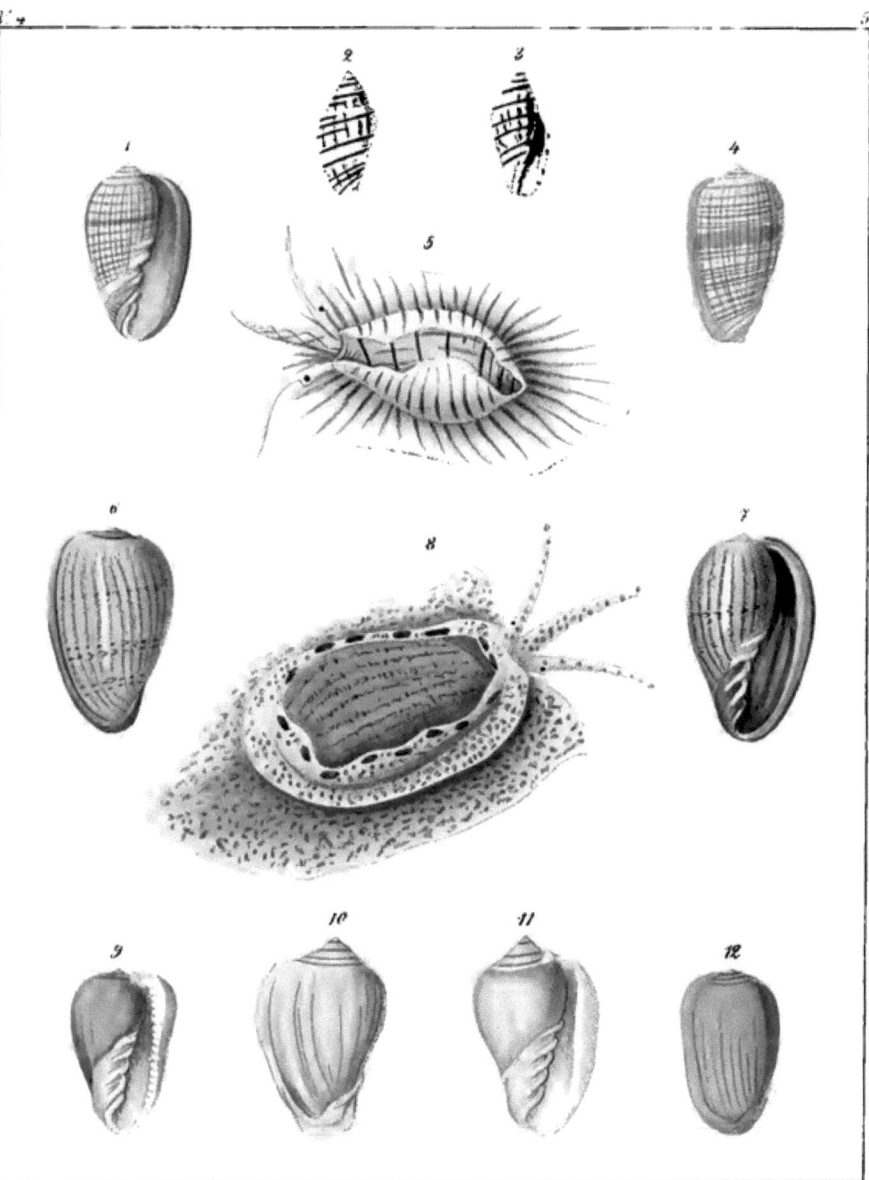

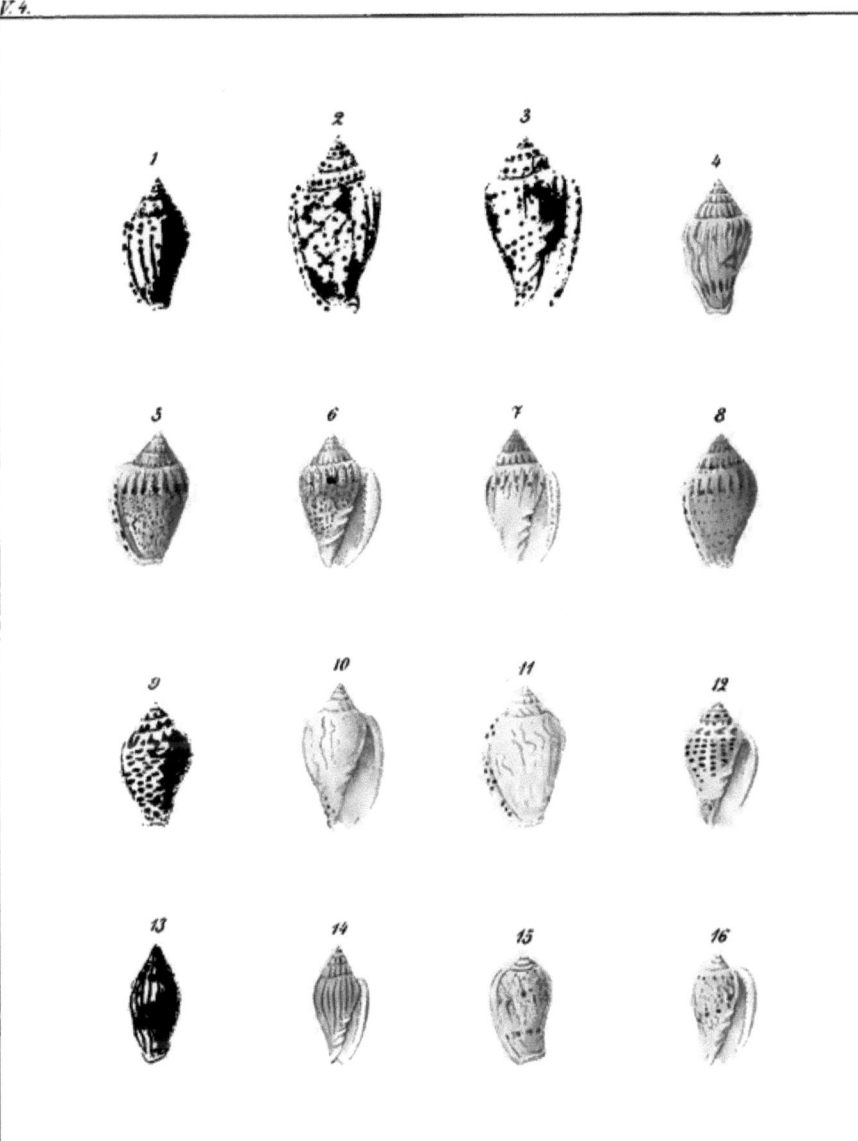

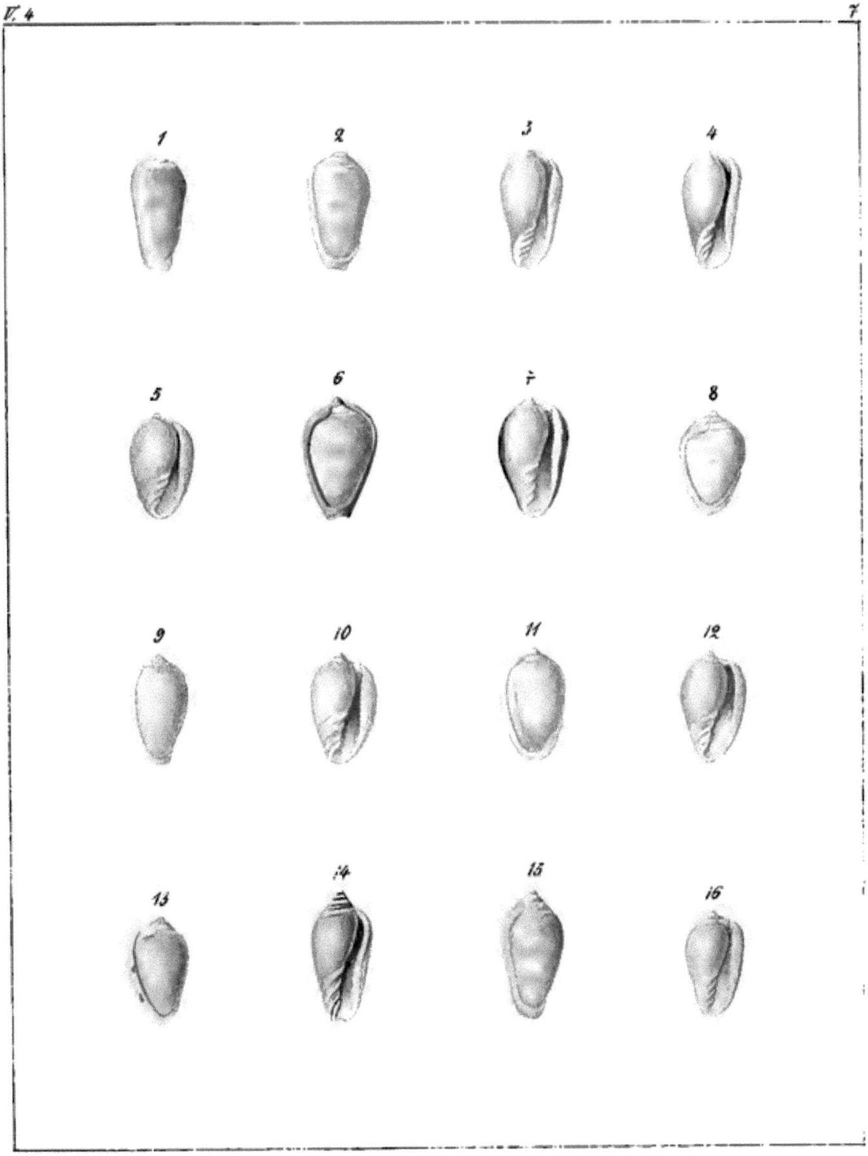
1
2
3
4
5
6
7
8
9
10
11
12
13
14
15
16

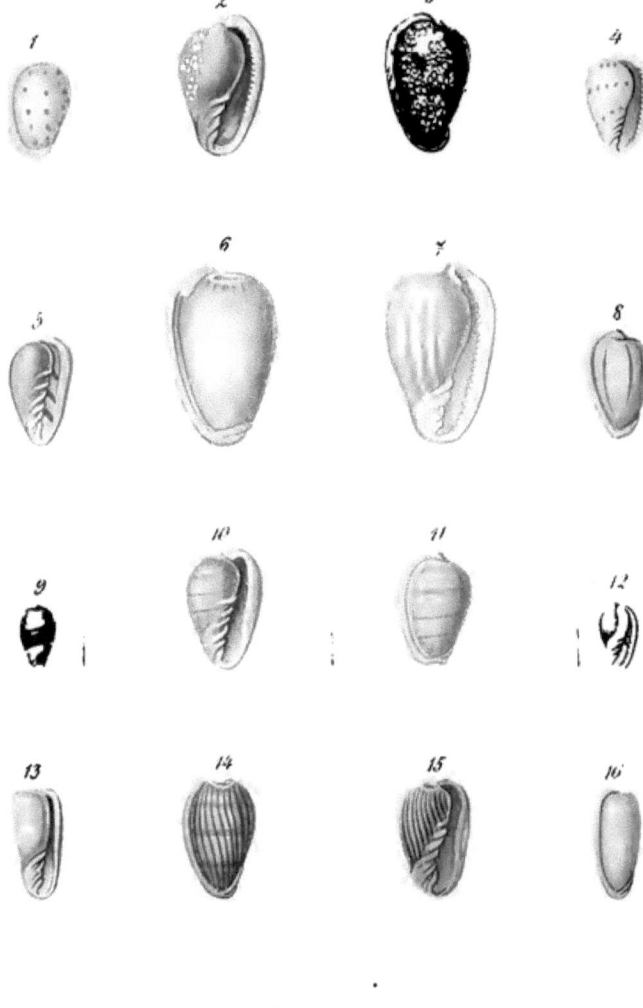

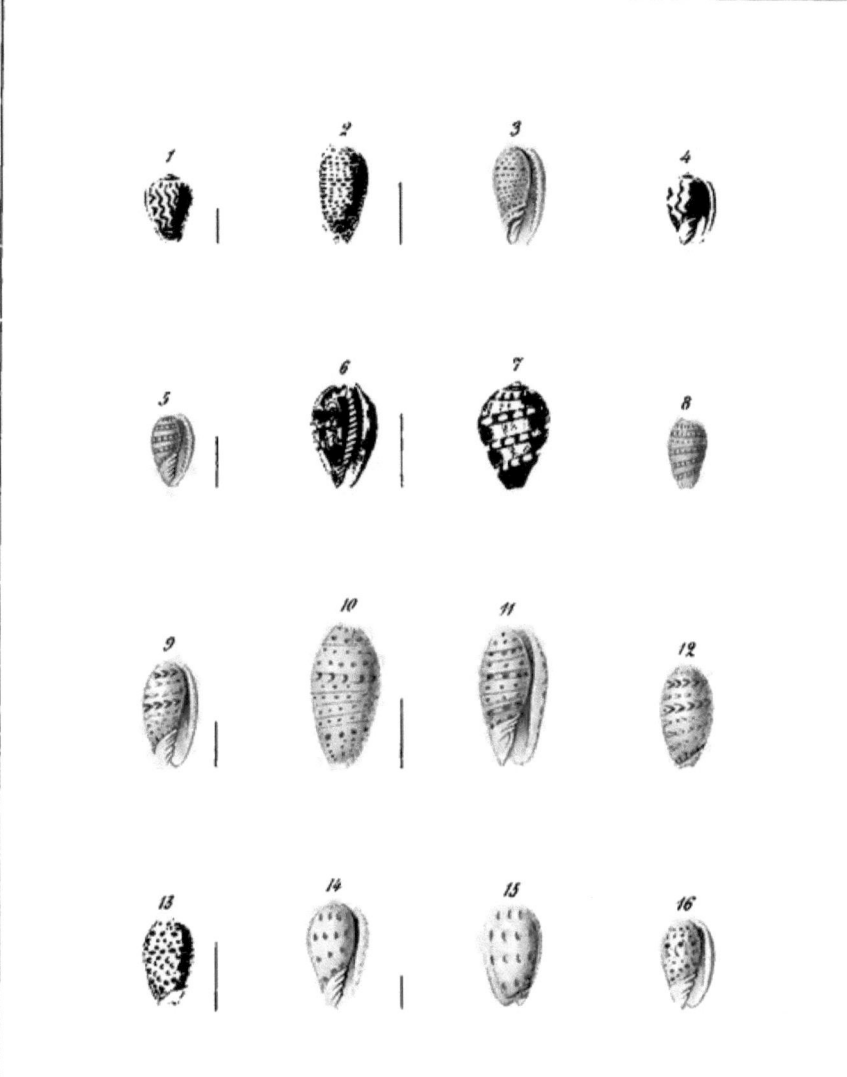

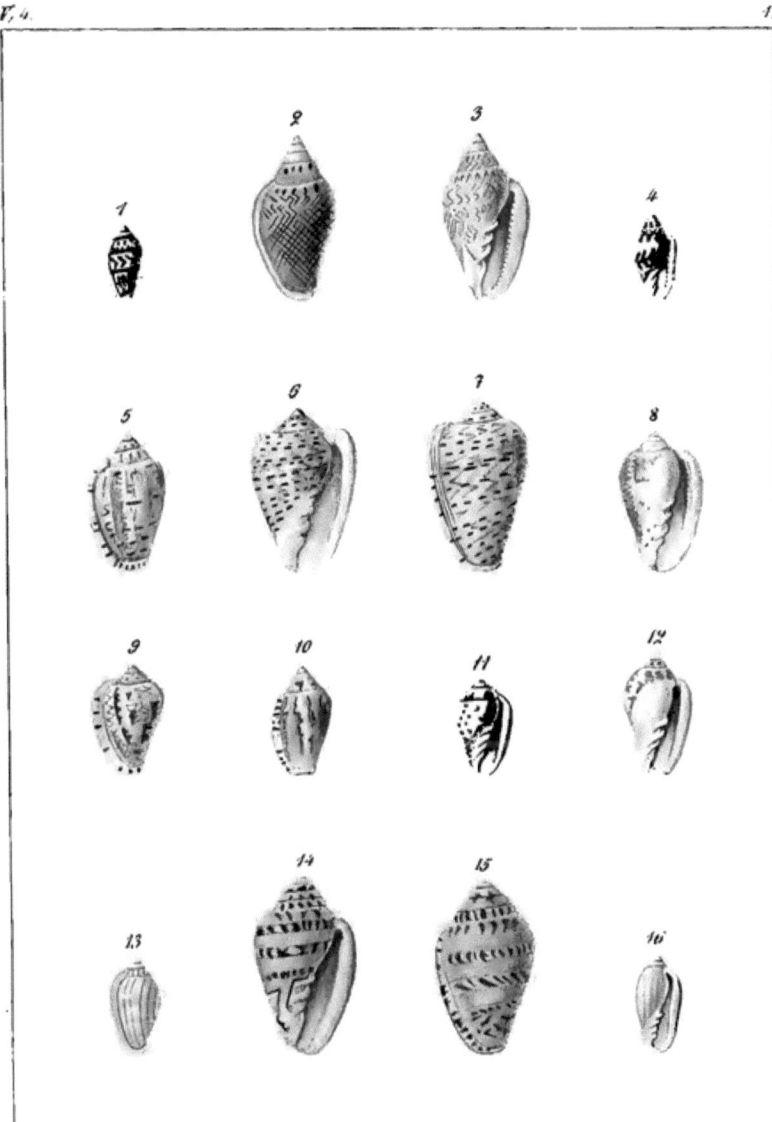

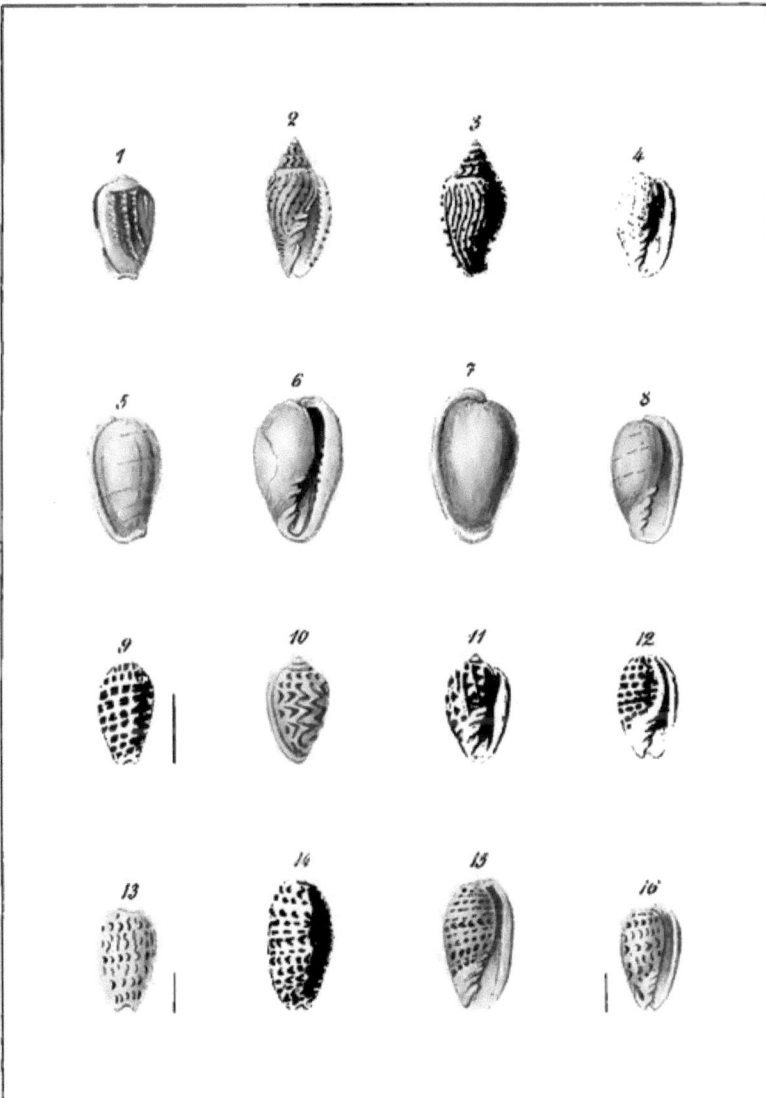

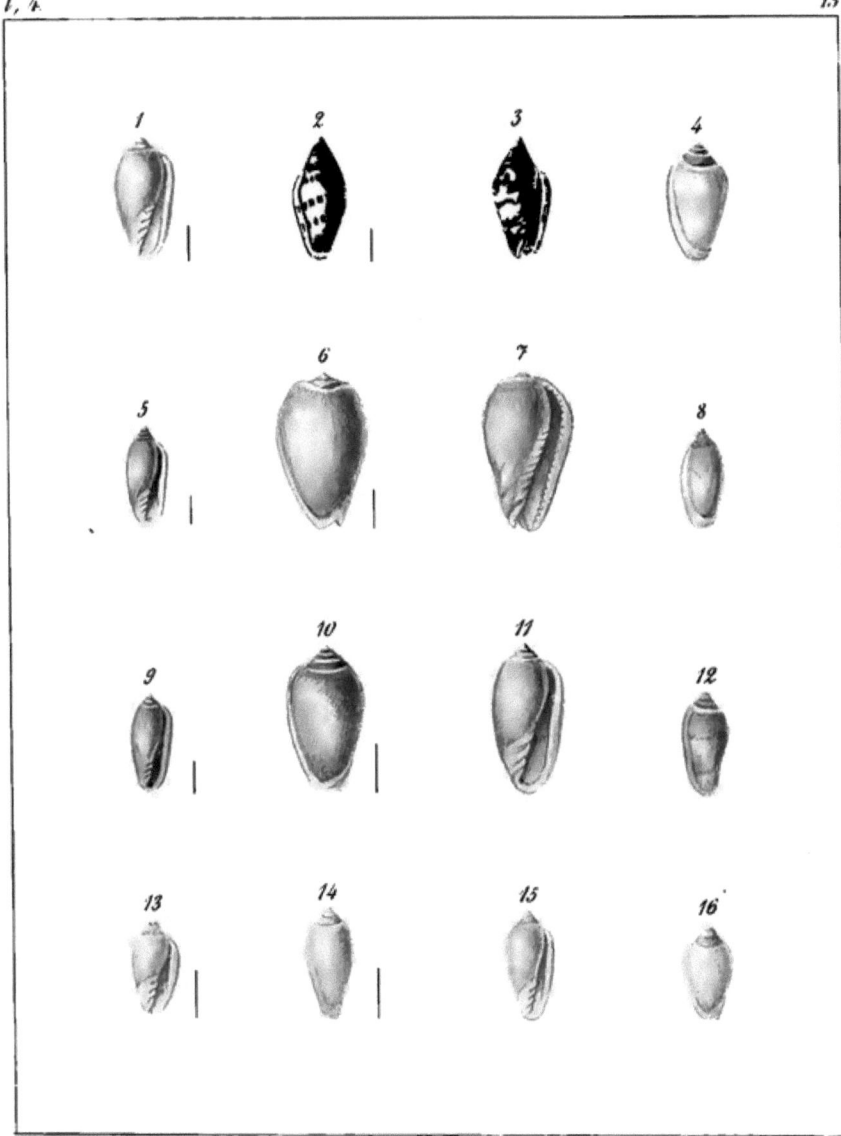

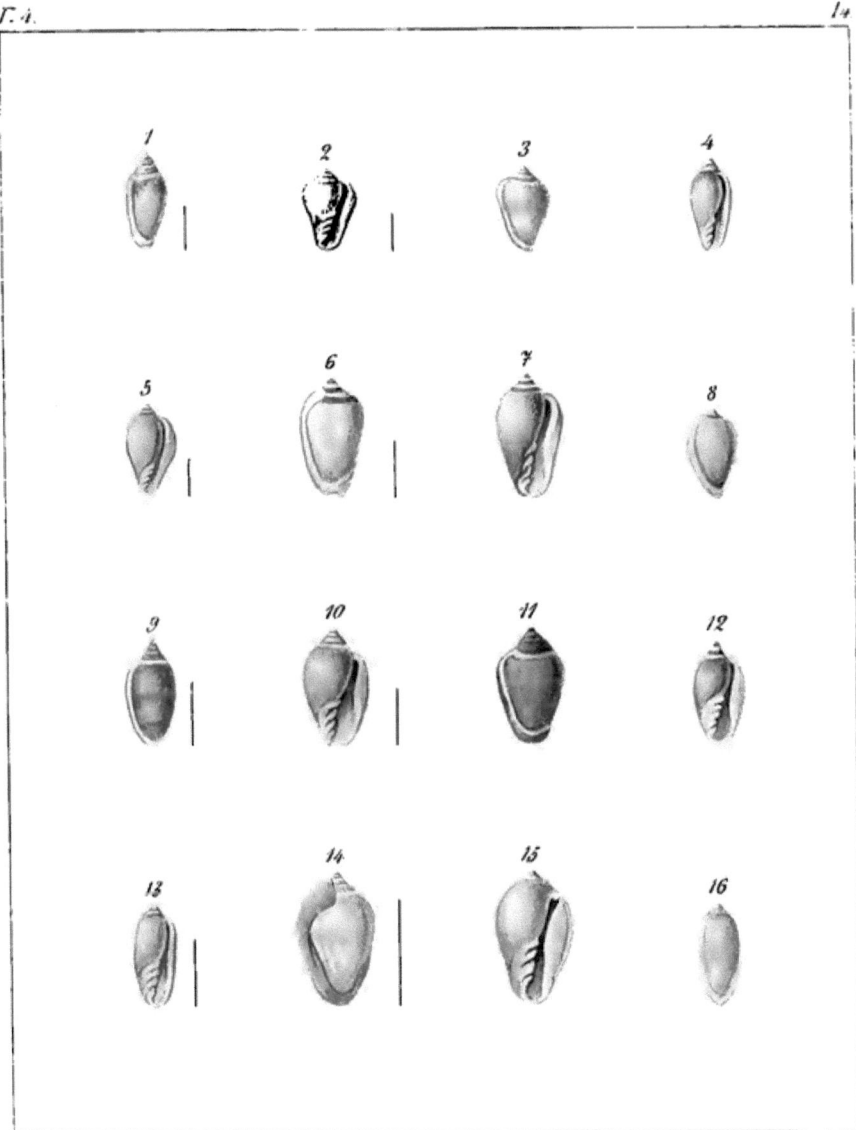

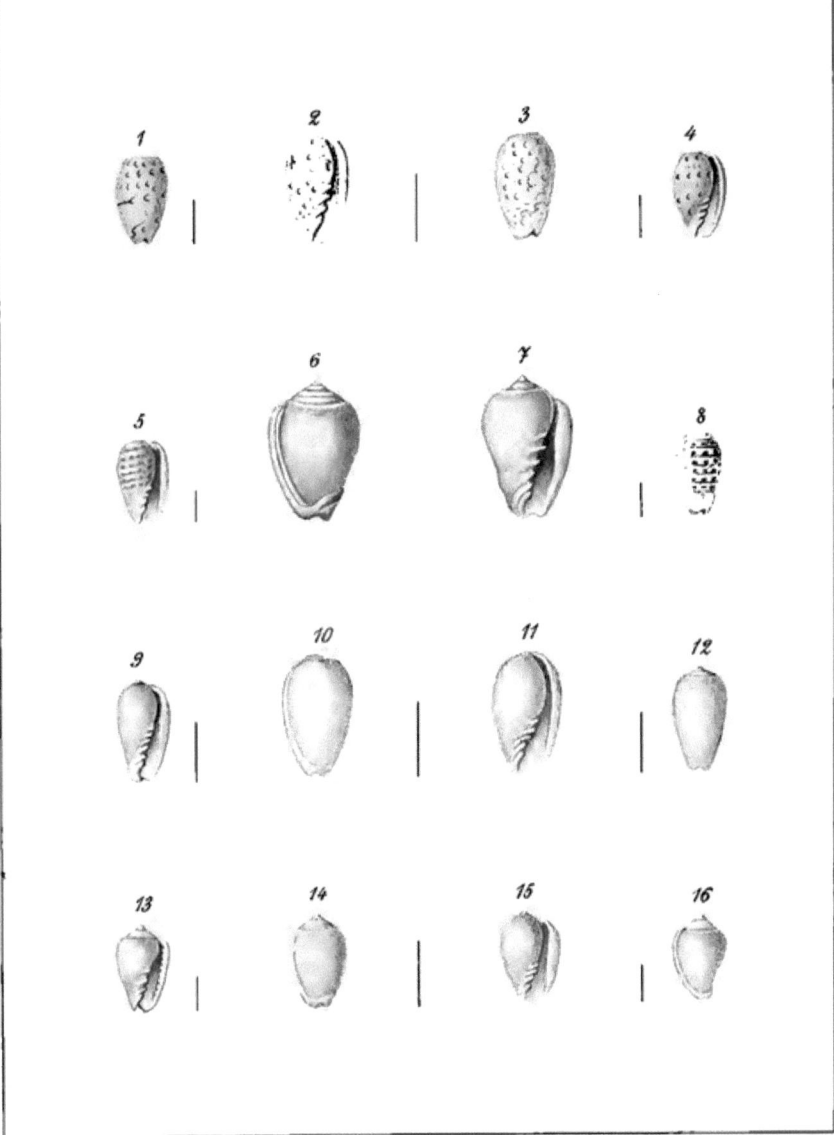

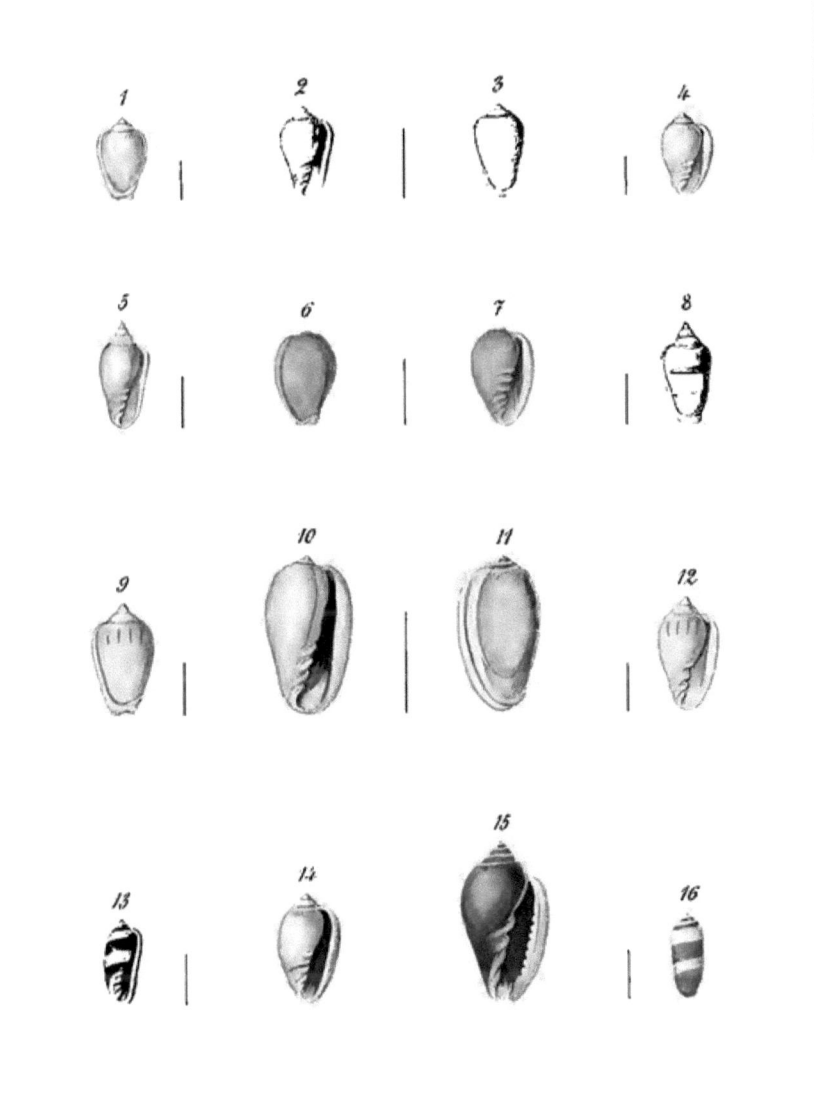

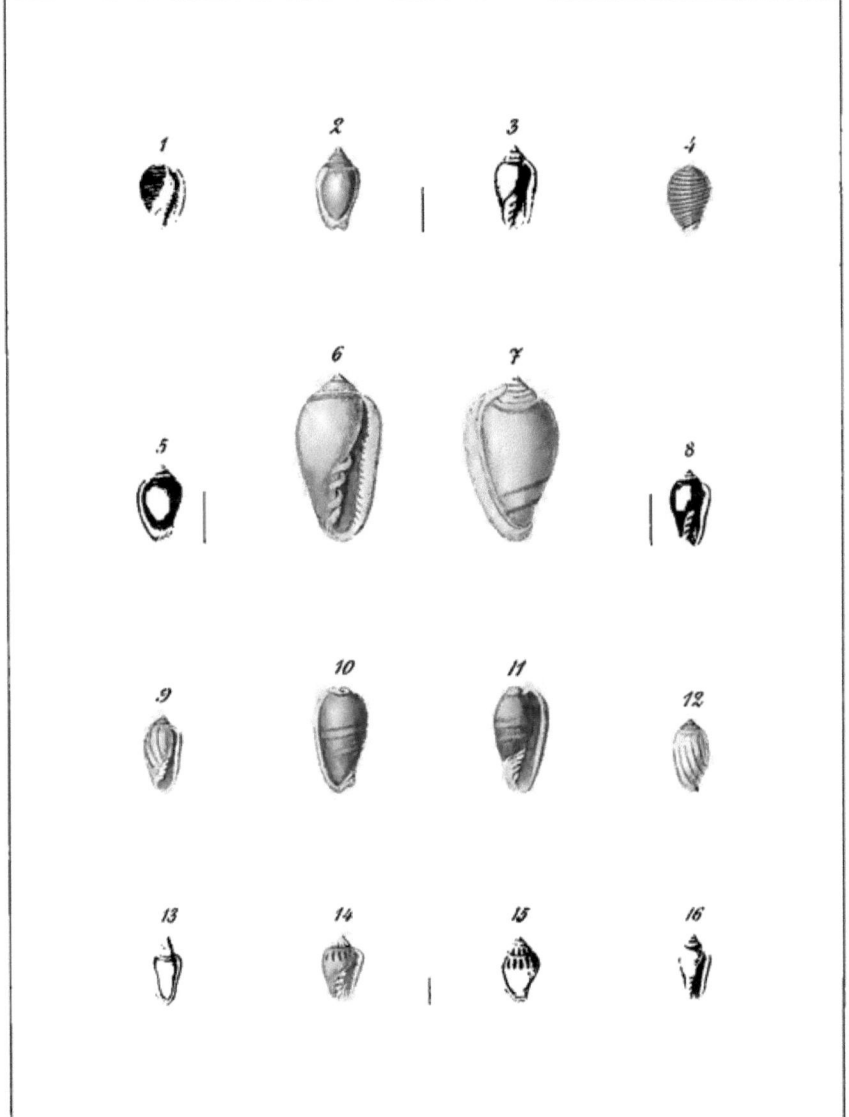

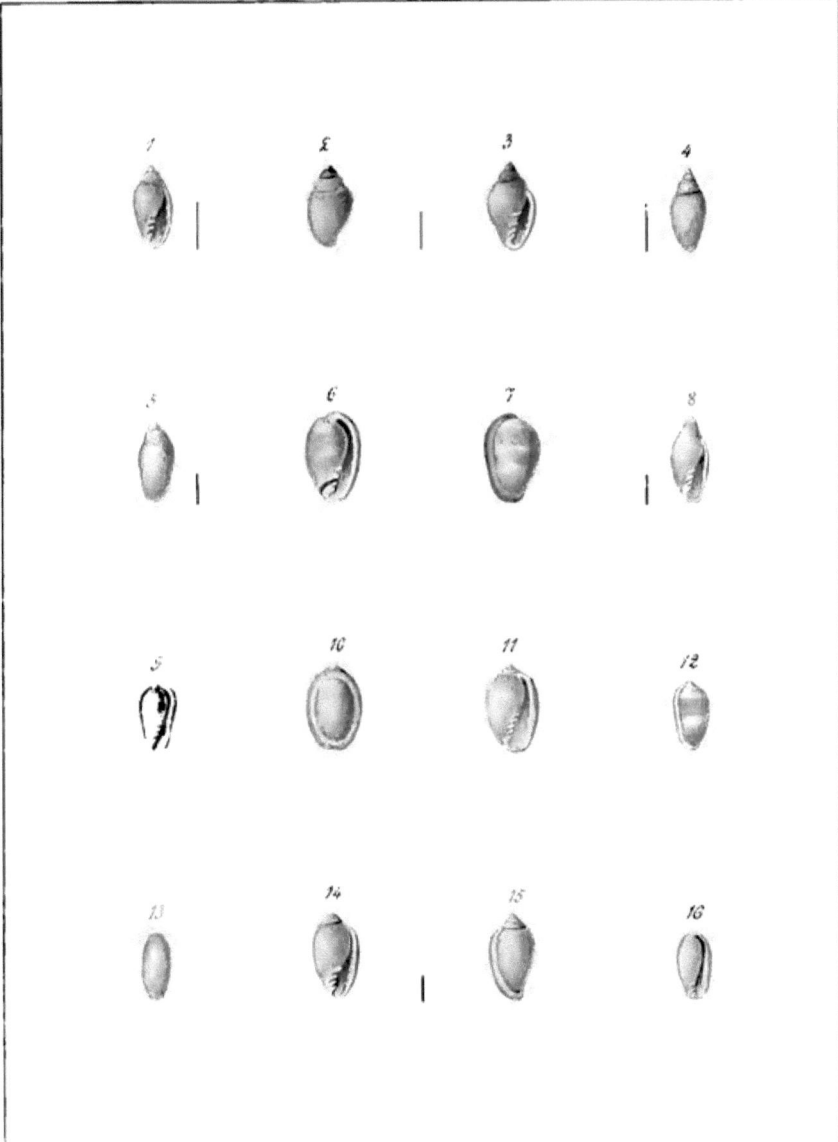

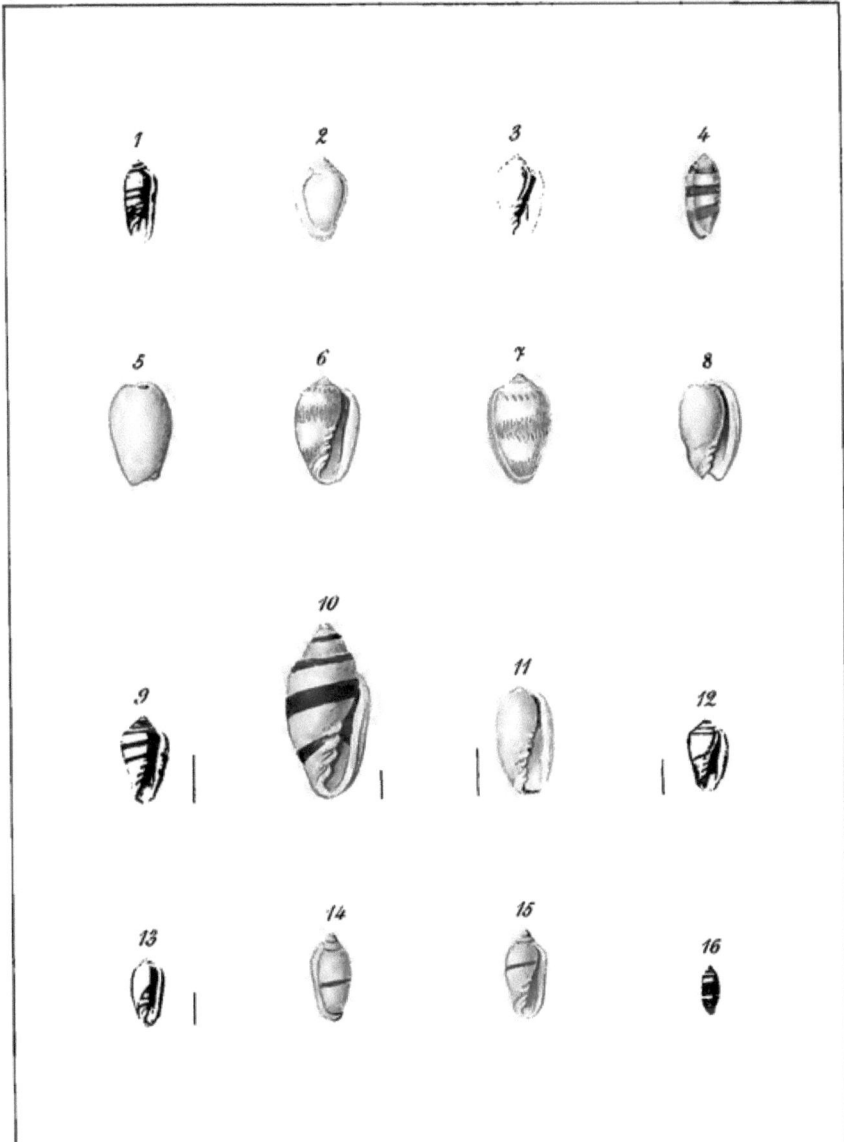

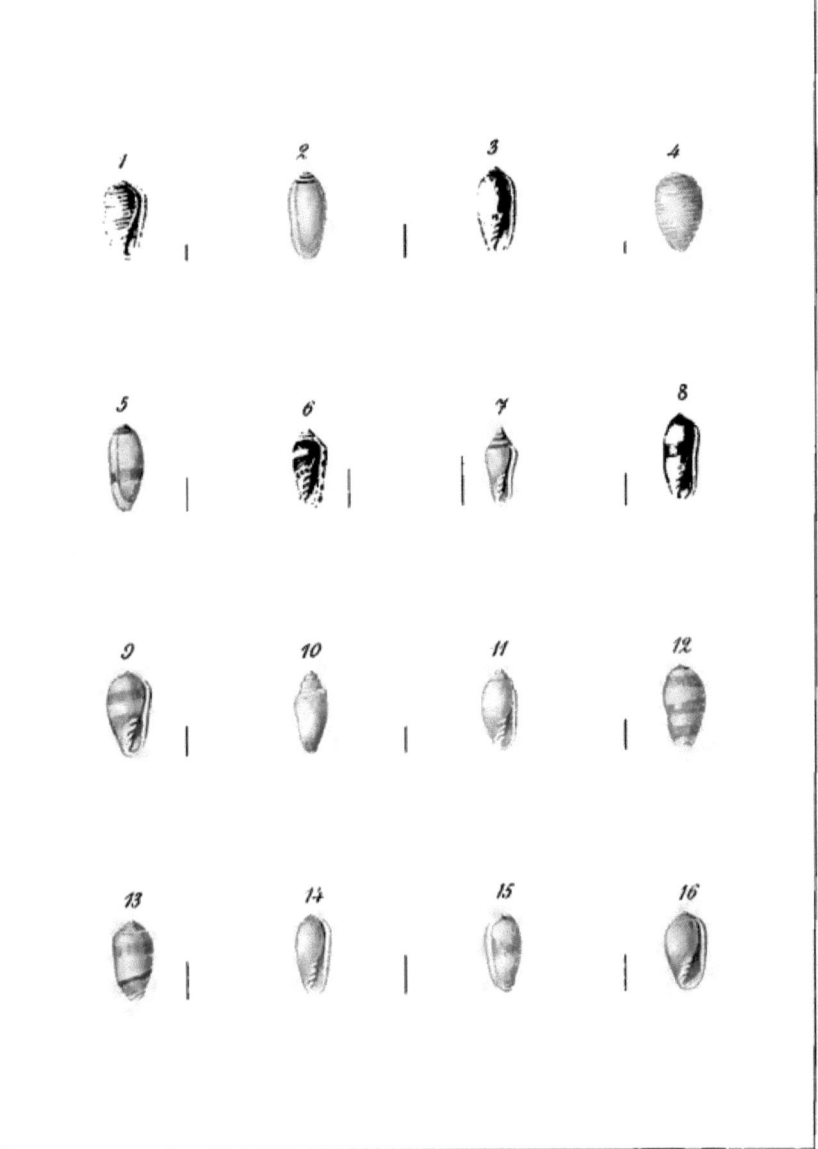

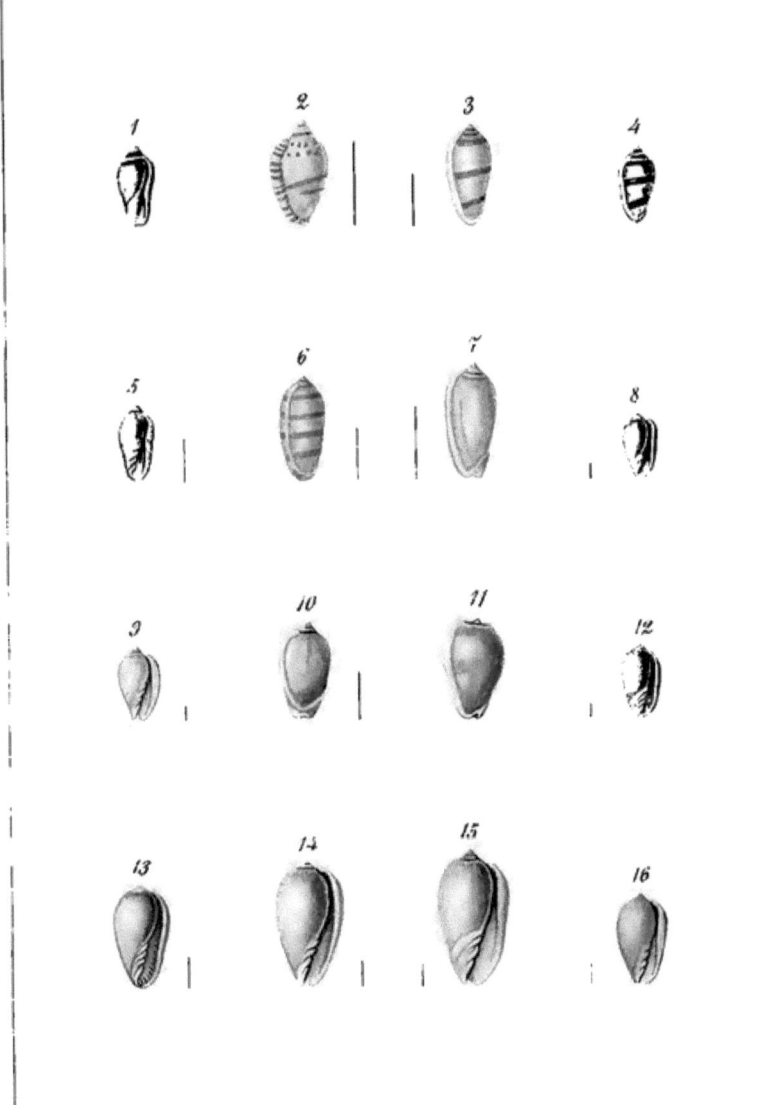

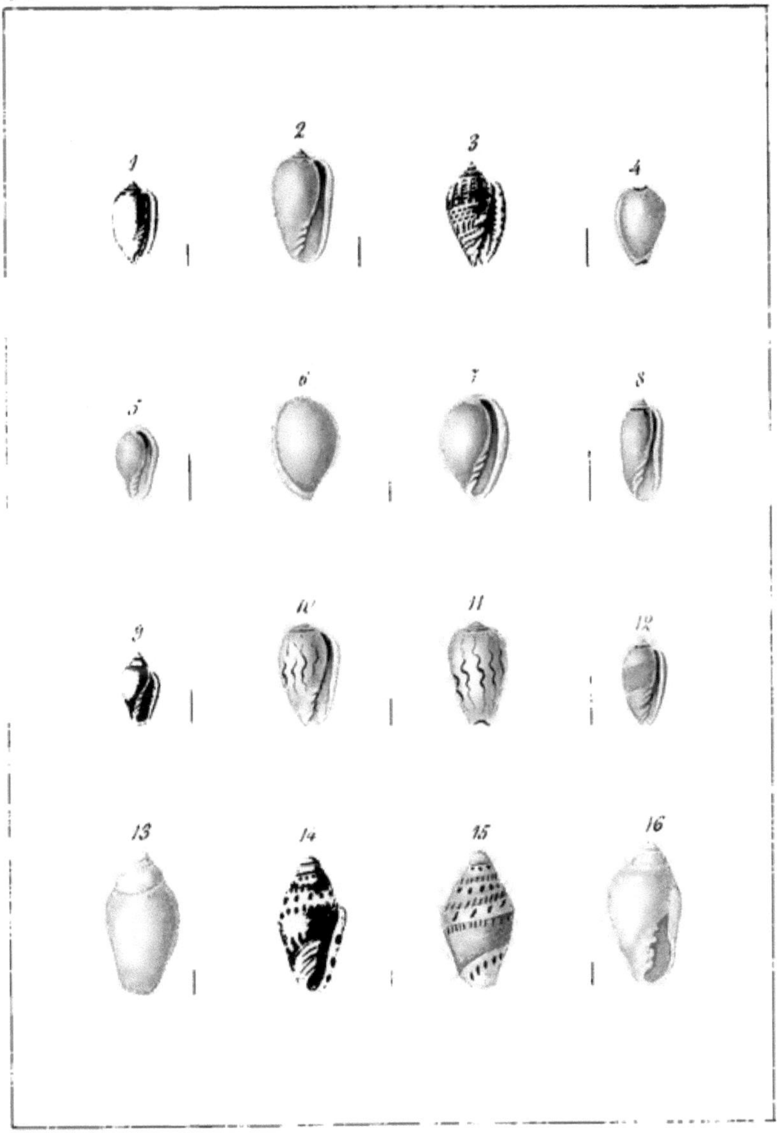
1
2
3
4
5
6
7
8
9
10
11
12
13
14
15
16

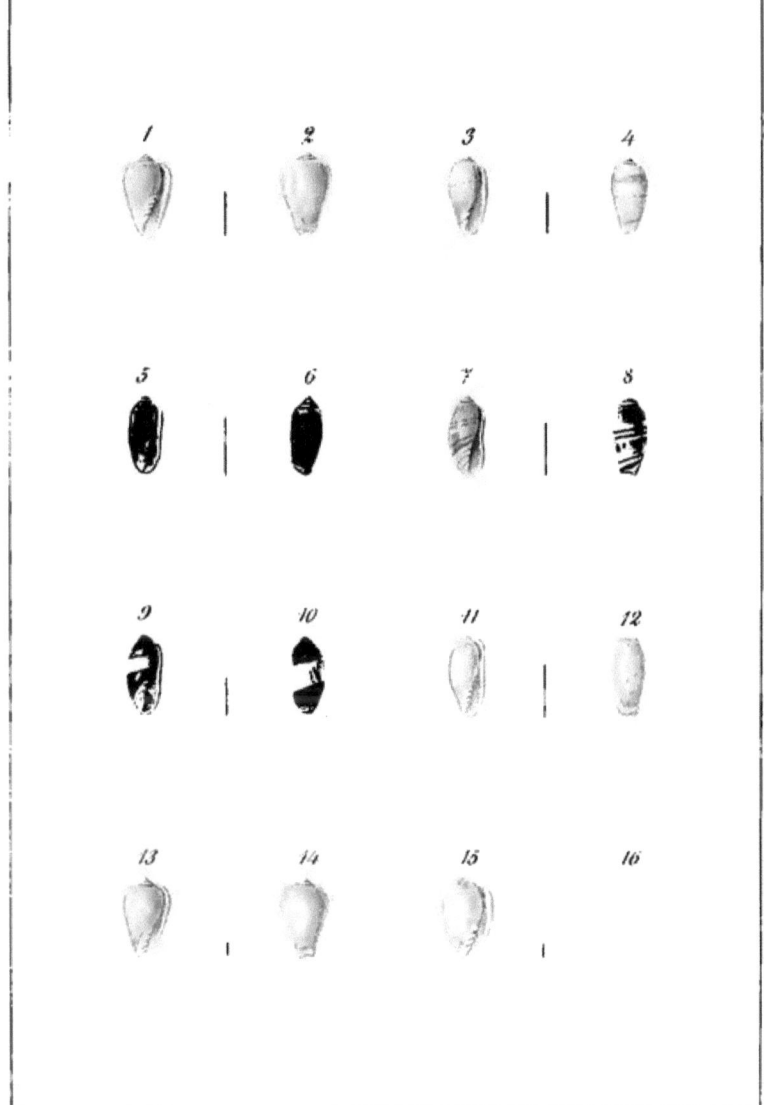

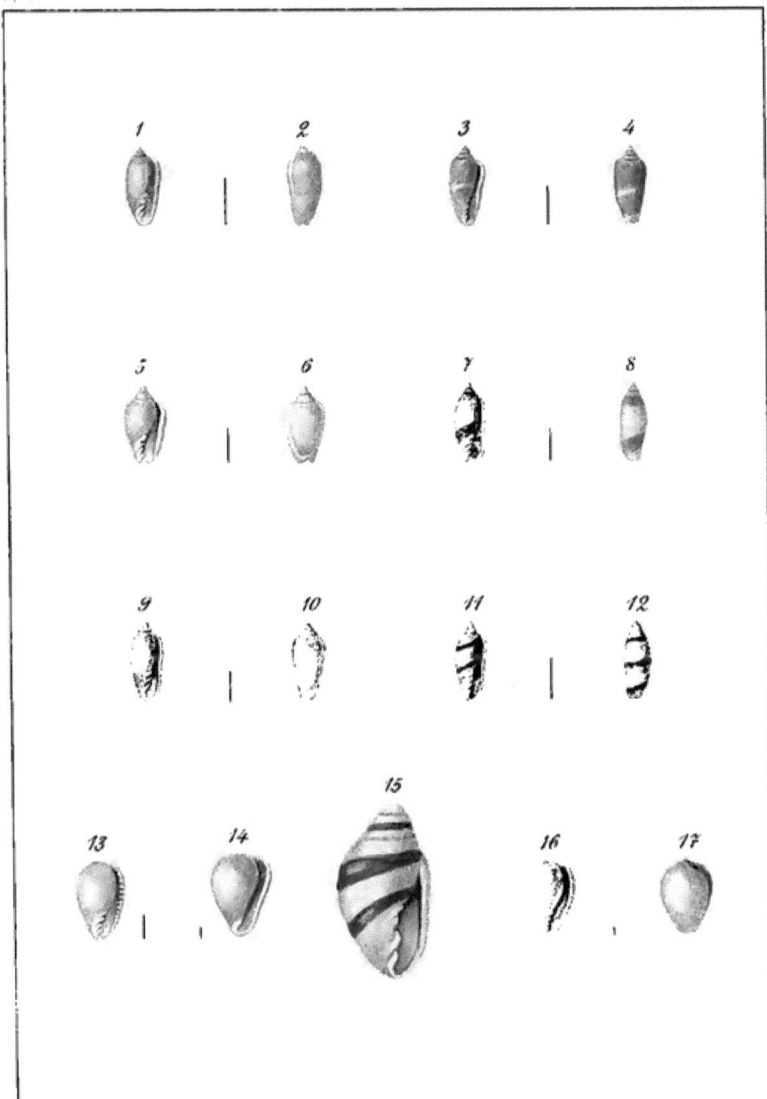

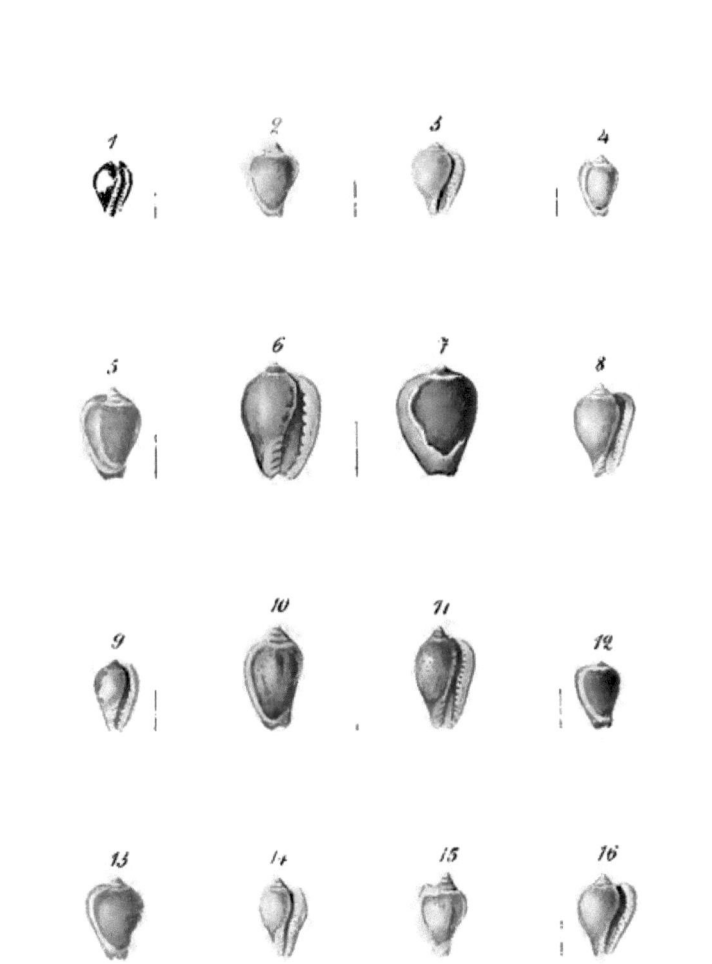

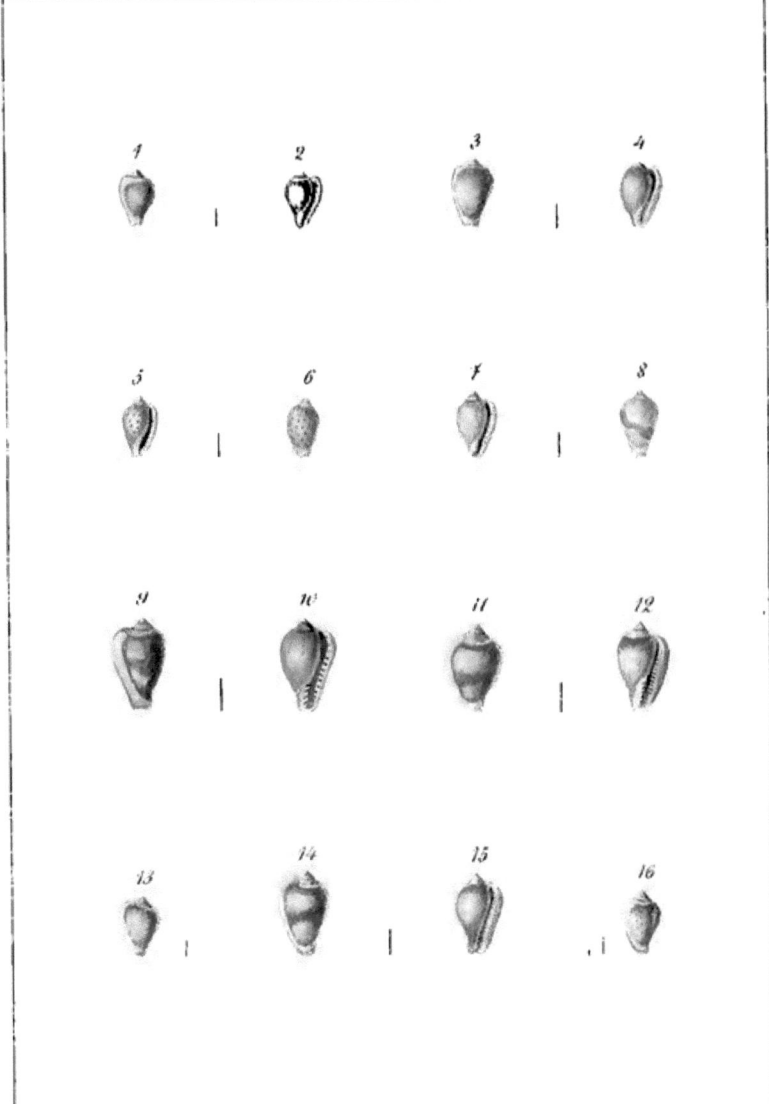